2021年度入試用 首都圏

公立中高一貫校ガイド

CONTENTS

公立中高一貫校と併願して

お得な私立中学校

森上 展安
森上教育研究所所長

森上教育研究所所長。1953年、岡山県生まれ。早稲田大学卒業。進学塾経営などを経て、1987年に「森上教育研究所」を設立。「受験」をキーワードに幅広く教養問題をあつかう。近著に『入りやすくてお得な学校』『中学受験図鑑』などがある。

各公立中高一貫校が実施する適性検査に似た「適性検査型入試」を行う私立中学校が年々増加しています。このページでは、「公立中高一貫校と併願してお得な私立中学校」と題して、私立中学校でそうした入試が増える理由、また、私立の適性検査型入試の「お得」なポイントについて、森上展安氏にお話しいただきました。

公立の適性検査と私立の適性検査型のちがい

公立中高一貫校は選抜試験はこれを実施せず、もっぱら適性検査と面接によって入学者を決めることになっています。つまり公立中高一貫校が実施している適性検査はあくまで「学力検査」であって入試ではない、という建前なのです。

ですから入試のような相対評価ではなく、学力の達成度をみる絶対評価のテストですから、「1点差」まで見て、何点以上は合格、何点以下は不合格、というテストではありません。合否はあくまでも内申その他とのいわば合算によって行われます。

達成度評価（絶対評価）は、文字どおり「一定の水準」以上か、以下かを判定するものでどれくらい上回っているか、あるいは下回っているかは意味を持ちません。

では私立の適性検査型入試はどうでしょう。〝適性検査型〟と称しているので公立中高一貫校のそれと同じつくりか、といわれると、確かに記述式解答を求められることが多いことや、教科別でなく教科総合型形式をとること、答えがひとつとはかぎらないこと、などに特徴があり、そこについてはほぼ私立の適性検査型も同じなのですが、私立は選抜試験としての機能が求められますから、完全に公立と同じではなく解答をひとつにしているとか、教科別にやや分かれているとか、そもそも点数のバラツキがでやすいようにつくられています。

これには私立一般入試の「応用」としての側面があり、公立中高一貫校の問題よりは取り組みやすい特徴がありますし、なんといっても公立中高一貫校受検の肩ならしにはもってこい、のよさがあります。

受験生が集まる私立の適性検査型入試

現在一都三県で適性検査型入試を実施するところは91校あります。共学校が59校と多くて、女子校は26校、男子校は6校です。このうち1校で複数回適性検査型入試を行っているのは34校。2月1日午後にこの入試をする学校が約4割。一般入試の難易度では上位校、中堅校はほとんどなく、中位校が多くを占めます。

ではどのように私立中学校が適性検査入試を行っているか。地域ごとに多くの受験生を集めている学校の入試を探ってみます。

まず今春、公立中高一貫校が大量にできた茨城を見てみます。合わせて適性検査型入試を始めたのは、智学館、霞ヶ浦高校附属。

受験生が多いのは、常総学院412人、土浦日大260人・259人（同校の適性検査型には2種ありま す。以下も数字が2つ以上ある場合は2回以上適性検査型入試が実施されている学校です）、東洋大牛久43人などがあります。

来年は県立の水戸第一や土浦第一

も適性検査を始めますから、私立中の適性検査型入試実施校がさらに増える可能性があります。

埼玉は、西武文理３８３人、浦和実業２８５人・１８２人、聖望学園１６６人、細田学園35人・68人などがあります。

一方、千葉では千葉明徳２８４人、昭和学院１５８人が目につきます。

実施校が増えている神奈川で今春は鎌倉女子大中が参入しました。

横浜隼人１２２人、鶴見大附属１２６人、日大中１１０人・68人、相模女子大中83人などです。

最後に東京は大きな規模の入試がいくつもあります。

宝仙学園理数インター４２７人・２１６人・１２７人、安田学園は４８２人・２８０人・１５１人、聖徳学園２２８人・１７０人、八王子学園八王子３２５人・１２３人、郁文館１８８人・71人、開智日本橋学園１４３人、トキワ松学園１３１人、日本工業大駒場１２０人、佼成学園女子89人、白梅学園青修81人、多摩大聖ヶ丘64人、文大杉並63人、駒込１３６人・１０２人。東京での実施校はまだまだありますが50人以上をあげればこのようになります。

人気の秘密は公立一貫校の傾向に合わせられること

このように、私立共学校での適性検査型入試は、じつは大変受験者数が多い入試になります。従来の私立の一般入試に比べ文字通りケタちがいの受験者数です。

そのよい例が東京の宝仙学園理数インターで、一般入試受験者数はそれほどでもありませんが、公立一貫型入試では、共学校の受験者数を多い順に並べたときに２０１８年入試ではトップの早稲田実業に迫る受験者数です。早稲田実業が３５４＋２０４＝５５８人、宝仙学園理数インターが２６５＋２６９＝５３４人とわずか24人差の堂々の2位でした。２０１９年、２０２０年では少し順位を下げましたが、それでも上位の受験者数です。

そしてこの2年は安田学園の勢いが宝仙学園理数インターをしのいでいます。

ではどうして宝仙学園理数インターや安田学園が、これだけの受験者を集めているのでしょうか。それは私立適性検査型入試が「併願理由と直接結びついている」からです。

まず宝仙学園理数インターの適性検査型入試はいわば全天候型でかつ、副都心に近いこともあって、小石川中等教育学校などトップクラスの都立中学受験上位生が集まり、併願して価値ある入試と目されていることが大きいのです。

適性検査型入試に、私立で早く取り組んだ学校のひとつで認知度が高いということと、宝仙学園理数インターの場合は、結局は都立に行かず進学する生徒もいて、彼ら彼女らが優秀な実績を残しているということもあります。

一方、安田学園は、参入が２０１８年度入試からですが、こちらの特性は、都立の適性検査Ⅰ～Ⅲのうち適性検査Ⅲにまで対応し、両国高附属や白鷗高附属に近い出題になっていることも見逃せません。つまりロケーションの近い都立一貫校２校の入試に傾向を似せているわけです。

じつは、受験生を多く集めつつあるタイプはこのような私立校が多くあります。

郁文館は適性Ⅰ～Ⅲ対応で小石川を意識しているようで、実施時間も45分。

聖徳学園には、2科と3科があり、2科は三鷹、３科は武蔵を意識している、と考えられます。

白梅清修は、適性検査Ⅰ、Ⅱ対応。一応1日は武蔵、立川国際、２日は南多摩対応としていますが、武蔵はⅢまであるので注意が必要です。

佼成学園女子も早くから取り組んだグループの1校で適性検査Ⅰ、Ⅱ対応。ここは面白くて三鷹型、立川国際、南多摩型、などと受検校に合わせて選べるところが便利です。

八王子学園八王子は適性検査Ⅰ、Ⅱ対応で立川国際、南多摩に近い出題形式になっています。

武蔵野大学は適性Ⅰ、Ⅱ対応で三鷹に近い出題形式になっています。

トキワ松学園では、適性検査ⅠがAとBの選択制で、Aが桜修館に近く、適性検査Ⅱは５つの問題が出題され、都立適性検査Ⅱの出題形式とは若干異なります。

このように、私立中学校の適性検査型入試は、その併願目的に合わせ近場の公立一貫校の入試傾向に沿う方向になりつつあり、千葉、神奈川、埼玉、茨城などでも今後はそのような方向に進むものと思われます。

受験生からすると大きなメリットは本番に対する慣れがいちばんにきますが、併願するもうひとつの意義は、やはり合格をひとつ持っておく、ということも大きな目的です。

　たとえば、宝仙学園理数インターの合格率をみると、男女とも1・1～1・3倍くらいです。じつは以前もいまも、あえてそのような倍率に抑えている学校が多いのです。都立より事前に受けて不合格をもらうと本番に自信をなくしますよね。あくまで目的は適性検査に慣れるということにある、という割りきった考え方になっています。

　ところが、その逆の学校がでてきました。

　たとえば安田学園で２０２０年入試男子２・89倍、女子２・51倍など大変な倍率になっています。開智日本橋学園も男子４・４、女子５・５倍などなんともすごい倍率です。

　つまりこれらの入試はかならずしも都立中学の入試に慣れる、というだけではなく、その私立中学に入学したい、という受験生が多い入試だったということになります。

　このように倍率でみるとその学校のスタンスが明確なので、そのなにを理由に入試を選択するか、受験生の側もよく考えて入試を受験するべきだ、ということでしょう。


　共学志向である都立一貫校との併願のため圧倒的に共学校の受験生が多いのですが、じつはさきにあげた佼成学園女子然り、トキワ松学園然り、最初からやっている共立女子第二然り、女子校も少なくありません。それは公立一貫校の女子の入学のむずかしさがあげられます。ひとつは倍率もうひとつは内容です。

　検査の内容はもちろん男子と同じですが、適性検査はいわゆる検査問題ですから私立の一般入試と同じようには、女子の得意な国語の得点でリードがしにくい、ということがどうしてもあります。

　その点、私立女子校の適性検査型は「慣れる」ということが眼目ですから不合格はきわめて少ないです。

　そして女子校の場合も入学して実力を発揮して伸びる生徒がおり、私立一般入試からの受験生に負けていない、というのです。

　じつはこのことが、適性検査型入試を併願すべき最大の理由だと筆者は考えています。

　公立一貫校は適性検査で、事実上の一次選抜をやっているわけですから、入学後も優位といえ、そこらの私立中学校よりよい大学実績を残しています。これには一次選抜である適性検査が大きくモノを言っている、と考えています。

適性検査型入試では劣等感が生じない

　偏差値の1点刻みで入学する中位校の生徒になると妙な劣等感を持つことになり、教科の不得意感がついている場合がみられます。しかし、適性検査の場合は到達度評価ですから、1点刻みは意味を持ちません。そのような劣等感とは無縁です。

　これが入学後に生きて、ハツラツとした中学生生活を送る素地になるということが大きなメリットとして働くと思います。

　ましてこれからは、大学入試も1点刻みの一般入試は割合としては減少していき、国立は3割くらいは総合選抜になる予定で、学力は到達度で評価する方向に文教政策はカジを切りました。

　あと来年入試で考えておかなければならないのは、コロナ対策でオンライン入試になる学校が多くなる可能性もあります。そうでなくても適性検査とオンライン入試は相性がよく、現状のままの出題でそのままオンライン入試が可能だとも考えられています。

　そうなると公立一貫校受験で、私立併願がオンラインでできれば、安全から考えても大きなメリットがあります。ＷＥＢ出願して自宅でのオンライン受験でよいとなれば、仮にコロナ第二、第三波のなかであっても合格をとることはできます。

　そして今回の非常事態宣言中でも私立中学は学習を止めず、オンラインですばやく対応して授業をやり、楽しい夏休みもきちんと取らせる学校がかなりの数にのぼります。

　一方、都立・公立中学の多くはこうした対応が不十分でした。

　適性検査型入試は一見むずかしく見えますが、より学習を深めるのに向いた問いが用意されていますから、入試のためだけの勉強になりがちな受験勉強が決してそうではなく、その後の学習に生きてきます。取り組む価値が大きいのです。

　そして、適性検査型入試をやっている学校というのはその学校の価値について認識している学校ということができ、入学後もこの学習を生かそうとする学校だと評価してよいと思います。

駒込《こまごめ》中学校

コロナ禍に負けない！今年度も本気の教育改革！

コースを「国際先進コース」に一本化。幅広い分野をバランスよく学びながら希望や適性を見つけ、専門性を高めていきます。また2月2日午後に「特待ＳＳ入試」として3カ年授業料無償の入試を新設します。

これから求められる能力を見る駒込の適性検査型入試

「これまでの学校教育の学びは『いかに多くの知識を覚え、いかに速く正確に解答できるか』の競争がテストで測定されてきました。これは人工知能が最も得意とするものです。定式化・公式化した知識のテストです。

しかしこれからは、人工知能が解答できない『意味論』の試験に切り替わります。『思考力、判断力、表現力、批判力、主体性』が評価される学校教育（アクティブラーニング）に転換されます。人はロボットと競争するのではなく、『智のあり方』それ自身を追求できる能力を育むべきです。一言でいえば『智の編集能力』を身につけるべき時代に突入したということです。

小学生のみなさんは21世紀の後半を、人工知能を片手に持って、それを使いこなして生きる人々です。学びの本質を正確に捉えて、ロボットに使われる人間ではなく、使いこなせる人間になれるような教育を行っています」（河合孝允校長）

駒込中学校（以下、駒込）は、１６８２年に了翁禅師《りょうおうぜんじ》によって創立された「勧学講院」に端を発する伝統校です。

仏教の教えのもと、自由で伸びやかな校風の学園として政財界、スポーツ界、芸能界など多彩な分野にさまざまな卒業生を送りだしてきました。

そうした伝統校でありながら、予測不能で変化のめまぐるしい未来社会を自律的に生きていくために、最適な解決策を求めて考え続け、改善し続け自らの未来を自らの手で切り拓いていく教育改革を実施しています。

そのひとつとして、今年度より「国際先進コース」に1本化しました。幅広い分野をバランスよく学びながら、専門性を高め、理数系、国際系、芸術系など、自分らしい多様な進路を想定し、また実現できるコースです。

駒込の適性検査型入試は、2月1日午前に、都立最難関中高一貫校を想定した「適性Ⅰ・Ⅱ・Ⅲ」、午後には区立中高一貫型の「適性1・2・3」、翌2日午前には都立中高一貫型の「適性Ⅰ・Ⅱ」で実施。

またコロナ禍であっても私学の豊かな教育を多くの方に受けてもらいたいとの願いから、第3回の2月2日午後は「特待ＳＳ入試」として合格者には3カ年授業料を無償化します。

適性検査型入試を経て入学してくる生徒も多く、受験生や保護者にとって、たんなる併願校で終わらない魅力的な教育内容が評価されている駒込です。

森上's eye!

多種多様な生徒が集い高めあえる環境が魅力

多種多様な生徒が伸びのびと学生生活を謳歌《おうか》しているところに大きな魅力があります。進学先についても、東大をはじめとする最難関大学合格者がいる一方で、東京芸大に進む生徒もいるなど、生徒それぞれが自分の将来をしっかりと考え、お互いに刺激を受けながら希望の進路に向けてまい進できる環境が整っています。

School Data

駒込中学校〈共学校〉

所在地 東京都文京区千駄木5-6-25
URL https://www.komagome.ed.jp/
TEL 03-3828-4141
アクセス 地下鉄南北線「本駒込」徒歩5分、地下鉄千代田線「千駄木」・都営三田線「白山」徒歩7分

学校説明会（要申込）		個別相談会（要申込）
8月9日(日)	9:30～12:00、13:30～16:00	8月11日(火)～13日(木)
8月10日(月祝)	9:30～12:00、13:30～16:00	8月17日(月)～19日(水)
9月19日(土)	14:00～15:00	9月26日(土)、10月24日(土)
10月31日(土)	13:00～14:30	11月7日(土)、11月22日(日)
11月21日(土)	10:00～11:30	11月28日(土)
12月13日(日)	10:00～12:00、14:00～16:00	すべて 9:00～15:00
1月10日(日)	10:00～12:30	

佼《こう》成《せい》学《がく》園《えん》女《じょ》子《し》中学校

世界基準の女子リーダーを育成

「国際社会で平和構築に貢献できる人材の育成」を設立理念とする佼成学園女子中学校。宗教の枠を超えて、子どもたちが手を取りあって協働していくことのできる世界を念頭におき、教育活動を行っています。

「英語の佼成」の実力　過去最高の大学合格実績！

自ら学び、考え、行動する力を育成する21世紀型教育を強く推進する佼成学園女子中学校（以下、佼成女子）。その教育活動の原動力になっているのが「英語の佼成」と言われる高い英語力です。

■難関大学合格実績

	2017	2018	2019
国公立大	14	18	23
早慶上智 ICU	23	25	32
GMARCH	63	48	50
三大女子大※	39	22	37

※津田塾大、東京女子大、日本女子大

２０２０年度大学入試では、その高い英語力で、国公立大学23名、早慶上智32名の過去最高の合格者をだしています。そのなかでも特筆すべき点は、新しいかたちの高大連携を進める上智大学に、20名の合格者をだしたことです。昨年11月に佼成女子で行われた上智大学曄道佳明学長の講演とワークショップに触発された多くの生徒が受験した結果が、今回の合格実績に表れたようです。

この難関大学合格者増の背景にあるのが、佼成学園（男子校）と共同で実施しているトップレベル講習です。難関国公立大学をめざす男女それぞれ15名を選抜し、チーム一丸となってお互いを励ましあいながら受験にのぞみます。今年はお茶の水女子大学、過去には大阪大学や東京外国語大学などに合格しており、東京大学をめざす生徒も少なからずいるようです。また、夜8時30分まで利用できる講習室では、大手予備校の講師が行う大学受験講座を受講できるので、校内予備校として多くの生徒が利用しています。講習室には難関大学へ進学したあこがれの先輩たちがチューターとして毎日常駐して受験指導にあたってくれるので、生徒は高いモチベーションを持ったまま受験にのぞむことができます。

特色ある英語教育　イマージョン教育と英検

佼成女子の英語は、少人数による3段階の習熟度別授業が行われています。中1では、帰国生の取り出し授業などはせず、英語経験者（英検3級以上取得者）1クラスと未経験者2クラスに分かれて、それぞれに英検取得目標級を設定したレベル別授業を行います。20年以上つづくイマージョン教育も佼成女子の魅力のひとつです。美術と音楽をネイティブによる英語イマージョンで行うことで、佼成女子がめざすＳＴＥＡＭ教育の根幹が形成されていきます。そして、中3の1月にこれまで学んだ英語の集大成としてニュージーランド修学旅行（6泊7日）を実施しています。希望者はそのままニュージーランドで2カ月間の中期留学に参加することもできます。

また、全校をあげて実施する「英検まつり」では、持続性・協調性といった女子校ならではの特性をいかした学習方法で、クラス単位で英検にチャレンジしています。２０１９年度の中1から高3の結果は、1級4名、準1級31名で、そのうち1級の4名と準1級の11名は中学からの入学者です。２０１７年度には全国の私立学校1校のみに贈られる英検「ブリティッシュカウンシル賞」を受賞するなど、全国でもトップクラスの英語実力校です。

ネイティブの授業

高校からは3つのコースから選択が可能

高校課程はつぎの3つのコースから選択することができます。

【国際コース】

『留学クラス』…ニュージーランドの高校に全員が1年間留学するクラス。留学準備プログラムも万全で留学中は現地駐在スタッフが生徒の日々のサポートをします。親元を離れてのホームステイで、圧倒的な英語力と人間力が養われます。

『スーパーグローバルクラス』…課題研究をつうじて主体的な研究力・

課題解決力を養います。カリキュラムは特進コースと同じで国公立大学受験にも対応しています。２年次のタイフィールドワーク、３年次の英国ロンドン研修を柱に、世界で生きぬくための「国際感覚」を養います。

【特進コース】

ハイレベルな授業で難関私立大学・国公立大学への合格をめざすコースです。放課後講習(校内予備校)を有効に活用し、理系志望者は１年次から数学と理科の特設授業を受講することができます。

【進学コース】

勉強だけでなく部活動にも全力で取り組みたい生徒のためのコースです。豊富な指定校推薦とＡＯ入試で、毎年多くの生徒が希望の大学へ進学しています。ハンドボール部・バスケットボール部・吹奏楽部が強化部活動に指定されています。

21世紀型教育を強く推進するための教育改革

佼成女子では、２０２０年度よりいくつかの教育改革に取り組んでいます。その代表的な取り組みが、宗教の枠を超えた上智大学との提携、ロケーションをいかした成城大学との提携です。上智大学とは、表面的な提携だけでなく、入学前の単位認定や研究の継続など、真の高大連携をめざします。成城大学とはロケーションをいかした施設・講義の共同、学生・生徒同士の学びの共有などを行っていく予定です。

学内の改革としては、中間試験を廃止し、新たな評価システムを取り入れます。中学ではチーム担任制を導入し、３人の教員が２クラス全員を見守ります。今回の新型コロナウイルスによる休校期間中も教員が協働し、先端と従来のデバイスの併用で、ていねいかつ細やかなホームルームを行い、対面時に近い個人面談やクラス運営ができたようです。さらに探究学習の推進、地域とコラボした新しい部活動の推進、オンライン授業の推進など、佼成女子が強く推進する21世紀型教育を実践するための改革を進めていきます。

2021年度入試も3種類の適性検査型から選択が可能

２０２１年度の適性検査型入試は、２月１日（月）午前・午後、２日（火）午前、４日（木）午後に実施する予定です。２月１日は、午前・午後ともに、昨年度と同様、適性検査Ⅰ・Ⅱ（各45分、各１００点）で、三鷹型、立川国際・南多摩型、共同作成型の３種類からの選択とし、２日・４日は共同作成型のみとする予定です。また、適性検査型入試以外にも２科・４科入試、英語（インタビュー形式）入試、グローバル入試など多彩な入試を行う予定で、６年間の授業料免除など、充実した特待制度も用意されています。

「今年度からの改革では、教職員のマインド変化により、学校のなかで想定外のいいかたちの変化が起こっています。今回の改革が新たな変化と大きな流れをつくり、これからもつづくと考えています。２０２２年度には京王線の連続立体交差事業を機に、千歳烏山駅周辺の地域開発が始まります。本校でもこの地域開発でなにが果たせるのかを真剣に考えていきたいと思います」（宍戸校長）

中３・ニュージーランド修学旅行

ロンドン大学での研修

森上's eye!

新しいかたちの高大連携で21世紀型教育を推進

設立理念の近い上智大学との教育提携は、宗教の垣根を超えた新しい教育活動の始まりといえます。また、ロケーションをいかした成城大学との提携は、高大連携を推進する高等教育によい影響を与えそうです。

スーパーグローバルハイスクールに指定されて以来、着実にレベルの高い教育改革を行っています。

School Data

佼成学園女子中学校〈女子校〉

所在地 東京都世田谷区給田2-1-1
TEL 03-3300-2351
URL https://www.girls.kosei.ac.jp/
アクセス 京王線「千歳烏山」徒歩5分、小田急線「千歳船橋」バス15分、「成城学園前」バスにて「千歳山駅」まで20分

夏休み学校見学会	乙女祭（文化祭）
8 /11(火)・8 /16(日)・8 /19(水)・8 /20(木)	10/24(土)・10/25(日)
オープンスクール	適性検査型入試問題説明会＆プレテスト
8 /22(土)	11/14(土)・12/ 5（土）・1 / 9（土）
Kosei Girl's Forum(SGクラス研究発表会)	昼のミニ説明会（保護者対象）
9 /19(土)	9 /30(水)・10/12(月)・11/ 5（木）
学校説明会	夜の入試個別相談会
9 /19(土)・11/14(土)・12/ 5（土）・1 /16(土)	11/11(水)・11/18(水)・11/25(水)

修徳《しゅうとく》中学校

君の熱意をかならず未来につなげます

創立以来、建学の精神をベースに徳育・知育・体育のバランスのとれた三位一体教育を実践する修徳中学校。独自のプログレス学習システムで自ら学び、考え、行動する力を養います。

充実した施設のなかで勉強とスポーツに親しむ

ＪＲ常磐線・東京メトロ千代田線「亀有駅」から徒歩12分。亀有さくら並木通り沿いの静かな住宅街の一角に修徳中学校（以下、修徳）はあります。

校舎は２０１１年に建てられた5階建ての近代的建築で、2階中央部には採光性にすぐれた中庭があり、校舎全体が開放的なつくりとなっています。ホームルーム教室は教壇の段差がないフラット仕様で、最新の実験機器を完備した物理・生物・化学の3つの専門ラボが並ぶサイエンス・ストリートや生徒ひとり1台のＰＣルーム、機能的な図書室など充実した学習環境が整っています。

スポーツがさかんな修徳ならではの施設も充実しています。校舎と隣接する2階建ての体育館には、都内の私立中学校でも屈指の広さと設備を誇るアリーナ、柔道場、剣道場が設けられており、メイングラウンドは表面温度の上昇を抑えるクール人工芝を使用した本格的サッカーグラウンドで、周辺にミストシャワーを設置するなど熱中症対策も万全です。

自ら学ぶ姿勢を習慣づけるプログレス学習

修徳のプログレス学習とは、21世紀型教育に必要とされる「自ら学ぶ姿勢」を習慣づけるための独自の学習システムのことです。

クール人工芝グラウンド

プログレス学習センター

たとえば、毎朝ホームルーム前に行う朝プログレスは、15分間の「ＮＨＫラジオ基礎英語」と5分間の英単語テストで構成されており、土曜日は、月曜日から金曜日の総まとめ英単語テストを実施します。毎朝繰り返し学習することで生徒のリスニング力を高め、英語学習の向上に必須の語彙力向上をめざします。

朝プログレスの英単語テストで7割以上の点数が取れない生徒には放課後に再テストがあるので、毎朝みんな真剣に取り組みます。また放課後には全生徒を対象とした60分以上の自主・自律学習が校舎隣接の「プログレス学習センター」で義務づけられています。これを放課後プログレスと呼んでいますが、部活動前はもちろん、部活動後にも多くの生徒がプログレス学習センターで自習する姿がみられます。

この取り組み以外にも、中学入学前に修徳独自のテキストで国語・数学・英語を学ぶスタートプログレスや家庭学習教材として全生徒に配布されるサマー／ウィンター／スプリングプログレスなど、自立した学習習慣を確立するためにさまざまな取り組みがプログレス学習として行われています。

大学受験専用棟「プログレス学習センター」

修徳が誇る学習施設が、校舎に隣接する3階建てのプログレス学習センターです。２０１４年に大学受験専用学習棟として建設され、中1から高3まで自学自習の拠点として幅広く活用されています。

プログレス学習センターの1階には、80席の独立した自習空間があるプログレスホールやインターネット上で講義を視聴できるＶＯＤ学習のためのコンピュータールーム、生徒の学習相談や進路指導を行うカンファレンスルームなどがあります。

2階は仲間とともに学びあうスペースで、壁面の色が集中力を高めるブルー、理解力を高めるイエロー、リフレッシュ効果のあるグリーンの3つの講習室があり、中学の放課後プログレスや高校生向けのハイレベル講習が行われています。

3階は第1志望を勝ち取るための

個別学習ゾーンです。大手予備校講師とチューターを配置し、1対1の完全個別指導を受けることができます。また、グループ学習のためのコモンルームや気分転換ができるカフェラウンジもあり、生徒それぞれの目的に合わせて利用することができます。

「1階から3階の施設全体で約350席の自習席があります。ふだんは毎日200人ぐらいが利用していますが、定期試験前になるとすぐに満席になります。IDカードで全生徒の入退室を管理していますので、大学受験を控えた高3生には優先的に席が割り振られます。土曜日も夜9時まで利用可能で、学習をサポートするチューターが常駐していますので、気軽に質問や相談をすることができます」（小笠原健晴教頭）

English Camp

英検に親しみ、英語を楽しむ「イングリッシュレビューJr」

修徳では、今後、グローバル社会で活躍するために必要とされる英語力の向上にも力を入れています。毎日の朝プログレスと放課後プログレスをベースに、体験型の英語学習プログラムも取り入れています。そのひとつが、「English Camp」です。新入生のオリエンテーションを兼ねた、ネイティブとともに過ごす2泊3日の宿泊研修で、初めて聴く生きた英語にとまどいながらも仲間と協力することで楽しく英語と触れあうことができます。

「東京グローバルゲートウェイ（TGG）」の利用も始まっています。中学は学年ごとに年1回、高校は年2回の利用を予定しています。昨年利用した高1生の場合、英語力が同レベルの生徒9人のグループにひとりのネイティブスタッフが帯同し、そのグループに合わせたさまざまなアクティビティーに取り組みます。施設内はオールイングリッシュでスタッフは全員ネイティブなので、緊張感のある学習ができたようです。

また、「英検まつり」と呼ばれる英検対策講座を実施するなど、以前から学校全体で英検に力を入れており、中学・高校とも年3回の英検受験を必修化しています。さらにネイティブ教員と日本人教員によるチームティーチングを行うなど、英語力の向上に取り組んでいます。

2021年度入試概要

2021年度入試は、2月1日（月）午前・午後、2日（火）午前・午後、3日（水）午前・午後、4日（木）午後の入試予定です。試験科目は各入試で異なりますが、算・国2科目型、算・国・英から1科目選択型、公立中高一貫入試対応型の3種類から選択することができます。

「英語は英検5級程度を目安として出題します。公立中高一貫校入試対応型では、指定した題材について作文を書いてもらいます。作文の文字数や採点基準については入試説明会でご説明する予定ですので、ぜひご参加ください」（小笠原教頭）

生徒の熱意を真剣に受け止め、大学受験も部活動も全力でサポートする修徳。生徒の未来をともに創造していく学校です。

チームティーチング

森上's eye!

イングリッシュレビューJrと英検まつりで基礎を固める

中1から徹底した英語基礎力の定着をはかるイングリッシュレビューJrは、大変効果的な学習方法です。英検まつりや体験型プログラムなど、英語学習のモチベーションを高める取り組みは少しずつ効果が表れるはずです。生徒の未来を真剣に考えた教育改革を進める修徳中学校に期待したいと思います。

School Data

修徳中学校〈共学校〉

所在地 東京都葛飾区青戸8-10-1
アクセス 地下鉄千代田線・JR常磐線「亀有」徒歩12分、京成線「青砥」徒歩17分
TEL 03-3601-0116
URL http://www.shutoku.ac.jp/

学校説明会 予約不要
10月10日(土)14:00～
10月24日(土)14:00～
11月 7 日(土)14:00～
12月12日(土)14:00～
1 月 9 日(土)14:00～
1 月16日(土)14:00～
会場:SHUTOKUホール

修徳祭（文化祭）
11月 3 日(火・祝)10:30～14:00

オンライン入試個別説明会（Web予約）
随時受け付けています。
実施時間は30～60分。
詳細はホームページをご覧ください。

西《せい》武《ぶ》学《がく》園《えん》文《ぶん》理《り》中学校

個性を認めて希望に寄り添う充実の環境

国際社会で活躍できる人材教育をめざす西武学園文理中学校では、幅広く多様な生徒を求めて2018年度入試から適性検査型入試を導入。また、2021年度の入学生からはグローバルクラスとグローバル選抜クラスの新しいクラス編成としてスタートします。

一度足を運べば、その環境のすばらしさに圧倒されることでしょう

2021年度新クラス体制発進！ 個々に寄り添うプログラム

1993年の建学から「レディー&ジェントルマン中高一貫エリート教育」を掲げ、確かな教養、高い知性に加え、日本人としてのアイデンティティー、品格、品性を持ちながら国際社会で活躍できる人材を育てている西武学園文理中学校（以下、西武学園文理）では2021年度の新入生から、グローバルクラスとグローバル選抜クラスの新しいクラス編成になります。また、高校進学の際には、多様なクラスへの進学も可能となります。

具体的にはいままでの中学校の卒業生は高校進学後のクラス編成を、中入生と高入生で分けていました。しかし、現在のグローバル化時代においては、異なる民族や文化に属する人たちが、お互いのアイデンティティーを自覚し、相互理解を深めながら、協働する時代へと変わりつつあるので、2021年度から中入生と高入生を混合クラスにすることにより、バックグラウンドの異なる生徒間交流が活発化し、寛容の精神や相互理解が育まれることを目的としています。

また、西武学園文理では生徒一人ひとりに寄り添ったさまざまなプログラムが用意されており、進学教育では通常の授業のほかに復習や外部試験対策をはじめ、受験対策や弱点克服を目的とした多数のゼミを実施しています。卒業生たちのデータと最新データを比較分析し、面談を実施。あらゆる角度から一人ひとりの目的にあった進路指導が行われています。

「朝や放課後も自習をしている生徒が多く、それだけ自分の将来をしっかり見据えることができていて、頼もしい限り。日々の勉強と並行して、しっかりとあいさつができ、周囲にはっきりと意思表示ができる。人としての土台作りをし、社会に出て恥ずかしくない大人に育ってほしいですね」と伊藤邦義校長先生が語られるように、学力だけでは培われない「人間力」を育てていくことも中高生の時期にとって重要なことです。

また、「知る・考える・実践する」といった21世紀型スキルを身につけるために、専門家、有識者による講演会や卒業生との交流のほか、職業研究、企業・地域とのコラボレーション授業など自分の将来を見つめる授業が多く組まれています。

そのほか、授業前の時間を「S時限」とし、前週の復習や小テスト、読書などを通じて学習を習慣づける基礎固めをしています。

そして、創立から取り組んでいるのが、豊かな感性や創造性を育むCA（クリエイティブアクティビティ）の講座です。理科、社会といった学術的なものから、ハンドベル、いけばなといった芸術的なもの、ロボット、リベラルアーツなど多岐にわたる20もの講座からひとつを選び、学内外の専門家による本物の指導が受けられます。学年、クラスの枠を越えた仲間とともに深い思考力と探究心、自由な表現力を育みます。

真のグローバル人材を育成する 国際理解教育と英語教育

いま、最も注目を集めているのが文理のグローバル教育です。語学学習に重点を置いた「英語教育」と「国際理解教育」の両面からアプローチを行い、日本の伝統文化も学んだうえで、異文化への理解を深めていき、真のグローバル人材の育成をめざします。

日常的に英語が飛び出す環境

英語の授業では、習熟度別少人数授業や外国人英語講師による英会話など4技能を意識した授業が組み立てられています。

中学2年時に実施されるセブ島短期留学では、毎日5時間のマンツーマンレッスンと2~3時間のグループレッスンで英語漬けの3週間を過ごします。

そしてタブレットを活用したオンライン英会話の授業を年間40回実施。マンツーマンの英会話により会話の習熟度がグンとアップします。さらに930冊から選べるオンライン洋書多読もあります。好きなジャンル、レベルから、読みたい本を選ぶことができ、習慣的に英文に親しむきっかけとなっています。

英会話の授業では基礎、基本を押さえたうえで、踏み込んだ応用力を身につけていきます。日本人教師ひとり、外国人英語講師ふたりの体制で1クラスを担当します。これにオンライン英会話などを含めると英語授業の約50%はオールイングリッシュの授業です。外国人英語講師による英文添削、英検やGTECなどといった外部の資格試験への受験対策にも力を入れています。

また、今後外国人英語講師と理科の実験授業を行うサイエンスイマージョンを導入し、理系分野をめざす生徒にも生きた英語を学んでいける環境づくりをしていきます。

「海外大学への挑戦も視野に入れた、さまざまな進路を提示したいです」と浜田先生。多くの情報を生徒に提示することで幅広い選択肢がみえてくるはずです。

適性検査型入試がスタート 多彩な個性を受け入れ

創立からさまざまなバックグラウンドを持った生徒が集まり、多様性を受け入れてきた西武学園文理ですが、2018年度入試から適性検査型入試と英語1教科入試、2020年度入試から思考力入試がスタートし、それぞれが持つ多彩な個性を積極的に受け入れる体制が整いました。「従来の教科型入試だけでは計れない独特の感性やバランス感覚を持った生徒に入学してもらい、教科型入試で入学した生徒、西武学園文理小学校から上がってきた生徒らとひとつの教室で磨きあうことで、新しい風を吹かせてもらえたらと思います。それぞれの強み、弱みを生徒同士が受け入れて、他者を理解し自分を伸ばしていけば、と願っています」と入試広報主任の加藤潤先生。先生がたも、彼らの成長の場というトラックを、一人ひとりを見つめながら、丁寧に伴走していきます。

採点評価表で受験生を応援

適性検査型入試の出題内容は「東京都の公立中高一貫校の共通問題にならったもので、なかでも作文の検査を重視しています。いま、学内の取り組みでも授業や行事を通して書く力を伸ばしていますし、プレゼンを取り入れた授業も数多いことから、この入試でも表現力の面に注目しています」と加藤先生は話します。

また、昨年の西武学園文理の適性検査型入試日程は東京の公立中高一貫校の入試日の2週間前。公立中高一貫校をめざす受験生にとって、その経験や合否などを含め、絶好の腕試しになったと好評でした。

好評のポイントになったのが、入試直後に受験者全員に送付する採点評価表です。検査結果を項目ごとに5段階評価し、それぞれウィークポイントや注意点などが細かくコメントされたものです。このようなきめ細かいアドバイス、フィードバックにより、公立の試験日までの2週間、個々に対策を整えることができるのです。公立中高一貫校に挑む受験生にとっては、絶好の経験を積むことができる西武学園文理の適性検査型入試。受験生に寄り添い、応援してくれる併願校としておすすめです。

適性検査型入試の学校説明会は学校とは別の都内会場で行われていますが、一般の入試説明会や文化祭など、ぜひ一度学校を訪れてみてください。緑豊かな土地、雄大なレンガ造りの校舎を、狭山市独特ののんびりした雰囲気が包み込み、伸びのびと過ごすことができる学校です。最新のパソコン機器、グラウンド8面、体育館3棟といった運動施設など申し分ない環境のもと中高6年間の生活を描くことができます。

サンプル

西武学園文理中学校
適性検査型入試　採点評価表

受験番号	文理　太郎

検査Ⅰ

要約

問1	A	文章の読み取りをきちんと行い、読み取った内容を整理して表現できています。
問2	E	文章の内容を表すキーワードをみつけて、問題を解くてがかりを見つけましょう。

作文

表記表現	B	漢字の間違いなどに気をつけて分かりやすい表現で書くようにしましょう。
内容	C	自分の意見をしっかりと書くことや意見に説得力を持たせる根拠を書くようにしましょう。

検査Ⅱ　1 算数分野

問1	B	整数の約数には、1とその整数自身も含まれることに注意しましょう。
問2	C	AとBの最大公約数に注意すると、答えを見つけやすくなります。
問3	B	問題の指示を守って説明できていますが、誤字や脱字に気を付けて書きましょう。

検査Ⅱ　2 社会分野

問1	A	親の世代の人数と出生数の増減との原因と結果がしっかり説明できています。
問2	A	資料を十分に読み取り、正しく計算できています。
問3	C	干支の計算はできています。根拠にもとづき順序よく説明しましょう。
問4	B	現在の社会情勢は理解できていますが、その対策についてわかりやすく具体的に説明しましょう。

検査Ⅱ　3 理科分野

問1	A	文章を十分に理解し、正しく計算できています。
問2	E	問題の意図を正しく理解して、問題を解くてがかりを見つけましょう。
問3	B	「四捨五入」ではなく、「切り上げ」です。設問に注意しましょう。

適性検査型入試の受験生全員に届く採点評価表

森上's eye!

都立中高一貫校2週間前に受験生に寄り添う入試が

西武学園文理の適性検査型入試は、都立の中高一貫校の共通問題をよく研究していて、ありがたい出題といえます。この検査の合否に関係なく届く「採点評価表」も、一人ひとりに対する、きめの細かいアドバイスに満ちたもので、2週間後に本番を控えた受験生に寄り添った入試スタイルとなっています。

School Data

西武学園文理中学校〈共学校〉

所在地 埼玉県狭山市柏原新田311-1
TEL 04-2954-4080
URL https://www.bunri-s.ed.jp
アクセス 西武新宿線「新狭山」、JR埼京線・川越線・東武東上線「川越」、西武池袋線「稲荷山公園」、東武東上線「鶴ヶ島」、JR八高線・西武池袋線「東飯能」よりスクールバス

オープンスクール（要予約）
8月30日(日)10:00～

適性検査型入試ナイト説明会（要予約）
10月7日(水)19:30～　国分寺
11月17日(火)19:30～　大泉学園
詳細な実施場所はHPにてご確認ください。

学校説明会（要予約）
詳細な日程等はHPにてご確認ください。

入試対策講座（要予約）
詳細な日程等はHPにてご確認ください。

藤《ふじ》村《むら》女《じょ》子《し》中学校

新しい時代に一歩ふみだせ！

次世代を担う人材の育成を教育の根幹におく藤村女子中学校。多様な教育活動をつうじて建学の精神「知・徳・体」に基づく人間教育と女性としての未来の確立を応援します。

「新たな学校教育」に向かって

吉祥寺の自然とその街で働く人びとに寄り添い、ともに成長をつづける藤村女子中学校・高等学校（以下、藤村女子）。校長の柳舘伸先生に新型コロナウイルスの影響で大きく変わった教育内容についてうかがいました。

「新型コロナウイルス感染症の影響により、日本だけでなく世界中でいままでの生活様式を変えなくてはいけなくなっています。

柳舘伸校長

藤村女子でも3月から休校となり、いままでのように4月から新年度をスタートすることはできませんでした。しかし、生徒の学びを止めないために教員による授業動画の配信やオンラインによる双方向授業などで、継続的な学習を行いました。

また、さまざまな学習方法に注目が集まりました。確かに、現代社会では授業を受ける方法はたくさんあります。しかし、学校は授業を受けるだけの場所ではありません。そこで、今回の状況を受けて、かねてからの構想であった『新たな学校教育』をよりいっそう推進していくことにしました」と柳舘校長は語ります。

吉祥寺フィールドワーク

「藤村女子では、いままでのような一方通行の知識を教える授業だけではなく、吉祥寺の商店街を学びの場としたフィールドワークに力を入れています。

中学校では東京吉祥寺ライオンズクラブや街のかたがたと協力して井の頭恩賜公園の自然観察を毎年行っています。食物連鎖や自然生態系についての事前学習では、通常の授業では学ぶことのない内容まで一人ひとりが深く探究します。この活動以外にもたくさんのフィールドワークを行うことでさまざまな分野のかたがたに協力していただき、多くの発見をさせていただいています。

高校生のフィールドワークは〝吉祥寺に貢献する〟を合言葉にひとつのカリキュラムがつくられています。この街を訪れるかたがたに向けて、吉祥寺の魅力を紹介するフリーペーパーをつくったり、15秒の動画にまとめて吉祥寺を紹介するCMを制作したりと、自分たちが育った地元に貢献するプログラムがたくさんあります。昨年から、東京武蔵野シティFCとのコラボレーション企画も立ち上げています。チーム応援グッズの企画販売やホームゲームでのボランティア活動など、新しい企画も進んでいます。

また、来年度の入学生からiPadを使用した学びを進めるなどICTの整備を強化しています。さらに修学旅行先の選択やゼミ選択など、生徒自らが学びの選択をできるようにしています。それは、自分自身の興味関心や目標に合った学習をしてもらいたいからです」と、入試委員長の芦澤歩夢先生は話されます。

カフェテリアでくつろぐ生徒たち

藤村女子では、学習の定着はもちろんしっかりと行います。それに加えて、藤村女子だから体験、経験できる教育プログラムを用意しています。多くの仲間と大切な時間を共有して自立した女性になってもらいたい、という学校の思いが表れています。

一人ひとりが自由に学ぶ「チャレンジデー」

藤村女子が掲げる目標のひとつでもある「自立した女性の育成」をめざして、今年度から新たに「チャレンジデー」を導入しました。

チャレンジデーは、授業や部活動のない日を月に1回程度平日に設定しています。藤村女子の生徒にかぎらず、日本全国の中高生は日々文武両道をめざして、とても忙しい学校生活を送っています。藤村女子では、学校生活の忙しさが理由で生徒自身が自由に学び、体験・経験する時間が失われているのではと危惧し、チャレンジデーを導入しました。

チャレンジデーの過ごし方は、学校からの指示などはいっさいありません。むしろ、生徒自身にどのように時間を使うかを考えてほしいと、藤村女子は考えています。これこそが「新たな自分の発見」になります。

チャレンジデーをとおして、見つける力・行動する力・発信する力の「未来を切り拓く力」を身につけ、自立した女性へと成長してくれることを、藤村女子は願っています。

本物に触れる教育

現在、世界で活躍している専門家を招いて行われているキャリア教育講演会も藤村女子の特色ある行事のひとつです。

「人工知能の発展と人間の役割」の講演会

「２カ月に１回ぐらいの割合で、この講演会を行っています。ＪＡＸＡ Ｈ２ロケットプロジェクトチームの白石紀子さんと日本紛争予防センター理事長の瀬谷ルミ子さんを招いた講演会が、とくに生徒たちに好評でした。瀬谷さんのお話に感銘を受けて、自分も紛争地の子どもたちの教育に携わりたいと早稲田大学に進学した生徒がいます。現在、その生徒が大学で所属しているボランティア部と連携して、カンボジアの子どもたちへの支援活動を本校でも始めています。生徒たちにとって、このキャリア講演会は、『自分にはなにができるのか』『自分はどう生きていきたいか』を真剣に考えるいい機会になっているようです」と柳舘校長。

そして高校では、将来の目標や進路先を明確にするためのさまざまな進路サポートが用意されています。自己理解や職業研究、大学キャンパスツアーや現役女子大生によるキャンパス紹介など、一人ひとりの夢を実現するためのさまざまな教育体制が整っています。

選択できる適性検査入試と、新たな「ナゾ解き入試」

藤村女子の２０２１年度入試は、２月１日（月）と２月11日（木・祝）午前に適性検査入試を実施します。１日は適性検査Ⅰ・Ⅱ（45分）または適性検査Ⅰ・Ⅱ・Ⅲ（45分）のいずれかを選択できるため、どの都立一貫校を第１志望とする生徒にも対応した検査問題です。また受験料は適性検査入試のみを受験する場合は１回６０００円で、入試の成績に応じた奨学金制度やスライド合格の判定制度などもあり、複数の学校を受験する生徒には優しい入試になっています。

学習センターでの自習のようす

今年度から新たに「ナゾ解き入試」を導入しました。入試当日は、グループでナゾ解きにチャレンジします。ナゾが解けたかどうかではなく、取り組みのなかでのコミュニケーション力や発想力、行動力などをみるため、どのように取り組んだかが大切になる入試です。そのため、楽しんで取り組める入試となっています。

一つひとつていねいに生徒に寄り添った教育を行う藤村女子。今後が楽しみな学校のひとつです。

森上's eye!

ニュージーランド留学と吉祥寺フィールドワーク

2020年1月から3カ月間のニュージーランド留学がスタートし、英語教育を得意とする藤村女子の新たな企画に期待がふくらみます。また、吉祥寺の街で繰り広げられるフィールドワークは、藤村女子ならではの取り組みです。地域密着型のアクティブラーニングとして、今後も積極的に取り組んでほしい企画です。

School Data

藤村女子中学校〈女子校〉

所在地 東京都武蔵野市吉祥寺本町2-16-3
TEL 0422-22-1266
URL https://www.fujimura.ac.jp/
アクセス JR中央線・京王井の頭線・地下鉄東西線「吉祥寺」徒歩5分

学校説明会
10月17日(土)
11月14日(土)
11月28日(土)

中学体験会
9月26日(土)

個別相談会
1月9日(土)

※文化祭の日時や学校説明会等の開催時間は、決まり次第、HP等でお知らせします。

安《やす》田《だ》学《がく》園《えん》中学校

「探究」が実を結んだ大学合格実績

今春、共学1期生が卒業した安田学園中学校・高等学校。自ら考え学ぶ授業と探究プログラムで身につけた論理的・批判的思考力で難関大学の合格実績が伸長しています。

東京大学に現役2名合格 千葉大学には高2が飛び入学

2020年度大学入試で、東京大学に2名の合格者をだした安田学園中学校・高等学校（以下、安田学園）。現在のコース概要や今後の目標など、4月に校長に就任された稲村隆雄先生にうかがいました。

「2020年度の大学入試では東京大学に複数の合格者をだすという目標でしたので、2名が合格して、少しほっとしています。さらに千葉大学の先進科学プログラム（飛び入学）入試で、高2の生徒が理学部生物学科に合格しましたので、共学化以来、私たちが進めてきた自ら考え学ぶ授業の成果が、少しずつ表れてきたのかと思います。

中学は、6年前に先進コース2クラス、総合コース4クラスでスタートしましたが、今年の中1から先進コース4クラス、総合コース2クラスになりました。ある模試の入学者偏差値を見てみると、6年前に52だった先進コースが62となり、42だった総合コースは52になっています。入学する生徒のレベルがかなり高くなっていますので、授業の質やプログラムの内容など、いろいろな面を見直しています。将来的には、中学はすべて先進コースとして、さらに高い教育を行っていきたいと考えています。

今後の大学進学目標は、現在約2割の国公立大学進学者の割合を5割にすることです。そのために、今後は中高6年間をつうじて全教科をまんべんなく学ぶリベラルアーツ型の学校にしていかなければいけないと考えています。ただし、大学はあくまで通過点ですから、自分のやりたいことをはやく見つけて、そのさきのキャリアへと進んでいってほしいと思います。本校では、独自の探究プログラムやキャリア教育などを推進し、生徒の将来を応援しています」

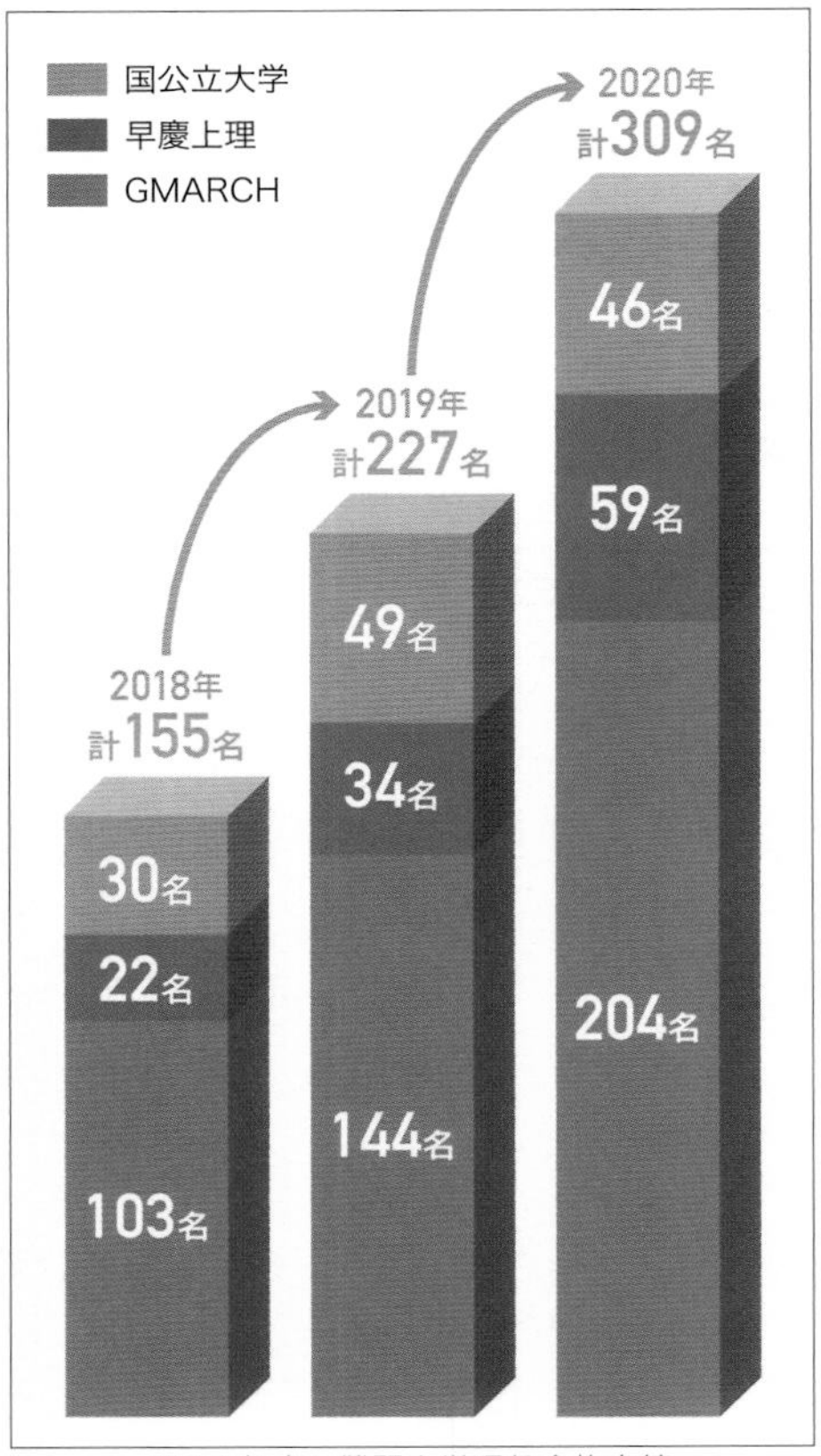

2020年度　難関大学現役合格実績

探究プログラム

安田学園が推進する探究プログラムは、中学は週1時間、高校は週2時間の探究の授業として行われています。「疑問・課題⇒仮説の設定⇒検証（調査・観察・実験）⇒新しい仮説や疑問⇒……」という活動を繰り返し、根拠を持って探究することで、論理的・批判的な思考力を育成していきます。

中学では野外探究や先端科学探究をグループ単位で行い、探究のやり方をイチから学びます。その後、高校から個人単位でテーマを決めて、本格的な探究に入ります。そして、この探究の最終目標は、自分の研究をオックスフォード大学・ハートフォードカレッジの教授や大学生にプレゼンテーションし、研究についてディスカッションすることです。高2の夏に1週間の日程でイギリスに渡り、オックスフォード大学の教授から指導を受けながら、研究内容を英語の論文にまとめあげます。

「今年、東京大学に合格した2名も卒業生インタビューのなかで、いちばん楽しく、思い出に残る授業として探究の授業をあげています。千葉大学に飛び入学した生徒も、探究の授業で『マルハナバチ』の研究をつづけていました。この探究の授業そ

のものが自ら考え学ぶことであって、大学受験、そしてその後の生徒のキャリアの向上にもいかせる力となるはずです。今後は、いま以上に生徒の自主性を重んじた探究の授業にしようと考えています」（稲村校長）

進路指導から進路支援へ 進化するキャリア教育

　安田学園では、「なりたい自分を見つけて、なれる自分に高めよう」を合言葉に、さまざまな体験型キャリアプログラムを行っています。中学では、「なりたい自分」を見つけるために、墨田区周辺の企業訪問や先端技術を持つ企業などの講演を聞くことで社会とのかかわりを考えていきます。また、ボランティアのかたがたとの交流、ＪＩＣＡ訪問などをとおして、社会貢献を視野にいれた自分の将来像を明確にしていきます。

　そして高校では「なれる自分に高める」ために、大学の学部学科研究や卒業生の体験談などを聞いて第一志望の大学を決め、最適な勉強法を自ら考えて実践していきます。

　「本校は芙蓉グループとの結びつきが強いので、多くの企業に企業訪問や講演などでご協力いただいています。そこで生徒たちは職業観や人生観を学びます。自分の知らない世界を知ることができるので、とても新鮮な気持ちになるようです。最近は進路指導ではなく進路支援として、その生徒がどんな将来を考えているのか、それを実現するためにはどういった進路に進めばいいのかを一人ひとりに細かく対応しています」（稲村校長）

２０２１年度入試概要など

　２０２０年度入試では、のべ６１８名が安田学園の公立一貫校型入試を受験し、今年も大変人気の入試になりました。この公立一貫校型入試で合格し、入学する生徒の割合が多いのも安田学園の特徴といえます。

　２０２１年度の公立一貫校型入試日程は、２月１日（月）午前、２月２日（火）午前、２月４日（木）午前の３回で、試験内容は適性検査Ⅰ・Ⅱ・Ⅲ（Ⅰ・Ⅱは各１００点・各45分、Ⅲは１００点・30分）で、日程・試験内容とも２０２０年度入試と変更はありません。

　公立一貫校型入試は、２０２１年度入試も先進特待入試として実施されますので、成績上位者には6年間授業料全額免除などの特待制度が用意されています。また、先進コースの一般合格以外に、総合コースへのスライド合格もあるため、受験生にやさしい入試になっています。

　「本校は、勉強だけでなく、卓球やバレー、チアリーダーなど、部活動も大変さかんです。とくに女子は、文化部と運動部を兼部する生徒が多く、中学の入部率は１００％を超えています。共学当初は男子が圧倒的に多かったのですが、いまの中１・中２の男女比はほぼ半々です。生徒たちも自ら進んで学びができるようになってきましたので、生徒の自主性を大事にしていきたいと思います」（稲村校長）

森上's eye!

確実な大学進学実績の伸長 つぎのステージが期待される

　東京大学２名合格もすばらしいですが、千葉大学への飛び入学は安田学園始まって以来の快挙ではないでしょうか。他校が苦しむなか、早慶・GMARCH合格者が増えている点も注目されます。共学化以来推進してきた探究と安田学園が持つ芙蓉グループの強さが、よい相乗効果として表れ始めているようです。

School Data　安田学園中学校〈共学校〉

所在地　東京都墨田区横網2-2-25　アクセス　JR総武線「両国」徒歩6分、都営大江戸線「両国」徒歩3分、都営浅草線「蔵前」徒歩10分
TEL　0120-501-528（入試広報室直通）
URL　https://www.yasuda.ed.jp/

学校説明会　要予約

9月5日(土) 9:00	★授業見学	11月15日(日) 9:30	★入試体験
10:00	★授業見学	12月5日(土)14:30	※入試の傾向と対策を解説
14:30	★授業体験	1月9日(土)14:30	※入試の傾向と対策を解説
9月18日(金)18:30	※ナイト説明会	2月27日(土)14:30	※小学5年生以下対象
9月26日(土)14:30	★授業体験		
10月17日(土)14:30	★クラブ体験		
10月31日(土)14:30	★クラブ体験		

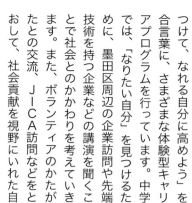

品川《しながわ》翔英《しょうえい》中学校

品川から世界へ、未来へ、英知が飛翔する

2020年4月、男女共学の中高一貫校として新たなスタートを切った品川翔英中学校。世界を舞台に活躍できる人材を育成するための斬新な教育活動が始まっています。

個々の特性を伸ばす教育

東京都品川区西大井の交通至便の地にある品川翔英中学校（以下、品川翔英）。男子24名、女子21名の新中学1年生を迎え、新たな学園の歴史が始まっています。

「ミネルバ大学のような学びをめざしたい」と語るのは、2020年4月より校長に就任し学校改革を主導する柴田哲彦先生。「好きこそものの上手なれ、というように好きなものに向かって進む爆発的な力ははかりしれません。本校では、教科学習だけにとどまらず、生徒が将来の目標を見つけ、それぞれの特性をいかした進路選択ができるように、さまざまなサポートを行います。そして世の中に貢献できる人間になってほしいと思います」と話されます。

柴田哲彦校長

柴田校長がまず導入したのが、水曜日の5・6時間目と土曜日に行う、週6時間のLearner's Timeです。この時間は、教科学習はせず、PBL（問題解決型学習）、グローバル教育、社会貢献、自律学習などの、体験型・探究型の学びの時間とし、社会にでてからも主体的に学びつづけることができる力を身につけていきます。

ICT教育とルーブリック評価で生徒の特性を伸ばす

ICT教育を進める品川翔英では、ひとり1台のタブレットを持ち、学習アプリによる課題やオンライン英会話など、個別最適化学習による効率よい学習が進められています。

「将来的には、学校での授業だけでなく、オンライン授業を取り入れ、生徒それぞれの特性に合った授業選択が行えるようにしていきたいと考えています」と柴田校長。

また、すべての教育活動にルーブリック評価表を取り入れ、テストなどではかることができる見える学力だけでなく、意欲・関心・主体性・コミュニケーション力・表現力・思考力などの見えにくい非認知能力の育成をめざした主体的で対話的な学びを行っています。タブレットの利用で、ルーブリック評価の結果を早く知ることができ、つぎのステップへ早く進むことが可能になります。

「自主・創造・貢献」を新しい校訓とし、品川から世界へ、未来へ、英知が飛翔する品川翔英。新校舎の建設予定もあるようで、いま注目されている学校のひとつです。

森上's eye!

校名変更と男女共学化
本気の学校改革を期待

校訓、教育目標、授業、行事等すべてを一新。既存のイメージを払拭し、新しい学校をつくるという強い意気込みが感じられます。

数々の私立中高で学校改革を進められた柴田校長が、品川翔英をどのような学校にしていくのか、その手腕が注目される1年となりそうです。

School Data

品川翔英中学校〈共学校〉

所在地 東京都品川区西大井1-6-13
TEL 03-3774-1151
URL http://shinagawa-shouei.ac.jp/juniorhighschool/
アクセス JR横須賀線・湘南新宿ライン「西大井」徒歩6分、JR京浜東北線・東急大井町線「大井町」徒歩12分

学校説明会	文化祭
8月22日(土)10:00～12:00	10月3日(土)・4日(日)
9月9日(水)10:00～12:00	**入試体験**
10月17日(土)10:00～11:30	12月20日(日)15:00～17:00
11月28日(土)10:00～12:00	
12月26日(土)10:00～11:30	
1月5日(火)10:00～11:30	
1月9日(土)10:00～12:00	

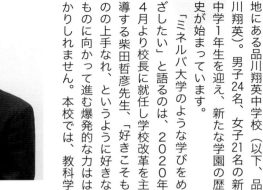

横《よこ》須《す》賀《か》学《がく》院《いん》中学校

“世界の隣人とともに生きる力”を育む

青山学院横須賀分校を受け継ぎ、1950年に誕生した横須賀学院中学校・高等学校。「敬神・愛人」の建学の精神に基づき、グローバルな視点で持続可能な社会を担う人を育てる教育プログラムを展開しています。

社会の問題に向きあい解決していく力

横須賀学院中学校・高等学校（以下、横須賀学院）では、英会話力やICT活用力も日常の学習のなかでしっかり身につけ、ディスカッションやプレゼンテーションにいかす取り組みを行っています。2020年度よりWi-Fi環境が中高全館で整備されました。ひとり1台のタブレットを活用しての毎週1回のオンライン英会話も好評です。中1の英語では、フォニックスの学習も取り入れ、発音する楽しさを体感できるスタートとなっています。

新型コロナウイルスによる休校期間中も、授業動画配信やリモートでの礼拝、ホームルーム、質問タイムなどをとおして学校と家庭をつないだタブレットは、今後の新しい教育活動の可能性を広げ、世界とつながる力と楽しさを体感するツールとしてさらに活用の幅を広げることになるでしょう。

また、横須賀学院では図書館とのコラボプログラムにも力を入れ、本に親しみ、情報を正確に理解し、根拠をふまえて自分の意見を発信する力を大切に育てています。国語の授業での10分間読書やポップづくり、ビブリオバトルなども、生徒たちが大好きな時間となっています。自ら課題を見つけ、調べ、議論しながらさらに自分の考えをまとめていくプロセスをていねいに学習し、社会のさまざまな問題に向きあっていく姿勢を身につけていきます。

自らの人生の幅を広げ、他者とともに幸せになる力

横須賀学院では、与えられた自分の力を磨き、それを他者のためにいかすことに喜びを持てる体験の積み重ねを大切にしています。

縦割りの体育祭やクラス対抗の合唱コンクール、清里や沖縄での環境学習や平和学習、中1から始まるイングリッシュデイズやインターナショナルスクールでのボランティア、アジア学院Work Camp、中3のシドニーホームステイや高2でのドイツ・ポーランドでの異文化体験など、たくさんのプログラムに積極的に参加するなかで、自分と異なる賜物を持っている他者とともに生きるすべと喜びを味わいながら成長していく6年間を過ごします。

森上's eye!

国際感覚あふれる横須賀で多文化理解を深める教育

キリスト教を土台としたグローバル教育を、ていねいに実践している学校です。葉山インターナショナルスクールと連携して行うボランティアでは、楽しみながら実践的な英語を学ぶことができるのも特徴です。

青山学院大学との教育連携協定は12年目を迎え、ますますさかんな高大連携教育が進むものと思われます。

School Data

横須賀学院中学校〈共学校〉

所在地 神奈川県横須賀市稲岡町82
アクセス 京浜急行本線「横須賀中央」徒歩10分、JR横須賀線「横須賀」バス5分・「大滝駅バス停」徒歩5分
TEL 046-828-3661
URL https://www.yokosukagakuin.ac.jp/

学校説明会（要予約）
9月19日(土)10:00～11:30
11月14日(土) 9:00～12:00
※入試問題体験会を並行開催
12月12日(土)10:00～11:30
1月9日(土) 9:00～12:00
※入試問題体験会を並行開催
1月16日(土)10:00～11:30　入試直前相談会
1月23日(土)10:00～11:30　入試直前相談会

オープンスクール（要予約）
8月10日(月・祝)10:00～12:00
※詳細はHPでご確認ください。

水曜ミニ説明会（要予約）
6月～12月までの毎週水曜日
10:00～11:30
※学校行事等で開催できない場合もありますので、HPで確認して予約してください。

2020年度の結果から 2021年度入試を予測する

2020年度入試は、前年が神奈川以外は大人気だったものが、一転して応募者を減らした学校が多数を占めました。しかし、2021年度入試は、今後コロナ不況が家庭の財布事情を厳しくすることが予想されるだけに、公立中高一貫校に向かう受験生が増えると思われます。公立中高一貫校自体の変化とともにお伝えしましょう。

安田教育研究所代表
安田 理

東京都生まれ。早稲田大学卒。大手出版社で受験情報誌、教育書籍の編集長を務めたあと独立し、安田教育研究所を設立。講演、執筆、情報発信、セミナー主催、コンサルティングなど幅広く活躍中。

2020年度公立中高一貫校入試 首都圏22校中15校が応募者減

年々増えて、現在首都圏には22校もの公立中高一貫校があり、中学受験において大きなシェアを占めるようになっています。

最初に22校の都県別内訳をみていきましょう。

現在、東京には11校、神奈川が5校、千葉が3校、埼玉が3校です。また、公立中高一貫校には中等教育学校（高校募集がなく6年間同じメンバーで学ぶ）と高校募集がある併設型と呼ばれる学校があります（○○中学校とか○○高校附属という校名になっています）。このほか連携型といわれるものがありますが、これは入試をともなわないので、ここでは前2者について取りあげます。

公立中高一貫校の入試は、開校初年度は、小学校の学習範囲からしか出題されない「適性検査」（教科別の問題ではなく融合問題）で受検できるということから、ダメ元で大勢が受けるため（開校初年度は地元の小学校では全員が受けたなどというケースも）、大変な倍率になることがよくあります。それが、きちんと準備しなければ受からないということがわかり、年々倍率が低下するのが一般的です。

東京都内11校のうち 9校が前年より応募者減

２０１０年に都内の公立中高一貫校11校がでそろってから今年で11年が経ちました。２０１８年、応募者数の合計が初めて９０００人を割りこみましたが、２０１９年には多摩地域の学校への女子の応募者が増え、総計８８３６人（都立一般枠＋千代田区立九段との男女計）と若干ですが回復していました。

それが２０２０年は８４３８人と近年最低の数字となりました。

学校別では、増加は都立富士高等学校附属と都立立川国際中等教育の2校だけ。男子だけの増が桜修館中等教育、千代田区立九段中等教育、女子だけの増が都立両国高等学校附属、都立大泉高等学校附属でした。

増えたのが2校だけというのは、私の記憶にはない現象です。

神奈川、千葉、埼玉3県での 応募者は11校中6校が減

3県では、神奈川が２０１９年の３９６６人から３７９９人へと減。千葉が２２０８人から２２３８人

【表1】東京の公立中高一貫校入試結果

学校名	募集人員	応募者数		応募倍率
		2019	2020	
桜修館中等教育	男80	378	**389**	4.9
	女80	598	568	7.1
大泉高校附属	男60	375	306	5.1
	女60	394	**405**	6.8
小石川中等教育	男80	506	434	5.4
	女80	526	448	5.6
立川国際中等教育	男65	259	252	3.9
	女65	349	**403**	6.2
白鷗高校附属	男68	395	382	5.6
	女68	537	514	7.6
富士高校附属	男60	261	**310**	5.2
	女60	311	**318**	5.3
三鷹中等教育	男80	478	456	5.7
	女80	600	486	6.1
南多摩中等教育	男80	420	400	5.0
	女80	489	463	5.8
武蔵高校附属	男60	302	240	4.0
	女60	291	272	4.5
両国高校附属	男60	407	398	6.6
	女60	405	**453**	7.6
千代田区立九段中等教育　区分B	男40	227	**232**	5.8
	女40	328	309	7.7

＊小石川、白鷗の数字は一般枠のもの。
九段は区分B（区分Aが千代田区内）のもの。
＊太字は前年より増えたもの。

【表2】神奈川・千葉・埼玉の公立中高一貫校入試結果

学校名	募集人員	応募者数		応募倍率
		2019	2020	
神奈川県立相模原中等教育	男80	587	550	6.9
	女80	688	595	7.4
神奈川県立平塚中等教育	男60	396	**409**	5.1
	女60	438	**441**	5.5
川崎市立川崎高校附属	男女120	519	492	4.1
横浜市立南高校附属	男女160	348	328	5.2
		473	**499**	
横浜市立　横浜サイエンスフロンティア高校附属	男40	301	276	6.9
	女40	216	209	5.2
千葉県立千葉	男女80	372	364	9.0
		306	**358**	
千葉県立東葛飾	男女80	474	449	10.8
		453	416	
千葉市立稲毛高校附属	男40	287	280	7.0
	女40	316	**371**	9.3
埼玉県立伊奈学園	男女80	159	148	5.1
		212	**262**	
さいたま市立浦和	男40	308	289	7.2
	女40	388	329	8.2
さいたま市立大宮国際中等教育	男80	444	302	3.8
	女80	566	400	5.0

＊千葉県立千葉、千葉県立東葛飾、埼玉県立伊奈学園、さいたま市立浦和、さいたま市立大宮国際中等教育学校は一次検査時の数字。
＊募集人数が男女計でも男女同数を基本としている。募集人数が男女計の場合は、応募倍率も合わせた数字で出している。
＊太字は前年より増えたもの。

へと唯一、若干の増加。

埼玉が2077人から1730人へと大きく減という様相でした。埼玉の大幅減は、前年大宮国際中等教育が開校初年度で大勢を集めた反動といっていいでしょう。

学校別では、神奈川県立平塚中等教育、横浜市立南高等学校附属、千葉県立千葉、千葉市立稲毛高等学校附属、埼玉県立伊奈学園の5校が増でした。つまり3県でも減の方が6校と多かったのです。

以上のように、都県別でみると増は千葉のみ。学校別で22校中増は3分の1以下の7校のみでした。わずかずつとはいえ15校が減とは予想していないことでした。

注目の茨城公立一貫校ではほとんどが低倍率

茨城では今年度一気に5校の公立中高一貫校が開校したので（さらに2021年3校、2022年2校開校予定）、ここで取りあげてみましょう。

今年開校した5校は全県に散らばっており、首都圏に近いのは表にある竜ヶ崎第一高等学校附属のみ。県南にはすでに古河中等教育、並木中等教育があるからです。また、5校はいずれも高校附属となっていて、募集人数は1クラス40人と少数です。

それも理由のひとつなのでしょう。1倍台という公立中高一貫校ではありえない倍率の学校もありました。

【表3】茨城県南部の公立一貫校入試結果

学校名	募集人員	応募者数		応募倍率
		2019	2020	
県立古河中等教育	男60	127	**134**	2.2
	女60	141	**152**	2.5
県立並木中等教育	男80	339	290	3.6
	女80	338	326	4.1
県立竜ヶ崎第一高校附属	男20	—	91	4.6
	女20	—	107	5.4

しかし、来年開校する土浦第一高等学校附属は2クラス募集となります。水戸第一と並び県を代表する進学校なので大人気となることが予想されます。

女子の応募者の方が多くなるのはなぜ

さて、各表を見てお気づきのかたもいらっしゃると思いますが、応募者は、長い文章の読解、長文記述があるので、女子の方が多くなるのがふつうです。例年、都立小石川中等教育、都立武蔵高等学校附属、県立千葉、県立東葛飾といったむずかしいとされるところはこれまで男子の方が多くなっていましたが、今年は男子の方が多いのは横浜市立横浜サイエンスフロンティア高等学校附属、県立千葉、県立東葛飾の3校となりました。とくに市立横浜サイエンスフロンティアは高校が普通科ではなく理数科という学校の性格からそうなっています。

模擬試験における公立中高一貫校の位置づけは

ではつぎに各校のレベルについて探ってみましょう。中学入試における3大模試の2020年度結果偏差値を手がかりにします。

△は前年より偏差値が上昇していること、▼は下降していることを表しています。また、すべて一般枠についてのものです（九段は区外枠）。

各模試が22校すべての結果偏差値をだしているわけではありません。偏差値をだすことができるほどの母数がない学校があるということです。

また、模試によって位置づけは大きくちがいますので、それを理解したうえでご覧ください。

男子を例にお話しします。位置づけでは、都立小石川、県立千葉、市立横浜サイエンスフロンティアが比較的高いことは3大模試で共通していますが、あとは模試によりバラついています。結果偏差値ですから、すべての模試で難度上昇、すべての模試で下降となりそうなものですが、3大模試すべてで上昇しているのは川崎市立川崎くらいです。

ある模試では上昇しているのに別

【表4】３大模試における公立中高一貫校の位置づけ（男子）

偏差値	四谷大塚	日能研	首都圏模試
73			横浜サイエンスフロンティア
72			
71			▼都立小石川、県立千葉、県立東葛飾
70			
69			
68			都立両国、県立相模原、横浜市立南
67		都立小石川	
66	都立小石川		△区立九段、市立浦和
65			都立桜修館、△都立大泉、△都立武蔵、
64	▼県立千葉	▼県立千葉	都立富士、都立南多摩
63	△横浜サイエンスフロンティア		▼都立三鷹、都立立川国際、▼県立平塚、市立大宮国際
62	△都立武蔵、▼県立東葛飾		都立白鷗、▼市立稲毛
61	横浜市立南、県立相模原	△都立両国、▼都立武蔵	△川崎市立川崎
60	都立桜修館、都立大泉、都立両国	△県立相模原、県立東葛飾	
59		都立桜修館、△横浜サイエンスフロンティア	▼県立伊奈学園
58	都立三鷹、都立南多摩、区立九段	都立白鷗、△都立三鷹、都立南多摩、▼横浜市立南	
57	都立立川国際、都立白鷗、都立富士、県立平塚、市立浦和	都立大泉、区立九段、△市立浦和	
56	△市立稲毛、		
55	△川崎市立川崎		
54	市立大宮国際		
53		市立稲毛	
52	県立伊奈学園	△都立富士	

【表5】３大模試における公立中高一貫校の位置づけ（女子）

偏差値	四谷大塚	日能研	首都圏模試
73			横浜市立南
72			都立小石川、県立千葉、県立東葛飾
71			
70			
69			▼県立相模原
68			▼横浜サイエンスフロンティア
67		都立小石川	都立桜修館
66	都立小石川		都立両国、△区立九段
65	△都立武蔵、△横浜サイエンスフロンティア、▼県立千葉	△県立千葉	都立南多摩、▼都立三鷹、△県立平塚、▼市立浦和
64			都立白鷗、▼都立大泉、▼都立武蔵、▼県立平塚、▼市立稲毛
63	△都立両国	都立武蔵	都立富士、都立立川国際
62	都立桜修館、横浜市立南、▼県立東葛飾		
61	県立相模原	△都立両国	△川崎市立川崎、▼市立大宮国際
60	都立大泉、区立九段	△県立相模原、県立東葛飾	
59	都立立川国際、都立白鷗、△都立富士、△県立平塚	都立桜修館、△横浜サイエンスフロンティア	
58	都立三鷹、▼都立南多摩、市立浦和	都立白鷗、△都立三鷹、都立南多摩、▼横浜市立南	
57	△川崎市立川崎、△市立稲毛	都立大泉、区立九段、△市立浦和	
56			
55	市立大宮国際	△県立平塚	▼県立伊奈学園
54	県立伊奈学園		
53		市立稲毛	
52		都立富士	
51			
50		△川崎市立川崎、△県立伊奈学園	

△（前年比偏差値上昇）、▼（前年比偏差値下降）

の模試では下降という学校もあり、母集団が異なれば逆の結果になることがあることを知っておきましょう。

　なお、さいたま市立大宮国際は適性検査に英語が含まれているため日能研では判定していません。

偏差値は上昇校が多く下降した学校は少ない

　昨年まではどの模試でも上昇している学校数の方が多くなっていましたが、さきにみたように応募者数が減った学校が多かったこともあり、2020年度はこれまでになく下降がめだちます。

　ただ公立中高一貫校の出題は教科別の試験ではない適性検査問題ですから、私立の入試問題を意識して作問されている模擬試験の結果とはストレートには比例しないと考えた方がいいでしょう。偏差値はあくまで参考程度に考えたいところです。

　偏差値以上に、各校によって適性検査問題にも個性があるので、東京のように学校が多数ある場合は、学校の教育内容が、わが子を伸ばしたい方向と一致しているかを検討すると同時に、わが子がどの学校の適性検査問題ならよくできるかといったことを検討した方が、学校選択の目安になるでしょう。

私立中学と併願する受験生が多い学校と少ない学校

　公立中高一貫校のスタート時は、落ちたら地元の公立中学校に進学する人が多くいましたが、いまは2年、3年と塾に通って準備をして受けるだけに、それをムダにしたくないということで私立中学も併願する人が増えてきています。

　逆に、私立中学を本命として勉強してきた受験生が、公立中高一貫校も受けるケースもあります。

　都立小石川などは入学者の8割以上が私立中学を受けているほどです。

　東京都教育委員会は、都立10校について、試験当日の欠席者数、合格発表後の辞退者数を公表しているので、それをみてみると、欠席者数は男子・女子とも男子197人↓164人、女子255人↓223人と前年より減っています。辞退者数は男子44人↓39人、女子38人↓51人と、女子で増えています。

　じつはこれは特定の学校に集中していて、欠席者の男子164人中31人が都立小石川、20人が都立白鷗高等学校附属と都立両国であり、女子の223人中50人が都立小石川、27人が都立桜修館、26人が都立白鷗、20人が都立両国となっています。辞退者も、男子39人中8人が都立小石川、7人が都立桜修館、6人が都立武蔵であり、女子の51人中20人が都立小石川、6人が都立三鷹中等教育、5人が都立白鷗、都立大泉、都立武蔵となっています。

　つまり、区部の学校ほど私立中学との併願者が多いのです。なかでも都立小石川の女子は欠席が50人、辞退が20人とダントツです。これは推測ですが、欠席者は2月1日に桜蔭や女子学院といった女子校を本命にし、翌日の発表で合格をつかんだケースと推測されます。辞退者の場合も2月3日の公立中高一貫校の試験日の時点では私立中学の合否がわからず受検したけれど、その後合格がわかり、辞退したということでしょう。

　他県で欠席者の多い学校を調べてみると、2桁は男子では神奈川県立相模原が16人、千葉市立稲毛が13人、横浜市立横浜サイエンスフロンティアが12人、神奈川県立平塚が10人となっています。一方女子では横浜市立南高等学校附属が31人と多く、次いで神奈川県立相模原中等教育が28人、神奈川県立平塚が18人、千葉市立稲毛が12人、横浜市立横浜サイエンスフロンティアが10人です。やはり特定の学校が多いことがわかります。都内・3県に共通していることは、女子のほうが私立中学に抜けているということです。

　千葉・埼玉の学校は一次の欠席者は少ないですが、二次で多くなります。さいたま市立浦和とさいたま市立大宮国際は一次については両校を併願することができます。

　スタート時と異なり、いまは公立中高一貫校でもレベルの高いところほど難関私立中学と併願している受験生が多くなっています。

　一方、私立中学側も、公立中高一貫校は倍率が5～6倍となり、不合格になる方が圧倒的に多いので、「適性検査」に向けた勉強でも受けられる「適性検査型入試」を設定するところが年々増えています。なかには「うちの適性検査型入試は○○中等教育学校、××高等学校附属を意識して作問をしています」と謳《うた》っているケースもあります。そのほか入学金や授業料免除の特待生をだすケースもよく見られます。

　そうした背景からスタート時の「落ちたら地元の公立中学に」というパターンはいまや少数派となっています。

私立の「適性検査型入試」に受験生は集まっているのか?

公立中高一貫校を受ける人にとって受験しやすい私立中学の「適性検査型入試」（公立中高一貫校対応入試、ＰＩＳＡ型入試など名称はさまざま）ですが、実際に各学校にどのくらいの受験者がいたのか調べて、左ページの表にしました。

表には20人以上の受験者がいた学校だけをあげましたが、このほかにも多数の学校が適性検査型入試を実施しています。これだけ増えてくると「選ばれる」ことになり、「適性検査型入試」でも受験者が減少する学校もあり、「適性検査型入試」も二極化の傾向がみえてきました。

日程については、2月1日の午前・午後が圧倒的に多くなっています。

私立の難関校のなかには「思考力」「記述力」を要する問題を多く出題するところもありますが、多くの私立は勉強してきた成果として知識量をみる問題が依然として多い傾向にあります。となると、公立中高一貫校が第1志望で、それへの対策を主としてきた受験生は得点が取れません。そうした受験生用に「適性検査型入試」があるので、併願先の私立を探しているなら、こうした入試を行っている私立を選ぶといいでしょう。

公立中高一貫校のすぐれた教育内容

ここまで数字的なものばかりを取りあげてきましたが、公立中高一貫校の魅力はむしろ教育内容にあります。公立中高一貫校同士は全国的に交流し、かなり研究しあい、競いあっています。

また、私立の中高一貫校が先行事例としてあるので、教育内容はどこもすぐれたものになっています。

詳しい内容には触れられませんが、学校選択の目安として、左記のようなことがあげられます。

・ふつうの公立中学では、まず行われていない海外研修の機会がある学校が公立中高一貫校には多数ある。なかにはシリコンバレー研修といった時代の先端的な場に連れていく学校まである。

・大学との連携、フィールドワークをともなう探究型学習、ネイティブスピーカーによる英語教育、卒業論文の作成・発表……等、私立中高一貫校が取り入れていることの多くをいまや同様に実施している。

どうなる来春の公立中高一貫校入試

コロナ不況で学費の安い公立に風が吹く

ほぼ学費がかからない状態で上記の教育を受けられるのに、なぜこの春は公立中高一貫校の応募者が減ったのでしょう。

公立中高一貫校に大勢受検させる塾の先生に聞くなどいろいろ考えましたが、「今年はこれこれのことがあったから」というような明確な要因は見つかりませんでした。左記はしいてあげるならということです。

◆5～6倍という倍率の高さ……「ムダな努力はしたくない（させたくない）」という心理

◆年々レベルが上がっている難度……どこもが開校時と比べると格段にむずかしくなっている。近所で多くの不合格体験を目にするようになって、チャレンジする家庭が減少。

◆塾通いが必要……2年、3年と塾に通うことが必要なことがわかり、その費用の点から断念。

もちろん以上のことが絡みあっているわけです。

今年こそ減少しましたが、２０２1年度はまちがいなく応募者は増加するにちがいありません。

これから新型コロナウイルス感染症がもたらすであろう経済不況はかなり深刻になりそうです。目下は観光業、運輸業、小売りなどへの打撃が取りあげられていますが、部品供給の不足などから製造業へ、さらには金融へ、商社へと影響は広がり、リストラが行われる事態も予想され、家計にも大打撃がもたらされます。

いま私立中学受験熱は6年連続で受験者増となっています。これは、中高一貫教育が優れていることが広く知られるようになったことが大きいのです。倹約してでも教育にはお金をかける日本人の国民性からいって、今後不況になっても、いや厳しい時代になりそうだからこそ、わが子にはいい教育を与えたいというスタンスに変わりはないでしょう。

そうなると再び学費の安い公立中高一貫校に注目が集まるにちがいないのです。難化を予想してじゅうぶんな対策を取っていただきたいと思います。

【表6】私立中高一貫校「適性検査型入試」2020年度受験者数状況「受験者20人以上校・人数順」

学校名	名称	日程	男子	女子	男女計	学校計	参考2019計
安田学園	第1回先進特待入試公立一貫	2/1	251	231	482	913	745
	第3回先進特待入試公立一貫	2/2	128	152	280		
	第5回適性検査	2/4	73	78	151		
宝仙学園共学部理数インター	第1回公立一貫型 特待選抜	2/1	199	228	427	770	972
	第2回公立一貫型 特待選抜	2/2	92	124	216		
	第3回公立一貫型 特待選抜	2/4	64	63	127		
浦和実業学園	第1回適性検査型	1/10	139	146	285	467	458
	第2回適性検査型	1/19	80	102	182		
聖徳学園	適性検査型2科型	2/1	130	98	228	398	376
	適性検査型3科型		97	73	170		
西武学園文理	適性検査型	1/18	—	—	383	383	294
八王子学園	東大医進クラス①適性検査型	2/1	164	161	325	325	306
千葉明徳	適性検査型	1/20	—	—	284	284	209
駒込	1回適性A	2/1	68	68	136	277	260
	2回適性B	2/1P	60	42	102		
	3回適性C	2/2	20	19	39		
日本大学	適性検査型GLコース	2/1P	51	59	110	178	85
	適性検査型NSコース		42	26	68		
上野学園	適性検査型（アドヴァンスト、プログレス）	2/1	73	96	169	169	114
聖望学園	第2回適性検査・特待	1/11	71	95	166	166	165
日本工業大学駒場	第1回適性検査	2/1	86	34	120	156	71
	第3回適性検査	2/2	26	10	36		
開智日本橋学園	適性検査型	2/1	65	78	143	143	134
佼成学園女子	第1回午前適性検査型	2/1	—	89	89	143	159
	第1回午後適性検査型	2/1P		27	27		
	第2回午前適性検査型	2/2		14	14		
	第4回午後適性検査型	2/4P		13	13		
トキワ松学園	適性検査型（特待・一般）	2/1	—	131	131	131	116
鶴見大学附属	適性検査型	2/1	68	58	126	126	121
横浜隼人	適性検査型公立中高一貫	2/1P	62	60	122	122	158
細田学園	dots入試（適性）第1回	1/10	12	23	35	103	57
	dots入試（適性）第2回	1/18	32	36	68		
白梅学園清修	第1回午前適性検査型	2/1	—	81	91	91	83
	第2回午前適性検査型	2/2		10			
相模女子大学	適性検査型	2/1	—	83	83	83	90
佼成学園	第1回適性検査型特別奨学生	2/1	30	—	72	72	83
	第2回適性検査型特別奨学生	2/2	42				
武蔵野東	適性型①特待選抜	2/1	23	26	49	70	70
	適性型②特待選抜	2/1P	3	7	10		
	適性型③特待チャレンジ	2/4P	4	7	11		
多摩大学附属聖ケ丘	適性型	2/2	34	30	64	64	96
文化学園大学杉並	適性検査型	2/1	26	37	63	63	44
東京家政学院	2月1日午前適性A	2/1	—	52	60	60	53
	2月1日午後適性B	2/1P		8			
横須賀学院	適性検査型	2/1	31	17	48	48	42
城西大学附属城西	第2回適性検査型	2/2	19	21	40	40	24
足立学園	特別奨学生第1回適性検査	2/1	39	—	39	39	53
武蔵野大学	適性検査型	2/1	—	—	38	38	26
東京純心女子	1日適性検査型特待	2/1	—	21	37	37	34
	2日適性検査型特待	2/2		16			
日本大学豊山女子	適性検査型	2/1	—	36	36	36	31
成立学園	第1回適性検査型	2/1	7	10	17	32	42
	第3回適性検査型	2/2	8	7	15		
共立女子第二	1回AM適性検査型	2/1	—	30	30	30	19
目黒日本大学	適性検査型	2/1	12	16	28	28	20
国際学院	第1回適性検査型	1/10	10	17	27	27	16
昌平	適性検査型	1/11P	8	19	27	27	37
聖徳大学附属女子	第2回午前適性検査型特待S	1/21	—	26	26	26	41
横浜翠陵	適性検査型	2/1	21	4	25	25	33
横浜創英	第1回適性検査	2/1	7	16	23	23	11
立正大学付属立正	第2回中高一貫6ヵ年特待適性型	2/2	14	9	23	23	39
明法	第1回午前適性検査型	2/1	21	—	21	21	41

日程のPは午後入試

共《きょう》立《りつ》女《じょ》子《し》第《だい》二《に》中学校

多様な生徒を温かく迎える抜群の教育環境

共立女子第二中学校高等学校では学校活性化のためにさまざまなタイプの受験生を求めており、早くから適性検査型入試を実施してきました。多様な価値観を持つ生徒たちが伸びのびと成長していける、絶好の環境がここにはあります。

豊かな自然と充実した施設

共立女子第二中学校高等学校（以下、共立女子第二）は、誠実・勤勉・友愛という校訓のもと、高い知性・教養と技能を備え、品位高く人間性豊かな女性の育成に取り組んでいます。豊かな自然に恵まれたキャンパスは桜やバラなどの花で色鮮やかに演出され、伸びのびとした教育が展開されています。広大な校地には、総合グラウンド、9面テニスコート、ゴルフ練習場、約1500名収納可能な大講堂などの充実した施設が設けられており、多くのクラブがその施設で活発に活動しています。

キャンパスは八王子市の郊外に立地していますが、無料のスクールバスが運行されています。路線バスとは異なり、すべて学校のスケジュールに沿ったダイヤが組まれているので大変便利です。災害などの緊急時にもすぐに対応できるメリットもあります。

生徒一人ひとりに合った教育を実践

多様化する生徒たちの志望を実現させるため、中学3年、高校1年にAPクラス（Advanced Placement Class）が導入され、難関大学進学を視野に入れて、深化・発展した授業が行われています。高校2・3年でも、進学志望を念頭においた5つのコースが設置され、生徒一人ひとりに合ったきめ細やかな指導を実現させています。大学受験力の強化を目的としていますが、自由度が高く、芸術系などの受験にも対応しています。

また、中高一貫教育の先取り学習を中心とした新しいカリキュラムが設けられています。中学1・2年で学習の基礎を徹底し、主要3教科（国語・英語・数学）については中学3年でカリキュラムの一部に先行学習を導入し、授業内容の深化・発展をはかります。ただし生徒が内容を未消化のままでは効果は望めないため、この3教科の単位を増やし、無理なく基礎学力を身につけられるようにしています。

特色ある英語教育

共立女子第二の英語の授業は特色があり、「レイヤードメソッド」と名づけられたオリジナルの指導法による4技能統合型授業を行っています。さまざまな音読トレーニングを反復して行うことで重層的に「英語のコア」をつくり上げていきます。家庭学習においては、オンライン英会話レッスンを全員が受講、話す力を磨いています。

また教科書を利用してドラマをつくり上げていくドラマメソッド集中講座から、ブリティッシュヒルズにおける英語研修、高校においてはニュージーランド夏期ホームステイ研修やターム留学などさまざまな研修プログラムが導入されており、英語を体験する機会にあふれています。

堅実な進学実績

共立女子第二では、大学および短期大学への進学希望者がほぼ100%に達し、そのほとんどが進学しています。進学先としては、ここ数年、外部大学への進学と共立女子大学・短期大学への進学はほぼ同じ比率になっています。看護学部やビジネス学部などが新設されたことや、神田一ツ橋に校舎・組織を集中したこと

もあり、共立女子大学・短期大学の人気には根強いものがあります。

一方、共立関連大学に推薦で合格しながら、さらに外部の大学を受験できる併願型特別推薦制度を設けるなど、安心して難度の高い大学にチャレンジできる環境を整えています。2020年度の卒業生も、国公立大学や難関私立大学など、堅調に実績を残しています。一方、女子大学の人気上昇の流れを受けて、ここ数年、共立女子大学を第1志望とする生徒も増えてきています。

適性検査型入試

共立女子第二では多様な個性を持つ子どもたちの受験を期待し、さまざまな形式の入試を導入しています。そのひとつが公立中高一貫校との併願を可能とする適性検査型入試です。

共立女子第二では2010年度入試より適性検査型入試を実施しているので、来年度（2021年度）入試で早くも12回目を数えることになります。この積み重ねた実績が信頼を築き、とくに八王子多摩地区の多くの受験生を集めています。

また、入試の合計得点率（適性検査Ⅰ・Ⅱの合計点に対して何点得点したか）により奨学生を選考し、入学金・授業料などを免除する給付奨学金制度も導入していますので、詳細は学校説明会やホームページなどでご確認ください。

最後に、入試広報部主任の戸口義也先生から受験生へメッセージをいただきました。

「本校の適性検査型入試の受験生は、やはり公立中高一貫校との併願が多いのですが、公立中高一貫校に合格しながら本校への入学を希望する合格者もいます。公立中高一貫校にはない、そして本校だけにしかない価値がまちがいなくありますので、それを見出していただければうれしいです。

また最近では、本校を第1希望としながら、2科あるいは4科の入試ではなく、適性検査型入試でチャレンジする受験生も見られます。適性検査型入試以外にも英語（4技能型）入試やサイエンス入試など、さまざまな学習環境を持った生徒が受けやすい入試環境を整えていますので、ぜひ共立女子第二中学校を志望校のひとつにご検討ください！」

森上's eye!

2022年度に英語コースが新設予定

6年前から行ってきたコース・カリキュラムの改革の効果が、少しずつ大学合格実績に表れているようです。共立女子大学の人気もあり、受験生も増加傾向にあります。英語教育に特色のある学校ですが、2022年度には英語コースが新設予定のようで、さらに魅力のある教育が期待されます。

School Data

共立女子第二中学校〈女子校〉

所在地 東京都八王子市元八王子町1-710 アクセス JR中央線・京王線「高尾」スクールバス10分（無料）
JR各線「八王子」スクールバス20分（無料）
TEL 042-661-9952
URL http://www.kyoritsu-wu.ac.jp/nichukou/

学校説明会（要予約）
10月3日(土)10:30～12:00〈入試問題研究会1〉
10月23日(金)18:00～19:10
11月5日(木)10:30～12:00
11月28日(土)10:30～12:00〈入試問題研究会2〉

入試説明会／入試体験（要予約）
12月5日(土)14:00～15:30〈適性検査型〉
12月20日(日)9:30～12:00〈国算2科型〉
1月9日(土)10:30～12:00

理科体験授業（要予約）
1月9日(土)14:00～15:30〈小5以下対象〉

入試直前相談会（要予約）
1月16日(土)9:00～12:00

今年度のイベント日程は、社会状況を考慮しつつ、受験生の安全を第一に考えて実施していきます。最新の情報は、公式ホームページをご確認ください。

桐蔭学園中等教育学校《とういんがくえん》

自ら考え判断し行動できる子どもたち

男女共学の新しいスタイルとなり2年目を迎えた桐蔭学園中等教育学校。アクティブラーニング型授業をベースに、「学力の氷山モデル」に基づく学力観を土台とした教育を実践しています。

学力の氷山モデル「3つの学力」

桐蔭学園では、２０１４年の学園創立50周年を機に、新たな教育ビジョン「自ら考え判断し行動できる子どもたち」を策定し、次の50年に向けた教育改革を進めています。この教育ビジョンの実現に向けて、桐蔭学園中等教育学校（以下、桐蔭学園）では、２０１５年にアクティブラーニング（以下、ＡＬ）研究の第一人者、京都大学の溝上慎一教授（当時、現・桐蔭学園理事長）を教育顧問として招聘《しょうへい》し、積極的にＡＬ型授業を取り入れてきました。その過程でわかってきたのが、「学びに向かう力」の重要性です。

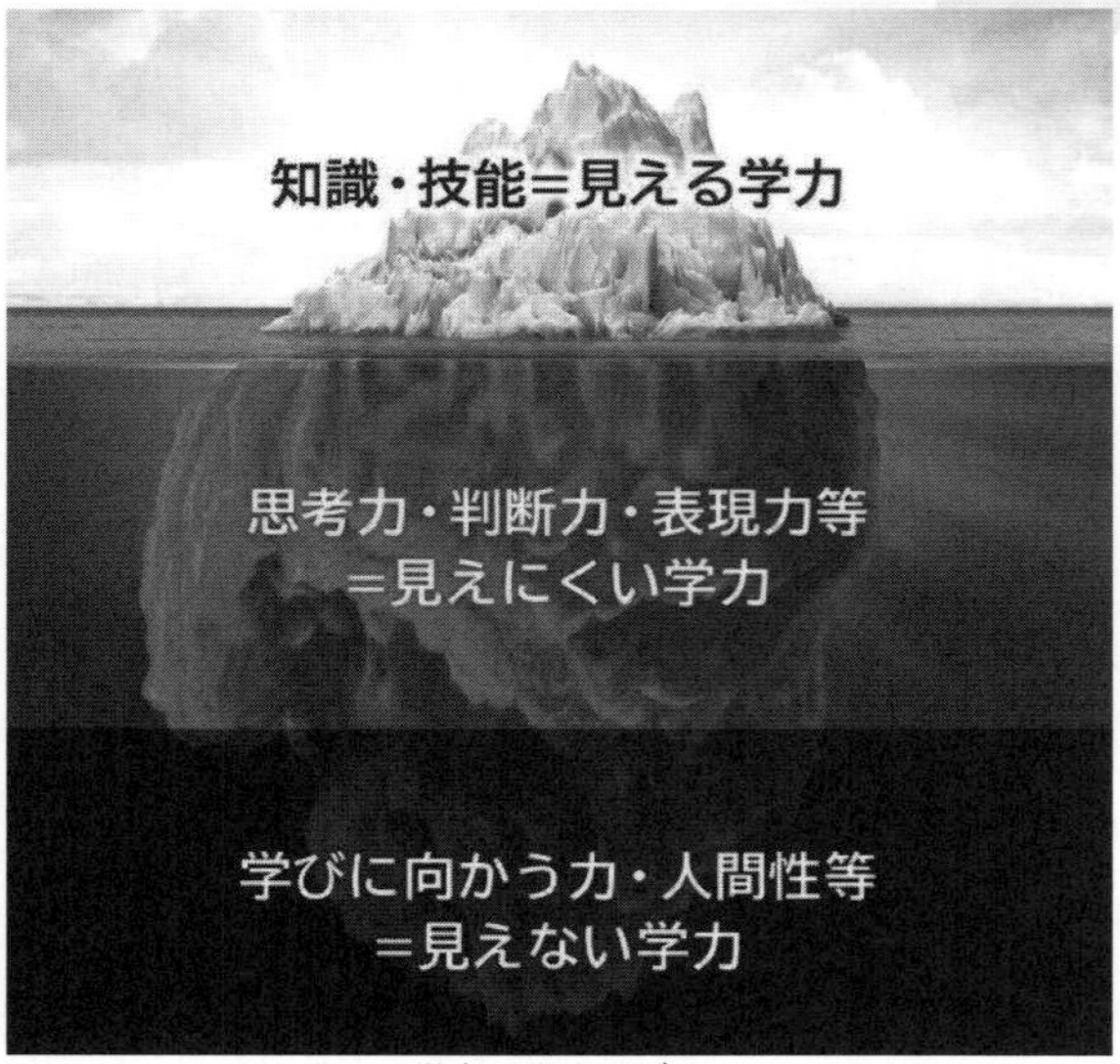

学力の氷山モデル

桐蔭学園では、学力を氷山にたとえ、水面上に出ている部分は「見える学力＝知識・技能」、水中のまんなかの部分は、「見えにくい学力＝思考力・判断力・表現力等」、水中の一番下に隠れている部分を「見えない学力＝学びに向かう力・人間性等」とする「学力の氷山モデル」に基づく学力観を土台に、一番下に隠れている「見えない学力」から育てることに重きをおいて、この「3つの学力」を包括的にとらえて伸ばしています。

その教育カリキュラムの柱が、次にご紹介する「ＡＬ型授業」「探究（未来への扉）」「キャリア教育」です。

全教科で行うＡＬ型授業

桐蔭学園のＡＬ型授業は、50分を「個⇒協働⇒個」という流れで行っており、生徒が自分自身でしっかりと学ぶ部分と、他者と共有することによって学ぶ部分の両方を大切にしています。

「本校のＡＬ型授業は、例えば授業の冒頭に教師がその日の授業テーマを黒板に書き、それを生徒はノートに書き写します。次に、教師がそのテーマについて発問し、生徒はそれに対する自分の考えを書きます。これが『個』の作業です。次に発表などもしながら、個々の意見をクラスメイトと共有していきます。これが『協働』です。そして共有したものをまとめて最終的な自分の考えとしてふり返る『個』の作業で締めくくられます。この一連の流れが本校のＡＬ型授業の標準的なスタイルで、全教科共通の考え方です。特に『協働』では、自分の意見を述べたり、クラスメイトの意見を聴いたりする過程で、その日の授業のなかで一番大事な部分に自分で気づいてほしいのです。〝はっ〟と気づいたことは一生忘れませんから」と玉田副校長は語ります。

また、ＡＬ型授業を始めるにあたり、ノートの取り方や人の話の聴き方、授業での話し方など、学習するうえで基本となる部分を丁寧に指導するのも特長で、生徒全員が同じスタートラインから伸びるための基礎となる部分がシステム化されています。

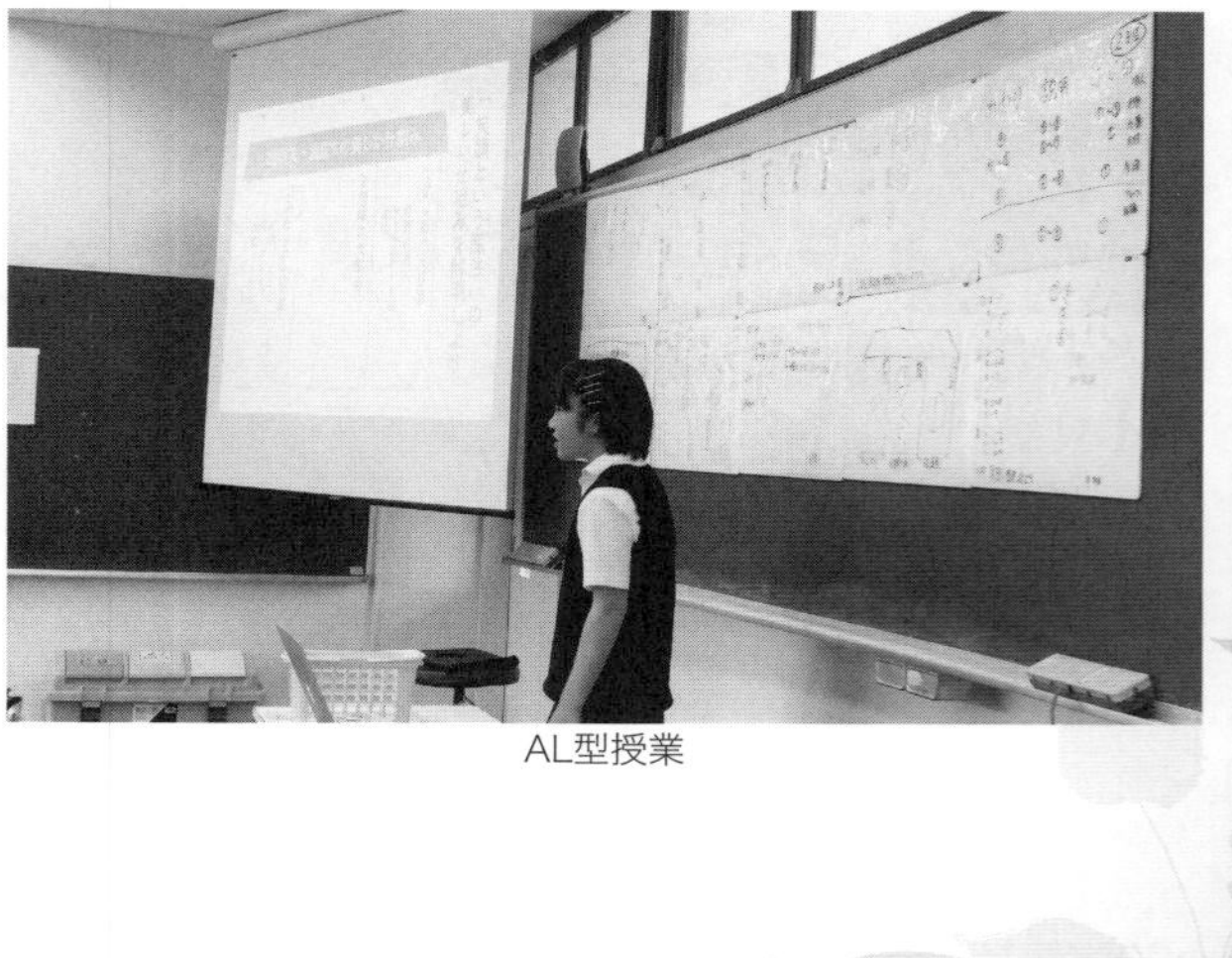
AL型授業

探究＝未来への扉

次にご紹介するのは「未来への扉」という科目名の探究の授業です。昨年度より新たに導入された授業で、1年次から5年次まで週1回行われています。この探究の授業では、情報の集め方、情報の整理の仕方、プ

1分間スピーチ

レゼンテーション資料の作り方といった基本的なスキルからスタートし、さまざまな角度から分析の仕方、問題解決方法など、社会にでてからも必要とされる力を身につけます。

探究では、まず自分の興味・関心事と社会の課題との接点をみつけて「課題の設定」をします。次にその課題に対して必要な「情報の収集」を行い、その集めた情報を「整理・分析」し、構造化・可視化して多様な視点からさらに探究し、論文やレポートにまとめ、他者に発表します。そして、この探究プロセスで大事なところが、次の「ふり返り」です。発表して終わりではなく、今回の探究では何ができて、何ができなかったかをふり返ることが重要です。自分の今の実力を認識し、探究の成果や課題を明らかにすることで、新たな課題が見えてきます。この一連の探究プロセスを繰り返すことで、自然と自ら学び続ける力が身についていきます。

自己肯定感を醸成する 新しいキャリア教育

桐蔭学園では、朝のホームルームで1分間スピーチの時間があります。テーマは、「将来の夢」や「私の宝物」など時々によって変わりますが、聴き手は、しっかりと話者の方を向いて頷きながら耳を傾けることになっています。これが「傾聴」です。そして発表後は、必ず全員で大きな拍手を送ります。これによってスピーチした生徒は、みんなに認められたという安心感を得ることができます。これが「承認」です。この「傾聴」と「承認」の小さな積み重ねが、主体的に学び続ける力に大きくかかわる「自己肯定感」を醸成していきます。桐蔭学園では、これまでのような、大学や職業を考えるキャリア教育ではなく、他者と共存し、お互いを高め合いながら成長するための基礎的なキャリア教育が重要だと考えています。

「30年後には新しい職業がたくさん生まれているでしょう。しかし、どんな時代の、どんな世の中になっても、社会で必要とされるためには、人間としての汎用的な力をつけることが望ましいのではないかと思います。これからは『どんな仕事に就きたいですか?』というキャリア教育では意味がないのです」と玉田副校長は語ります。

また、桐蔭学園ではアフタースクール（放課後のさまざまな活動）もキャリア教育の要素を持ったユニークな取り組みです。その柱となる空間の1つが、グローバルラウンジです。英語を使ってネイティブの先生や友人たちとコミュニケーションをとることのできるスタイリッシュな空間です。生徒たちがラウンジスタッフとなり、イベントを企画・運営しており、英語のスキル向上はもちろん、世界中の人とつながり、理解を深めることができます。

これまでにない新しい教育を実践する桐蔭学園。その改革は始まったばかりですが、エネルギッシュな中1・中2の生徒たちが、いきいきとした学校生活を送っています。

グローバルラウンジ

森上's eye!

着実に教育改革を進める 桐蔭学園の底力に注目

1964年に「真のエリートの育成」をめざして誕生した桐蔭学園が、昨年、溝上慎一先生（前京都大学教授）を学園理事長に迎え、次の50年に向けた教育改革を推進しています。アクティブラーニング型授業、探究、キャリア教育を3本の柱として「新しい進学校のカタチ」を追究しています。

School Data

桐蔭学園中等教育学校〈共学校〉

所在地 神奈川県横浜市青葉区鉄町1614
TEL 045-971-1411
URL http://toin.ac.jp/ses/
アクセス 東急田園都市線「青葉台」「あざみ野」「市が尾」・小田急線「柿生」「新百合ヶ丘」バス10分～20分

学校見学会　要Web予約
9月5日(土)10:00～11:00
9月8日(火)10:00～11:00
9月18日(金)10:00～11:00
9月26日(土)14:30～15:30
10月13日(火)10:00～11:00
10月30日(金)10:00～11:00

学校説明会　要Web予約
11月14日(土)14:30～16:00

入試体験会・入試説明会　要Web予約
12月12日(土) 9:30～11:30
※体験会は6年生対象
※日程・開催形式は変更されることもあるため、学園公式サイトで確認をお願いします。

二《に》松《しょう》学《がく》舎《しゃ》大《だい》学《がく》附《ふ》属《ぞく》柏《かしわ》中学校

『論語教育』の実践で真の国際人を育成

論語教育や自問自答プログラムといった特色ある中高一貫教育を実践する二松学舎大学附属柏中学校。主体性を持って、多様な人びとと協働して学ぶ態度の育成に力をいれています。

「論語」に学び人間力の向上をめざす

1877年、二松学舎を創立した漢学者・三島中洲先生が建学の理念にこめた思いは、自国を理解し、同様に他国のことも正しく理解することのできる真の国際人の育成、そしてグローバル社会に貢献することのできる人材の育成です。

「これからのグローバル社会で求められる力は、数値化できない力＝EQ（こころの知能指数）だと考えています。本校では、学祖の建学の理念の実現に向けて、数値化できるIQ（知能指数）のみでなく、EQを育むために、さまざまな教育活動を実践しています」と語るのは副校長の島田達彦先生です。

二松学舎大学附属柏中学校（以下、二松学舎柏）が教育の柱においているのが、中高6年間をつうじて学ぶ「論語」です。道徳の授業や毎朝のモーニングレッスン（25分間）で、2500年前に孔子が残した言葉に触れることで、人間が守らなければいけない根本的なことは少しも変わらないということを学びます。中学の論語の授業では、湯島聖堂の漢文検定のテキストが使われていて、最初は「素読・暗唱」から始めます。声にだして「論語」の精神に触れることで、自然とその言葉を自分のものにすることができるようになります。

「論語」テキストの「素読・暗唱」

高校では、英訳入りのオリジナルテキストを使って「論語」を学びます。日本語の解釈と英語での解釈のちがいを認識することで、さらに理解が深まり、英語力も向上していきます。

人格形成期のなかでも最も多感な中高6年間をとおして「論語」を学ぶことは、これからのグローバル社会を生き抜くための「人間力の向上」に結びついています。

体験型の校外学習で自問自答力を養成する

もうひとつの教育の柱が、「自問自答プログラム」です。校外で実施される体験型プログラムで、自ら課題を見つけて、自らその答えを導きだす主体的で対話的な学習活動です。

中1は、学校から歩いて15分ほどにある手賀沼の歴史や環境問題について学びます。そのなかで自ら疑問に感じる課題を見つけて、調べ学習をスタートさせます。中2では、自国理解を深めるために京都・奈良を訪問します。事前学習をしっかり行ってから現地を訪れ、それぞれが探究を深めていきます。そして中3は他国理解として、シンガポール・マレーシアに修学旅行に行きます。日本とのちがいを認識することで、多様性を理解し、それを受け入れることの大切さを学びます。

また、中3ではこれまでの自問自答プログラムを中心に、調べたい内容を各自が論文にまとめる「卒業論文」にのぞみます。生徒ひとりにひとりの教員が担当につき、大学の卒業論文のように進めていきます。昨年は「じゃんけんで勝てる方法はあるか」「人間関係が悪くなる要因は兄弟がいるかいないかで決まるか」など、さまざまなテーマについて自問自答し、論文にまとめていました。この卒業論文は「探究」という冊子にまとめられ、学校説明会などでも発表されています。

中2・古都の教室

真の国際人を育成する「グローバルコース」

中学には、「グローバルコース」「特選コース」「選抜コース」の3つのコースが設けられており、なかでも入学志願者数が最も多いコースが「グローバルコース」です。このコースの目的は、異文化を理解し、多様性を認めること、そして真の国際人（グローバルリーダー）を育成することにあります。授業は従来の講義形式だけでなく、アクティブラーニングを導入し、対話的・協働的な学びを実践しています。

「グローバルコース」の特徴のひとつが、7限目のプレゼンテーションプログラムです。海外研修で今後訪れるイギリス・オーストラリア・カナダの文化や歴史を学んだり、SDGsを中心に、世界の課題に貢献する手段を考えプレゼンテーションするなど、まず日本語で国際理解を深め、しっかり考える力（思考力）と情報を的確に処理する力（判断力）を養い、説得力のあるプレゼンテーション（表現力）をめざします。

JICA、ユニセフ、国連大学などの訪問や年2回の英語集中講座など、体験プログラムが豊富に用意されているのもグローバルコースの特徴です。

プレゼンテーションのようす

そして、中学の集大成として約2週間のカナダ研修があります。語学研修を中心に現地の環境保護の取り組みなども学びます。また、全コースの中2生・中3生の希望者対象に、セブ島語学研修、オーストラリア研修が用意されているなど、充実した海外研修も魅力です。

6年前に国公立大学、最難関私立大学をめざすコースとして開設されたグローバルコース、来春初めての卒業生が、どのような大学合格実績を残すか期待が寄せられます。

12月の第一志望入試で「特選コース」の募集も実施

2021年度入試では、12月1日（火）に実施する第一志望入試を含めて、計6回の入試を実施します。入試の変更点としては、第一志望入試では、これまで「選抜コース」のみの募集でしたが、2021年度入試から「特選コース」の募集も行います。試験内容も作文・算数＋表現力検査（自己アピール・面接）から、作文・算数・英語から2科選択＋表現力検査に変更になります。

思考力検査型入試（検査Ⅰ・Ⅱ）は1月25日（月）午前に、「グローバルコース」と「特選コース」の2コースの募集で実施します。試験内容は昨年度と変更はなく、検査Ⅰは算数・理科・社会の教科横断型の問題、検査Ⅱは作文です。やや難度の高い内容で、レベル的には都立小石川中等教育学校をイメージした内容です。これ以外にも2科・4科選択の入試もあり、4科で「グローバルコース」を受験する場合、社会・理科の2科を英語に変更し、算数・国語・英語の3科入試に変更することもできます。

「3コースの合格難度は、グローバルコース、特選コース、選抜コースの順になっていますが、選抜コースに合格した生徒が、その合格を保持したまま特選コースやグローバルコースにチャレンジすることができます。1月に実施する4回の入試は、同時出願をすることで、受験料2万円で4回すべて受験できますので、毎年、多くの生徒がチャレンジしています。本校の教育をご理解いただき、二松学舎柏で学び自分の力をどんどん伸ばそうという目標を持って入学してくれる生徒さんが増えてくれることを期待しています」（島田先生）

オーストラリア研修

森上's eye!

論語からICTまで
伝統と革新のハイブリッド教育

開校から10年、論語に基づく人格形成や自問自答プログラムによるEQの育成など、二松学舎柏ならではの取り組みが、結実しつつあるようです。

現在にもつうじる学祖の志を実現すべく、2030年型教育体制の構築をめざす「N '2030 Plan」を指針として、さらなる教育改革を進めています。

School Data

二松学舎大学附属柏中学校〈共学校〉

所在地 千葉県柏市大井2590
TEL 04-7191-5242
URL https://www.nishogakusha-kashiwa.ed.jp/
アクセス JR常磐線・地下鉄千代田線・東武野田線「柏」、東武野田線「新柏」、JR常磐線・地下鉄千代田線「我孫子」スクールバス

学校説明会（要予約）

8月22日(土)	14:00～15:30※1	12月12日(土)	9:30～11:00※2
9月19日(土)	9:30～11:00	12月19日(土)	14:00～15:30
10月3日(土)	9:30～11:00	1月9日(土)	9:30～11:00
10月17日(土)	14:00～15:30※1	（予約についての詳細はホームページをご覧ください。）	
11月3日(火・祝)	9:30～11:00※1		
11月7日(土)	14:00～15:30※1	※1:別室にて第一志望説明会あり	
11月23日(月・祝)	9:30～11:00※2	※2:別室にてグローバルコース説明会あり	
12月5日(土)	9:30～11:00		

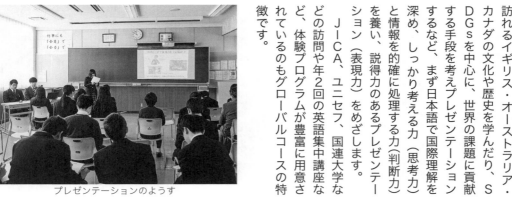

日《に》本《ほん》大《だい》学《がく》中学校

国際舞台で活躍できるリーダーを育成

日本大学の教育理念「自主創造」のもと、体験型キャリア教育プログラムを推進する日本大学中学校。大学付属校と進学校の両方の強みを持つ共学の中高一貫校として、いま注目を集めています。

GL・NSの2コース制で、高みをめざす

日本大学中学校（以下、日大中）が掲げる「Aiming high!」という言葉には、「志高く、常に高みをめざし、夢の扉を開こう」という熱い思いがこめられています。日本大学への進学だけでなく、他の難関大学

にも多くの合格者を出すなど、生徒の進路目標を実現するためのサポート体制が整っています。

日大中は、グローバルリーダーズ（GL）コースとNスタンダード（NS）コースの2コースで構成されています。GLコースは、グローバル教育・キャリア教育・課外講座等の必修プログラムをとおして、高みをめざすフルコース型で、海外研修の機会が多いコースです。

NSコースは、同じくグローバル教育・キャリア教育・課外講座等のプログラムを、生徒各自のニーズに応じて選択することができるアラカルト型で、生徒の自主性を重んじたコースとなっています。

「まず基礎学力の定着をはかり、本校独自のさまざまなキャリア教育プログラムを体験することで、将来の目標を明確にして欲しいと考えています」と教頭の鈴木仁先生は話されます。

高校は、外部から入学する生徒と混合クラスを編成します。スーパーグローバル（SG）クラス、総合進学クラス、特別進学クラスの3つに分かれ、希望により、いずれのコースへも進学できます。ただし、SGクラスと特別進学クラスは一定の学力基準をクリアする必要があります。

洗練されたイングリッシュリテラシーを磨く【グローバル教育】

世界に羽ばたく「確かな力」を育むグローバル教育を推進しています。

体験型海外研修のうち、参加必修の研修として、中1でGL・NS両コースとも福島県ブリティッシュヒルズ研修(2泊3日)、GLコースは、中2でシンガポール海外研修（5日間）、中3ではアメリカ／オーストラリア／ニュージーランド海外研修（1か国選択、15日間）を、NSコースでは、中3で台湾海外研修（5日間）を実施しています。

希望者を対象とした研修では、GL・NS両コース対象の、オーストラリア・ヌーサ夏期短期海外研修(約3週間）も用意されています。

さらに、高校では、カナダ・ビクトリア夏期海外研修（約3週間）やニュージーランド中期海外研修（3か月）、1年間の海外留学など各種充実した海外研修を実施しています。

とくに、GLコースから高校のSGクラスに進学した場合は、高1でハワイ海外研修、高2でカナダ海外研修（ともに必修）を実施するため、中高6年間で4回以上の海外研修の機会

があり、中高の多感な時期に貴重な異文化体験を積むことができます。

また、校内には7人のネイティブ講師によりイングリッシュラウンジが放課後に開設されており、気軽に英語に触れあう機会とするほか、英語プレゼンテーションの相談や英検の面接練習、海外大学への進学相談など、目的に応じて利用することができます。

主体的な学びを実現する【ICT教育】

日大中は、全員にタブレットPCを貸与し、今年で5年目を迎えるICT教育先進校です。タブレットPCと電子黒板の活用は、双方向授業や調べ学習など、いわゆるアクティブラーニング型授業を可能とし、主体的に学びを深め、論理的思考力を高める効果を発揮しています。

また、校外活動や海外研修などの

事前学習と事後振り返りのプレゼンテーションもICT機器を活用して行っています。生徒は創意工夫したプレゼンテーションを行うなかで、自然と表現力を磨いていきます。

休校中も大活躍！ 中1生でも活用できるオンライン学習

新型コロナウイルスの影響による長期臨時休校中は、生徒が持つタブレットPCとアプリを活用し、ホームルームや時間割に沿った授業解説動画と課題の配信・提出等をオンライン上で円滑に行いました。

家庭で規則正しい生活を送るなかで効率良くクオリティの高いオンライン学習の提供ができました。

「入学間もない中1生もタブレットPCとアプリ活用に慣れようと懸命に努力してくれた結果、オンライン学習は大きなトラブルもなく行うことができました」（鈴木仁先生）

スピーチコンテスト

中1から自分の将来を考える体験型キャリア教育

中1は、入学して間もない5月から16学部ある日本大学の各学部を訪問します。例えば、国際関係学部では、静岡県三島キャンパスまでバスで移動し、日本に学びに来ている留学生と交流して、国際理解力を高めます。理工学部のある千葉県船橋キャンパスでは、ロボット操作の体験や海洋建築の講義を聞き、松戸歯学部では、実際に治療で使われている器具を使い、歯科医師の体験をします。

また、情操教育の一環としての歌舞伎鑑賞や大相撲観戦、キッザニアや民間企業での職業体験なども行われています。さらに資格検定も盛んで、英検・漢検はもちろん、GTEC、ことわざ検定、ニュース検定、防災検定なども推進しており、中1の早い段階からさまざまな職業や社会について学ぶことで、自分の生涯のキャリアについてしっかりと考えるようになります。

適性検査型入試は2月1日午前に変更！

日大中では、生涯をつうじてどのようにキャリアを築いていくかを進路指導の基本としており、日本大学への進学だけでなく、他大学への進路指導もきめ細かく行っています。

２０２０年度の現役進学率は95％と過去最高で、日本大学への進学者は5割強、約4割の生徒が他大学へ進学しています。近年は、国公立大学への進学者が増加しており、神奈川県内でも有数の進学校として注目されています。

２０２０年度入試では、適性検査型入試の受験生が１７０名を超え、入学者も増加傾向にあることから、２０２１年度の適性検査型入試を、これまでの2月1日午後から、2月1日の午前に変更します。検査内容は、適性検査Ⅰ【文章を読み取り、要点を整理する読解力と自分の考え・意見を的確にまとめる表現力を問う問題】と適性検査Ⅱ【知識の応用力・運用力、思考力、論理的な考察力を問う問題】で、東京都および神奈川県の公立中高一貫校の適性検査を参考にした日大中オリジナル問題です。ホームページにサンプル問題が掲載されていますので、一度ご覧になってみてはいかがでしょうか。

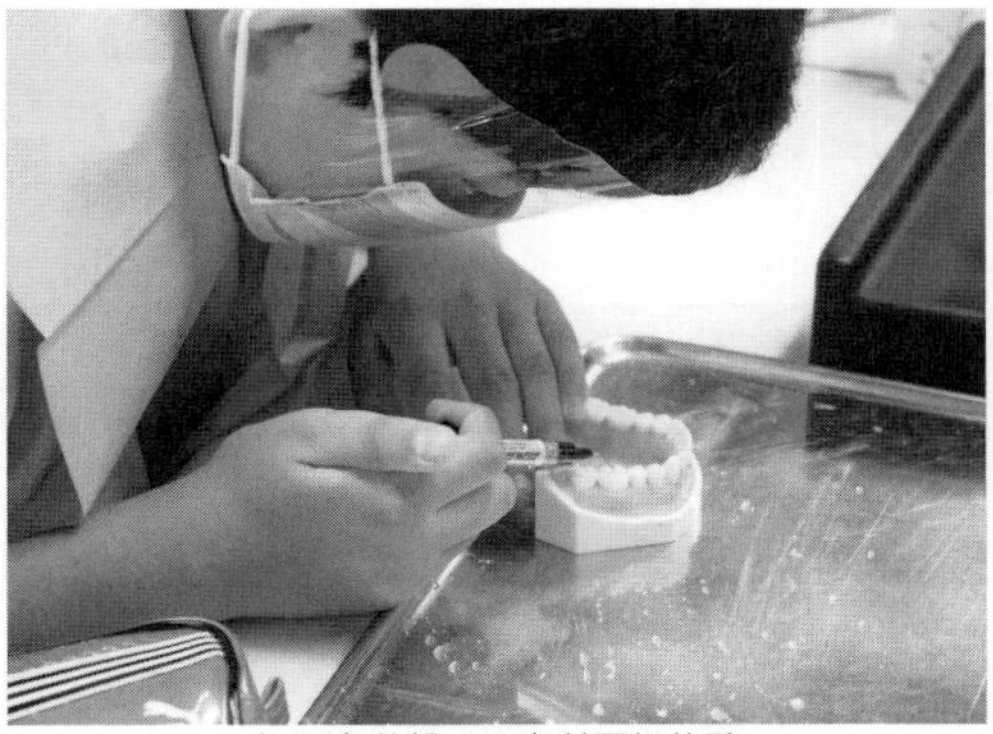

松戸歯学部での歯科医師体験

森上's eye!

日本大学との中高大連携でのびのびと過ごす6年間

生徒全員が日本大学へ進学していると思われがちですが、近年は、国公立大、早稲田大、慶應義塾大などの難関大学への進学者が増加傾向にあります。

大学付属ならではの、ゆったりとした空気がながれていて、短期研修から長期留学まで、海外研修制度が豊富に用意されているのも特徴です。

School Data

日本大学中学校

所在地 神奈川県横浜市港北区箕輪町2-9-1
TEL 045-560-2600
URL https://www.yokohama.hs.nihon-u.ac.jp/junior/
アクセス 東急東横線・目黒線・横浜市営地下鉄グリーンライン「日吉」徒歩12分

学校説明会（予約不要）
第１回　10月３日(土)９:30～
第２回　11月28日(土)９:30～

桜苑祭（文化祭）
９月12日(土)・13日(日)９:00～15:30

2021年度入試情報
適性検査型入試は、２月１日(月)午前に実施します！

学校見学
Webサイトからの事前の申し込みが必要です。

※上記行事等は都合により変更になることがございます。
事前にwebサイトでご確認ください。

入試日程一覧 2021年度

東　京

　　の部分は未発表（7/10現在）のため昨年度の内容になります。

校名	募集区分	募集人員	願書受付 開始日	願書受付 終了日	検査日	発表日	手続期限	検査等の方法
都立桜修館中等教育学校	一般	男女各80	1/12	1/18	2/3	2/9	2/10	適性検査Ⅰ・Ⅱ
都立大泉高等学校附属中学校	一般	男女各60	1/12	1/18	2/3	2/9	2/10	適性検査Ⅰ・Ⅱ・Ⅲ
千代田区立九段中等教育学校	区分A[※1]	男女各40	1/15	1/16	2/3	2/9	2/10	適性検査1・2・3
	区分B[※2]	男女各40	1/15	1/16	2/3	2/9	2/10	適性検査1・2・3
都立小石川中等教育学校	特別[※3]	男女各80（含特別5以内）	1/12	1/18	2/1	2/2	2/2	作文・面接
	一般		1/12	1/18	2/3	2/9	2/10	適性検査Ⅰ・Ⅱ・Ⅲ
都立立川国際中等教育学校	海外帰国・在京外国人	30	1/11	1/12	1/25	1/29	1/29	作文・面接
	一般	男女各65	1/12	1/18	2/3	2/9	2/10	適性検査Ⅰ・Ⅱ
都立白鷗高等学校附属中学校	海外帰国・在京外国人	24	1/11	1/12	1/25	1/29	1/29	作文・面接
	特別[※4]	男女各68（含特別6程度）	1/12	1/18	2/1	2/2	2/2	面接（囲碁・将棋は実技検査あり）
	一般		1/12	1/18	2/3	2/9	2/10	適性検査Ⅰ・Ⅱ・Ⅲ
都立富士高等学校附属中学校	一般	男女各60	1/12	1/18	2/3	2/9	2/10	適性検査Ⅰ・Ⅱ・Ⅲ
都立三鷹中等教育学校	一般	男女各80	1/12	1/18	2/3	2/9	2/10	適性検査Ⅰ・Ⅱ
都立南多摩中等教育学校	一般	男女各80	1/12	1/18	2/3	2/9	2/10	適性検査Ⅰ・Ⅱ
都立武蔵高等学校附属中学校	一般	男女各60	1/12	1/18	2/3	2/9	2/10	適性検査Ⅰ・Ⅱ・Ⅲ
都立両国高等学校附属中学校	一般	男女各60	1/12	1/18	2/3	2/9	2/10	適性検査Ⅰ・Ⅱ・Ⅲ

※1千代田区民　※2千代田区民以外の都民
※3自然科学（全国科学コンクール個人の部で上位入賞した者）　※4日本の伝統文化（囲碁・将棋、邦楽、邦舞・演劇）

神　奈　川

※募集区分はすべて一般枠

校名	募集人員	願書受付 開始日	願書受付 終了日	検査日	発表日	手続期限	検査等の方法
県立相模原中等教育学校	男女各80	1/6	1/8	2/3	2/10	2/12	適性検査Ⅰ・Ⅱ ※2021年度入学者検査については、グループ活動は実施しません
県立平塚中等教育学校	男女各80	1/6	1/8	2/3	2/10	2/12	
川崎市立川崎高等学校附属中学校	120	1/5	1/7	2/3	2/10	2/11	適性検査Ⅰ・Ⅱ・面接
横浜市立南高等学校附属中学校	男女おおむね各80	1/6	1/8	2/3	2/10	2/11	適性検査Ⅰ・Ⅱ
横浜市立横浜サイエンスフロンティア高等学校附属中学校	男女各40	1/6	1/8	2/3	2/10	2/11	適性検査Ⅰ・Ⅱ

千　　葉

※募集区分はすべて一般枠

校名	募集人員	願書受付 開始日	願書受付 終了日	検査日	発表日	手続期限	検査等の方法
千葉市立稲毛高等学校附属中学校	男女各40	12/3	12/4	1/24	2/1	2/3	適性検査Ⅰ・Ⅱ・面接
県立千葉中学校	男女各40	願書等 11/16 報告書・志願理由書等 1/8	願書等 11/18 報告書・志願理由書等 1/12	一次検査 12/5 二次検査 1/24	一次検査 12/17 二次検査 2/1	2/2	一次　適性検査 二次　適性検査・面接等
県立東葛飾中学校	男女各40	願書等 11/16 報告書・志願理由書等 1/8	願書等 11/18 報告書・志願理由書等 1/12	一次検査 12/5 二次検査 1/24	一次検査 12/17 二次検査 2/1	2/2	一次　適性検査 二次　適性検査・面接等

首都圏公立中高一貫校

埼　玉

の部分は未発表（7/10現在）のため
昨年度の内容になります。

校名	募集人員	募集人員	願書受付		検査日	発表日	手続期限	検査等の方法
			開始日	終了日				
県立伊奈学園中学校	一般	80	12/25	12/26	第一次選考 1/16 第二次選考 1/30	第一次選考 1/25 第二次選考 2/3	2/9	第一次　作文Ⅰ・Ⅱ 第二次　面接
さいたま市立浦和中学校	一般	男女各40	12/25	12/26	第1次選抜 1/11 第2次選抜 1/18	第1次選抜 1/16 第2次選抜 1/23	2/3	第1次　適性検査Ⅰ・Ⅱ 第2次　適性検査Ⅲ・面接
さいたま市立大宮国際中等教育学校	一般	男女各80（含特別1割程度）	1/5	1/6	第1次選抜 1/17 第2次選抜 1/23	第1次選抜 1/21 第2次選抜 1/28	2/4	第1次　適性検査A・B 第2次　適性検査C・集団活動
	特別		1/5	1/6	第1次選抜 1/17 第2次選抜 1/23	第1次選抜 1/21 第2次選抜 1/28	2/4	第1次　適性検査D・E 第2次　適性検査F・集団活動
川口市立高等学校附属中学校	一般	男女各40	12/25	12/26	第1次選考 1/16 第2次選考 1/23	第1次選考 1/21 第2次選考 1/28	2/8	適性検査Ⅰ・Ⅱ・Ⅲ、集団面接

茨　城

※募集区分はすべて一般枠

校名	募集人員	願書受付		検査日	発表日	手続期限	検査等の方法
		開始日	終了日				
県立太田第一高等学校附属中学校	男女各20	12/1	12/3	1/9	1/20	1/25	適性検査Ⅰ・Ⅱ、面接
県立鹿島高等学校附属中学校	男女各20	12/1	12/3	1/9	1/20	1/25	適性検査Ⅰ・Ⅱ、面接
県立勝田中等教育学校	男女各60	12/1	12/3	1/9	1/20	1/25	適性検査Ⅰ・Ⅱ、面接
県立古河中等教育学校	男女各60	12/1	12/3	1/9	1/20	1/25	適性検査Ⅰ・Ⅱ、面接
県立下館第一高等学校附属中学校	男女各20	12/1	12/3	1/9	1/20	1/25	適性検査Ⅰ・Ⅱ、面接
県立土浦第一高等学校附属中学校	男女各40	12/1	12/3	1/9	1/20	1/25	適性検査Ⅰ・Ⅱ、面接
県立並木中等教育学校	男女各80	12/1	12/3	1/9	1/20	1/25	適性検査Ⅰ・Ⅱ、面接
県立日立第一高等学校附属中学校	男女各40	12/1	12/3	1/9	1/20	1/25	適性検査Ⅰ・Ⅱ、面接
県立鉾田第一高等学校附属中学校	男女各20	12/1	12/3	1/9	1/20	1/25	適性検査Ⅰ・Ⅱ、面接
県立水戸第一高等学校附属中学校	男女各40	12/1	12/3	1/9	1/20	1/25	適性検査Ⅰ・Ⅱ、面接
県立竜ヶ崎第一高等学校附属中学校	男女各20	12/1	12/3	1/9	1/20	1/25	適性検査Ⅰ・Ⅱ、面接

※県立下妻第一高等学校附属中学校、県立水海道第一高等学校附属中学校が2022年度開校予定

首都4都県の入試方法を探る

首都4都県、23校の適性検査の内容をみていきます。２０２１年度入試での変化としては、調査書の「学習の記録」に外国語が加わることと、コロナ禍の影響です。神奈川県立の2校では、すでに「グループ活動の検査」取りやめを発表しています。各校募集要項の正式発表は9月ごろです。新型コロナウイルス肺炎予防としての変更もありえます。留意しましょう。

東京都立の適性検査

共同作成問題と独自問題を組みあわせて出題する形式

東京の都立中高一貫校（全10校）の適性検査（一般枠）の出題方式は、下図のような仕組みで作問されています。

各校から選ばれた教員で構成された共同作成委員が手がけている「共同作成問題」と各校が個別に作成する「各校独自問題」を組みあわせて出題する形式です。

適性検査は、適性検査Ⅰ・Ⅱ・Ⅲの3種別に分けられます。

【適性検査Ⅰ（45分）】は「与えられた文章をもとに、的確でまとまりのある文章を書く力をみる」もので、【適性検査Ⅱ（45分）】は「与えられた資料をもとに、課題を発見し解決する力をみる」ものとされています。このⅠ・Ⅱについては全校でかならず実施されます。

適性検査Ⅰは大問1問、適性検査Ⅱは大問3問、計4問の構成となります。この4問のうちの1～2問を各校の独自問題に差し替えて実施します。

一方、【適性検査Ⅲ（30分または45分）】の実施は各校の裁量に任されています（下表参照）。

適性検査Ⅲは各校独自の問題となりますから、実施する場合は、その分、適性検査Ⅰ・Ⅱ出題時に行う独自問題への差し替えは抑えられ、1問以内の差し替えとなります。1問以内とは0問でもよく、適性検査Ⅲ

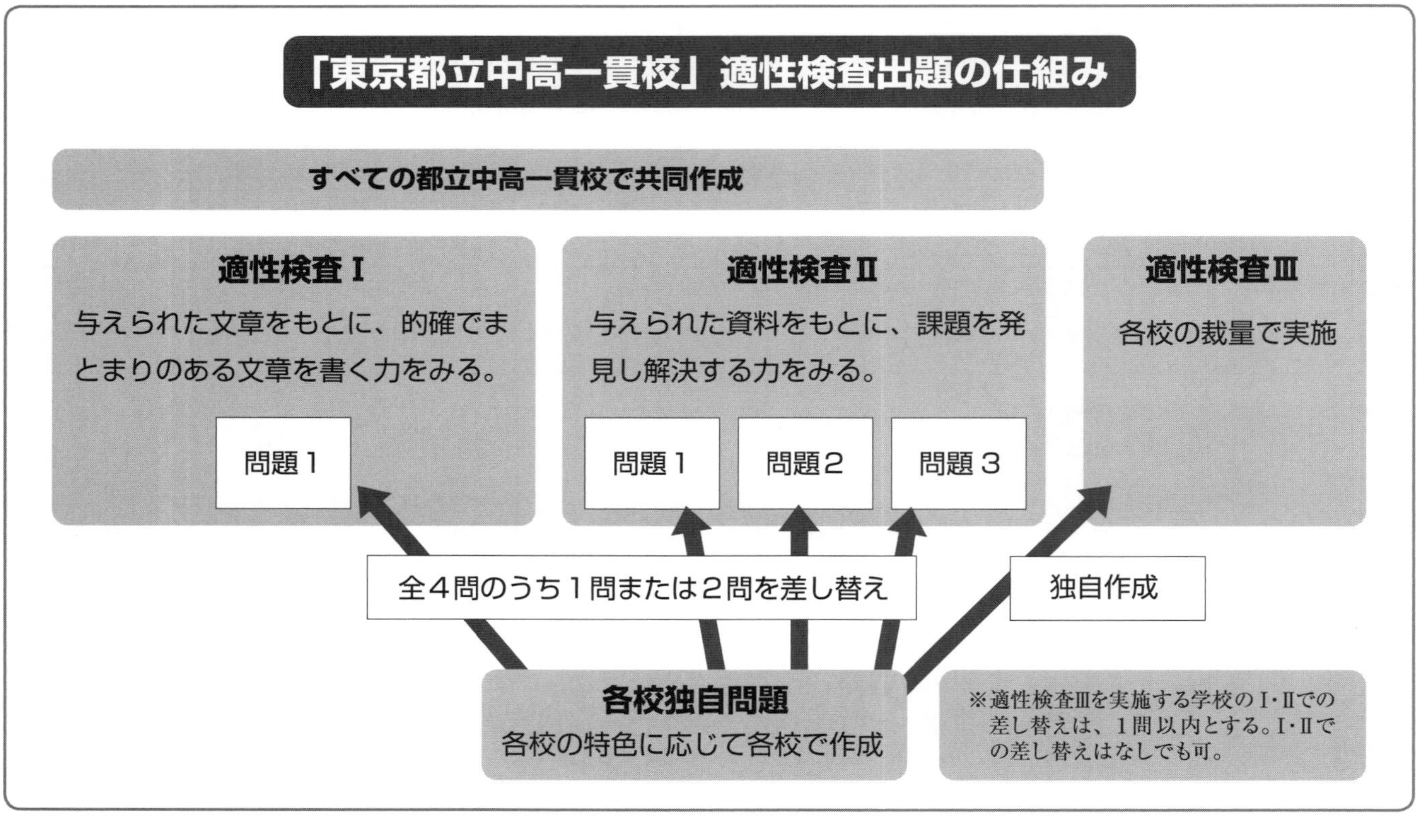
「東京都立中高一貫校」適性検査出題の仕組み
すべての都立中高一貫校で共同作成
適性検査Ⅰ
与えられた文章をもとに、的確でまとまりのある文章を書く力をみる。
問題1
適性検査Ⅱ
与えられた資料をもとに、課題を発見し解決する力をみる。
問題1
問題2
問題3
適性検査Ⅲ
各校の裁量で実施
全4問のうち1問または2問を差し替え
独自作成
各校独自問題
各校の特色に応じて各校で作成
※適性検査Ⅲを実施する学校のⅠ・Ⅱでの差し替えは、1問以内とする。Ⅰ・Ⅱでの差し替えはなしでも可。

※各校の独自問題差し替えについての正式発表は9月ごろを予定しているため、38ページからの都立中高一貫校の学校プロフィール（入学情報欄）では、前年度の実施要綱を掲載しています。

を実施する場合、Ⅰ・Ⅱでは独自問題をださない学校もあります。

２０２０年度入試で適性検査Ⅲを実施したのは左ページの表にある大泉高校附属、小石川中等教育、白鷗高校附属、富士高校附属、武蔵高校附属、両国高校附属の６校でした。

適性検査Ⅲを実施する学校がさらに増えるのかについては「適性検査Ⅰ・Ⅱのうちどの大問を独自問題とするのか」も含めて、９月に各校のホームページで発表される予定です。

さて、東京都教育委員会は都立中高一貫校のうち、高校段階でも生徒募集をしている併設型中高一貫校５校で志望倍率が低迷していることから高校募集を取りやめることを決めています。

２０２１年度入試では、富士高校附属と武蔵高校附属が高校募集を取りやめ、２０２２年度入試では両国高校附属、大泉高校附属が高校募集を取りやめるとしています（白鷗高校附属については定員変更にともなう施設設備改修が必要といわれ実施時期は未定）。

高校募集定員（各校40人）が減る分、中学募集定員が増えることになり、公立中高一貫校志望には追い風になるとみられます。

2020年度入試　都立中高一貫校独自問題出題状況

学校名	出題状況
桜修館中等教育	適性検査Ⅰ：独自問題 適性検査Ⅱ：［1］のみ独自問題、［2］［3］は共通問題
大泉高校附属	適性検査Ⅰ：共通問題 適性検査Ⅱ：３題とも共通問題 適性検査Ⅲ：独自問題
小石川中等教育	適性検査Ⅰ：共通問題 適性検査Ⅱ：［2］のみ独自問題 適性検査Ⅲ：独自問題
立川国際中等教育	適性検査Ⅰ：独自問題 適性検査Ⅱ：３題とも共通問題
白鷗高校附属	適性検査Ⅰ：独自問題 適性検査Ⅱ：３題とも共通問題 適性検査Ⅲ：独自問題
富士高校附属	適性検査Ⅰ：共通問題 適性検査Ⅱ：３題とも共通問題 適性検査Ⅲ：独自問題
三鷹中等教育	適性検査Ⅰ：独自問題 適性検査Ⅱ：［1］のみ独自問題、［2］［3］は共通問題
南多摩中等教育	適性検査Ⅰ：独自問題 適性検査Ⅱ：３題とも共通問題
武蔵高校附属	適性検査Ⅰ：共通問題 適性検査Ⅱ：［2］のみ独自問題 適性検査Ⅲ：独自問題
両国高校附属	適性検査Ⅰ：共通問題 適性検査Ⅱ：３題とも共通問題 適性検査Ⅲ：独自問題

■千代田区立
打ちだされる独自性 適性検査2では詩も

千代田区立九段中等教育学校は、長い歴史を刻む都立九段高校に設置された中等教育学校ですが、運営は千代田区に移管され、入試制度も独自のものになっています。そのため、適性検査も、手法は都にならってはいますが、問題用紙がすべてカラー印刷されるなど、適性検査1～3とも独自性が高いものになっています。

区立九段中の合否判断は、【報告書】20％、【適性検査1】20％、【適性検査2】30％、【適性検査3】30％の割合で総合得点を計算して決めます。内容が似ている適性検査2と3を合わせると60％となり、重要だということがわかります。問われることは多岐にわたり、基礎をさまざまな角度から問われます。

【適性検査1（45分）】論説文やエッセイを読み、それぞれの文章読解に関する短文記述などが3～4題、さらに30～40字の意見文と、２４０字までの作文が出題されることが多いのがこれまでの傾向です。

高村光太郎の詩があつかわれたこともあります。

【適性検査2（45分）】、【適性検査3（45分）】適性検査2と3は問題の文章が横組みとなり、算数・理科系の出題が多くなります。どちらも出題傾向は似ています。

ただ、資料分析や図形の問題などでは、私立中入試で典型的といわれる問題もでてきます。出題は社会科的な文章から入り、家庭科の領域や時事問題まであつかわれることがあります。

神奈川県の適性検査

■神奈川県立
県立2校が同じ問題で検査 グループ活動検査は中止

神奈川県立相模原、同県立平塚、両中等教育学校の入学者選抜は、共通した適性検査の出題で実施されます。幅広い分野から文系、理系を問わない、教科が融合された総合問題形式です。小学校での学習内容が身についているかを問う内容ですが、過去問をひもとき適性検査独特の出題形式に慣れておくことも必要です。

【適性検査Ⅰ・Ⅱ（各45分）】算数分野を中心に、科目を融合した出題です。また、解くためには多くの計算が必要になることや、問題文が長く、複雑な条件設定も課されていることから、解答へのスピード感が大切です。長文の内容を考えながらていねいに読みこむ力、集中力、条件や情報を図・表に起こしていく力などが問われます。

【グループ活動（40分）】神奈川県立で実施されているユニークな検査ですが、新型コロナウイルス肺炎予防の観点から2021年度入試では行われません（7月13日現在配点変更については未発表）。

その翌年は復活すると思われます。検査内容は、与えられた課題について8人程度のグループで話しあいが行われ、初対面の集団のなかで人間関係をどう築いていくかや、話しあいにおける態度などをみます。

■川崎市立
ところどころに現れる難度の高い問題に要注意

川崎市立川崎高校附属中の適性検査では、ときに難度の高い問題も含まれますので、そこでのつまずきが全体にひびくことになります。

時間配分を考え、時間がかかりそうな問題にとらわれず、やさしい問題を取り落とすことのないようにしたいものです。記述式の問題が高配点となる傾向です。

【適性検査Ⅰ（45分）】文章や表、図、グラフなどデータの内容がしっかりと理解できているか、それを分析し表現する力が試されます。作文の配点が全体の3分の1を占めます。

【適性検査Ⅱ（45分）】算数、理科、社会の総合問題です。会話文の内容理解とその説明を求めます。加えて新たに考えさせる記述問題が出題されています。また理科や社会の身近な題材をもとに、自分なりの推論を聞かれたりもします。

選考判断基準の2割を占める【面接】では、円形に7人程度が並ぶディスカッションが行われています。7月13日現在、例年どおりにこの面接を実施の予定ですが情報にご留意ください。

■横浜市立
適性検査Ⅰは共通問題 独自の判定は適性検査Ⅱで

横浜市立南高校附属と横浜市立横浜サイエンスフロンティア高校附属の2校は、適性検査Ⅰが共通の問題です。

【適性検査Ⅰ（45分）】教科とすればおもに国語で、読解力と作文での表現力が問われます。両校とも、問われる力は変わりません。

【適性検査Ⅱ（45分）】市立南高校附属では算数と理科の問題です。問題の数が多いのがこれまでの特徴で、いわゆる「捨て問」を選択する目も必要です。

市立横浜サイエンスフロンティア高校附属は、大問1と3が理科、大問2は算数の分野でした。算数分野が多いように感じますが、どちらにしてもそのねらいは、与えられた資料を的確に分析して読み取ることができ、粘り強く科学的な考察をつづけられる生徒がほしい、という学校の考えがベースにみえていました。

千葉県の適性検査

■千葉県立
どちらも高い人気校 一次検査でしぼって二次検査

千葉県立千葉中、同県立東葛飾中はどちらも人気校のため、一次検査で受検者をしぼったうえ、二次検査を行っています。一次検査で、適性検査【1－1（45分）】と【1－2（45分）】が実施されます。それぞれ他校のⅠ、Ⅱにあたります。

いずれも45分ですべてを解き終えるのは厳しいぐらい問題量が多く、1問2分程度で約20問を解く必要があるほどです。難問はありませんが、とにかくスピードが求められます。

二次に進むと適性検査【2－1（45分）】と【2－2（45分）】を受けます。

【2－1】は、算数、理科が重点になります。自らの解答について理由を記述させる設問もあります。

【2－2】では作文問題があつかわれ、最も長文になるものでは、字数は指定されず、ただ20行以内で、といった独特のものがあります（おおむね400字程度か）。

そのほか聞き取り問題（日本語）があります。この春の入試ではアインシュタイン博士に関する内容が朗読されました。朗読は1回です。問いに記述で答えます。

■千葉市立
適性検査Ⅱの傾向変更も 合否判断は変わらず

千葉市立稲毛高校附属の適性検査の内容は以下のとおりです。

【適性検査Ⅰ（45分）】文章や図・表・データの内容を的確に読み取

り、分析したり、文章で表現したりする力をみる。

【適性検査Ⅱ（45分）】自然科学的、数理的な問題を分析し考察する力や、解決に向けて思考・判断し、的確に表現する力をみる。

「作文による検査。文章にまとめる力をみる」適性検査Ⅰ、「思考力、判断力、課題発見や問題解決の力をみる」のが適性検査Ⅱです。

このほか【集団面接】も予定どおり行われる予定ですが、今後の情報にもご留意ください。５人程度が順に呼ばれ、試験官の質問に答えます。

なお、市立稲毛高校附属は２０２２年度入学生から、年次進行で６年かけて中等教育学校に移行します。

埼玉県の適性検査

■埼玉県立

作文Ⅰと作文Ⅱで検査 すべて記述式で答える

埼玉県立伊奈学園中の第一次選考は、適性検査【作文Ⅰ（50分）】と【作文Ⅱ（50分）】に分かれており、いずれも記述式解答です。

第一次選考に合格すると第二次選考に進み、10分間の個人面接が行われ合格が決まります。この春は、出願者が４１０人、二次受検者は１７９人でした（二次合格者80人）。

作文とは言っても他校では「記述」と呼ばれる程度の文字数です。

【作文Ⅰ】はつぎつぎと題材を変えてでてくる問題を、手際よく記述していく必要があります。解答欄のマスを埋めていくかたちです。例年、大文字・小文字を区別したローマ字での記述を求められる問題もあります。長い文章を書くわけではありませんが50分でも厳しい作業量です。

【作文Ⅱ】は、理科・算数の問題です。これも記述式で、作文Ⅰとは異なり横書きでの記述となります。こちらも長い文章を求められるわけではありませんが、よくまとめて簡潔に書く必要があります。

■さいたま市立

市立浦和とは別問題で 大宮国際がスタート

市立浦和中とは別問題の適性検査で、注目の市立大宮国際中等教育の募集が始まりました。

浦和中は、【適性検査Ⅰ（45分）】と【適性検査Ⅱ（45分）】で第一次検査を行い、第二次検査で【適性検査Ⅲ（45分）】に進みます。二次では個人面接と集団面接もあります。

今春の【適性検査Ⅰ】は大問１、２、３が読解問題です。３問はそれぞれ別の文章からの出題です。大問４と５が社会科の問題でした（いずれも作文で答えるものはなし）。45分間に５つの大問です。手際よく答えを書いていく必要があります。

【適性検査Ⅱ】は、社会、理科、算数の融合問題です。問題量が多いので、問題文の読みこみ・理解度、計算力が試されます。

二次で行われる【適性検査Ⅲ】は、社会現象からの問題ですが、大問３つとも意見文（３００字、２５０字、３００字）を書く記述式です。

このほかグループディスカッションがある集団面接があります。

大宮国際中等教育学校では、首都圏でも初めて、英語での適性検査が含まれました。【適性検査Ａ(50分)】と【適性検査Ｂ（40分）】で第一次検査を行い、第二次検査で【適性検査Ｃ(45分)】と集団活動があります。集団活動は英語です。

【適性検査Ａ】は大問５題ですが、大問１が英語の聞き取り問題です。放送された内容に沿って絵を選んだり、道のりを選んだりします。大問の残り４題は４教科の融合問題です。

【適性検査Ｂ】は、大問３題で４教科の融合問題ですが、より発展的な問いとなっています。

【適性検査Ｃ】は、大問が３題です。いずれも３００字以内の意見文を書くものでした。

なお、さいたま市立２校は、２０２１年度の募集要項が未発表です（７月13日現在）。例年どおりにディスカッションを含めた集団面接（市立浦和）や集団活動（大宮国際）が行われるかどうかはわかりません。

■川口市立

川口市初の中高一貫校 １時間を使う適性検査Ⅲ

【適性検査Ⅰ（45分）】と【適性検査Ⅱ（45分）】で第一次選考を行い、第二次選考で【適性検査Ⅲ】を実施します。適性検査Ⅲは首都圏で最も長い60分です。

このほか20分の集団面接を行うとしていますが、その方法等は未発表です（７月13日現在）。

◇

ここまで述べてきた各校の問題傾向ですが、いきなり特徴が変化することもあります。そのリスクについても考えておく必要があります。

東京都立 桜修館《おうしゅうかん》中等教育学校

■中等教育学校
■2006年開校

「真理の探究」のために「高い知性」と「広い視野」「強い意志」を持つ人間を育成

開校から15年目を迎えた桜修館中等教育学校では、変化が激しい現代社会において、日本人としてのアイデンティティーを持ち、さまざまな場面でリーダーシップを発揮できる生徒を6年間かけて育てています。

鳥屋尾《とやお》 史郎《しろう》
校長先生

学校プロフィール

開　校	2006年4月
所在地	東京都目黒区八雲1-1-2
T E L	03-3723-9966
U R L	http://www.oshukanchuto-e.metro.tokyo.jp/
アクセス	東急東横線「都立大学」徒歩10分
生徒数	前期課程 男子218名、女子257名 後期課程 男子217名、女子243名
1期生	2012年3月卒業
高校募集	なし
教育課程	2学期制／週5日制（土曜授業を年間18回実施）／50分授業
入学情報（前年度）	・募集人員　男子80名、女子80名　計160名 ・選抜方法　報告書、適性検査Ⅰ・Ⅱ

日本人としてのアイデンティティーを

Q 御校は真理の探究のために3つの校訓を掲げていますね。

【鳥屋尾先生】 本校の母体校である都立大学附属高校（2010年度で閉校）の学校目標が、「自由と自治」、そして「真理の探究」でした。

「自由と自治」というこの言葉は開校当時の時代背景が大きく関係していたと思います。現在は発達段階の異なる生徒が半分いますので「真理の探究」を取り入れ、これを校訓としています。そのために、いろいろな体験も含めて「高い知性」と「広い視野」、そして粘り強い「強い意志」の3つを掲げ、桜修館中等教育学校がスタートしたのです。

育てたい生徒像としてつぎの6項目を謳《うた》っています。

1　将来の夢や高い志を抱き、自ら進んで考え、勇気をもって決断し、責任をもって主体的に行動する生徒

2　社会の様々な場面・分野にお

いてリーダーとして活躍する生徒

3　真理を探究する精神をもち、自ら課題を発見し、論理的に解決し、適切に表現し行動できる生徒

4　生命や人権を尊重し、他者を思いやり、他者と共に協調する心をもつ生徒

5　世界の中の日本人としてのアイデンティティをもって国際社会に貢献できる生徒

6　自らの健康に留意し、体力の向上に努め、健全な精神を維持できる生徒

簡潔に言うと、自ら進んで考え、将来への志を持ち、国際社会に貢献できる日本人としてのアイデンティティーを身につけていくことが必要だと考えています。

そして、6年間の中等教育学校ですので、ゆとりのある時間のなかでリーダーシップを発揮できる生徒を育てたいと思っています。

Q 生徒に対してつねに話しておられることはありますか。

【鳥屋尾先生】 自分を成長させるということは、ひとりでできるわけではないと言っています。

「人間はまわりの社会によって育てられている部分があり、自分が行動することによって、まわりの社会にどんな影響があるのかつねに考えられる人間になってほしい」ということです。

このことをふまえて、本校での学習は団体戦、という話をしています。

Q 御校では少人数授業は行っていますか。

【鳥屋尾先生】 前期課程の2年生と3年生の英語で実施しています。後期課程でも英語の一部で習熟度別授業、数学で習熟度に応じた少人数授業が行われています。

5年生（高校2年生）まではほとんどの生徒が同じ科目を履修しています。

早くから文系・理系に分けてしまうと、文系だから、理系だからといって勉強しない科目もでてきてしまいます。

ですから多くの教科を学んで、広い視野を持って自分の将来を考えた選択をしてもらいたいと考えていますし、得意、不得意で文系・理系を選ぶ必要もないと考えています。

また、あらゆることに興味と関心とを高めてもらえればと考えています。

Pick up!

1 論理的な思考力の育成を目的とした「国語で論理を学ぶⅠ～Ⅲ」「数学で論理を学ぶⅠ～Ⅲ」

１年生の「国語で論理を学ぶⅠ」では、基礎として相手の話を正確に聞き取ることを意識した問答ゲームや再話などの言語技術教育を取り入れています。

「数学で論理を学ぶⅠ」では、日常生活にある身近な題材を課題として、文字、グラフ、図形を使い性質を考えたり論理的に考えたりする授業を行っています。

２年生の「国語で論理を学ぶⅡ」では、相手にとってわかりやすく説得力のある意見の述べ方や表現の仕方を学習します。

また、相手の立場になって理解し、それに対して自分の考えも筋道を立てて述べる学習や、ディベートなども取り入れた学習をしていきます。

「数学で論理を学ぶⅡ」では、図形の定理や公式を演繹《えんえき》的に証明し、また発展的な図形の問題をさまざまな方法で論理的に考えて解く授業を展開しています。

３年生の「国語で論理を学ぶⅢ」になると、これまで学習したことをさらに高めるため、さまざまな種類の文章を論理的に読解し、自分の考えを論理的に表現する学習をします。

また、弁論大会を行い、相互に批評する機会を設け、小論文の基本も学習していきます。

「数学で論理を学ぶⅢ」では、課題学習を中心に行い、数学的な見方や考え方を育成したり、特殊化・一般化について論理的に考え解く授業を行います。

特色ある独自の教育活動

Q 御校では学校独自の教育活動をされていますね。

【鳥屋尾先生】「国語で論理を学ぶ」という科目を設定しています。これは本校独自の科目で、教科書も教員が作成したものを使っています。論理的にものごとを考えることを目的としており、1年生からは論文と称し、意見文を書いて、『研究レポート集』を作成しています。そして2・3年生になるとディベート大会も行われます。

そしてもうひとつ、「数学で論理を学ぶ」という科目も設定しています。図形やグラフ、数式を使ってパズルのようなものをあつかい、そのなかで論理性を考えていくことをしています。

これによって、作文コンクールや、ディベート大会に出場する生徒がいます。2019年度には、ディベート甲子園関東甲信越大会にて奨励賞を受賞しました。本校が独自に設定した科目によって、生徒が興味を持ってくれたことが、このような結果につながっているのだと思います。

Q ほかにも力を入れている教育活動があればお教えください。

【鳥屋尾先生】コミュニケーション力を重視しています。1年生のときから各班でプレゼンテーションを行い、研究発表などを行っています。また、入学してすぐに1泊2日で移動教室に行きます。ここで生徒は友だちと打ち解け、ガラッと変わって帰ってきます。

2・3年生では夏休みに希望者を対象に校外で英語合宿を行っています。ここでは起床から就寝までネイティブの指導員とグループを組み、英語のみを使って生活します。2年生では、国際理解教育の一環として「留学生が先生」という行事も行っています。

4年生になると希望者はニュージーランドで約2週間のホームステイを行い、5年生になると修学旅行でシンガポールを訪れ、シンガポール大学の学生と班別行動を行っています。

本校はドイツ語、フランス語、中国語、ハングルなど、第2外国語の選択科目も設定しています。コミュニケーション力を重視しているのもおわかりいただけると思います。

例年のおもな学校行事

4月	入学式　移動教室（1年）
5月	クラスマッチ　進路説明会（6年） 理科実習（4年）　フィールドワーク（2・3・5年）
6月	
7月	三者面談　NZ語学研修（4年、希望者）
8月	英語合宿（2・3年、希望者）
9月	記念祭（文化祭）
10月	職場体験（2年）　卒業生講話（5年） 大学体験（5年）
11月	海外修学旅行（5年）
12月	研修旅行（3年）　學フォーラム（4年） 美博めぐり（1年）
1月	スキー教室（2年）
2月	マラソン大会（1～4年）
3月	卒業式　合唱コンクール

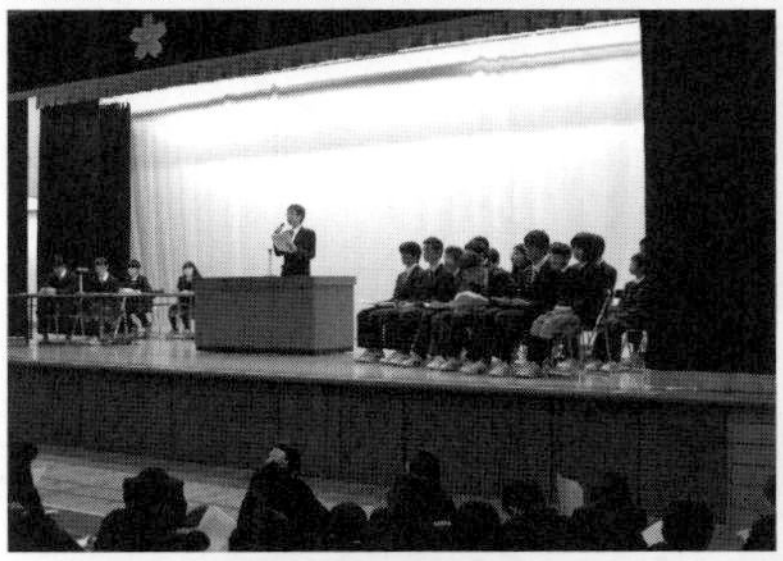

Q 進路・進学指導についてお聞かせください。

【鳥屋尾先生】 本校は都立の中高一貫教育校です。適性検査で入学してくる生徒ですので、学力だけではなく発想力や表現力が豊かな生徒など、多様な力を持った生徒がいます。多くの生徒が、東京大学をはじめとする難関といわれる大学を志望していますので、進路希望が達成できるように、生徒一人ひとりをきめ細かく指導しています。大学に合格することが目標ではなく、社会でどんな役割を果たすことができるようになるかが大事だと考えています。具体的な進学指導については、本校では志望校検討会も行っています。これをもとに、三者面談で保護者に情報を提供しつつ、学習指導にも活用して進路指導体制をとっています。

Q 適性検査についてお聞かせください。

【鳥屋尾先生】 与えられたものにそのまま素直に機械的に答えるのではなく、いろいろな角度から自分で考えられるような生活習慣をつけてほしいと思っています。

　学んだことを、たんに知識として暗記しているだけではなく、それを活用して生活にどういかしていけるのか、そういうことが適性検査では問われます。作文については、親子の会話や友だちとのふれあいなどの生活のなかで感じたいろいろなことや、新聞などによるさまざまなニュース、自分で興味を持って調べてみたことをもとにして、題材に向かい作文を書いてほしいと思います。

Q 今年に開校15年目を迎えた御校では、どのような生徒さんに来てもらいたいですか。

【鳥屋尾先生】 おそらく、本校の教育方針まで全部わかって入学してくる生徒さんは、あまり多くないと思います。今年度は学校行事を開催できないことも多いため、その代わりに学校紹介動画を配信しますので、そういうものを見て自分が「ここで勉強してみたい」と思って来てもらいたいです。

　それから、地域の中学校ではなく本校を選んだということは、それなりの決意を持って本校に来ていると思いますので、勉強でも、部活動でも、行事でも、自分はこういうことをやりたいという目標を持ってがんばってもらいたいと思います。

東京都立 桜修館中等教育学校

募集区分　一般枠

入学者選抜方法　適性検査Ⅰ（45分）、適性検査Ⅱ（45分）、報告書

図3　教室にある三角定規の大きさとその枚数《まいすう》

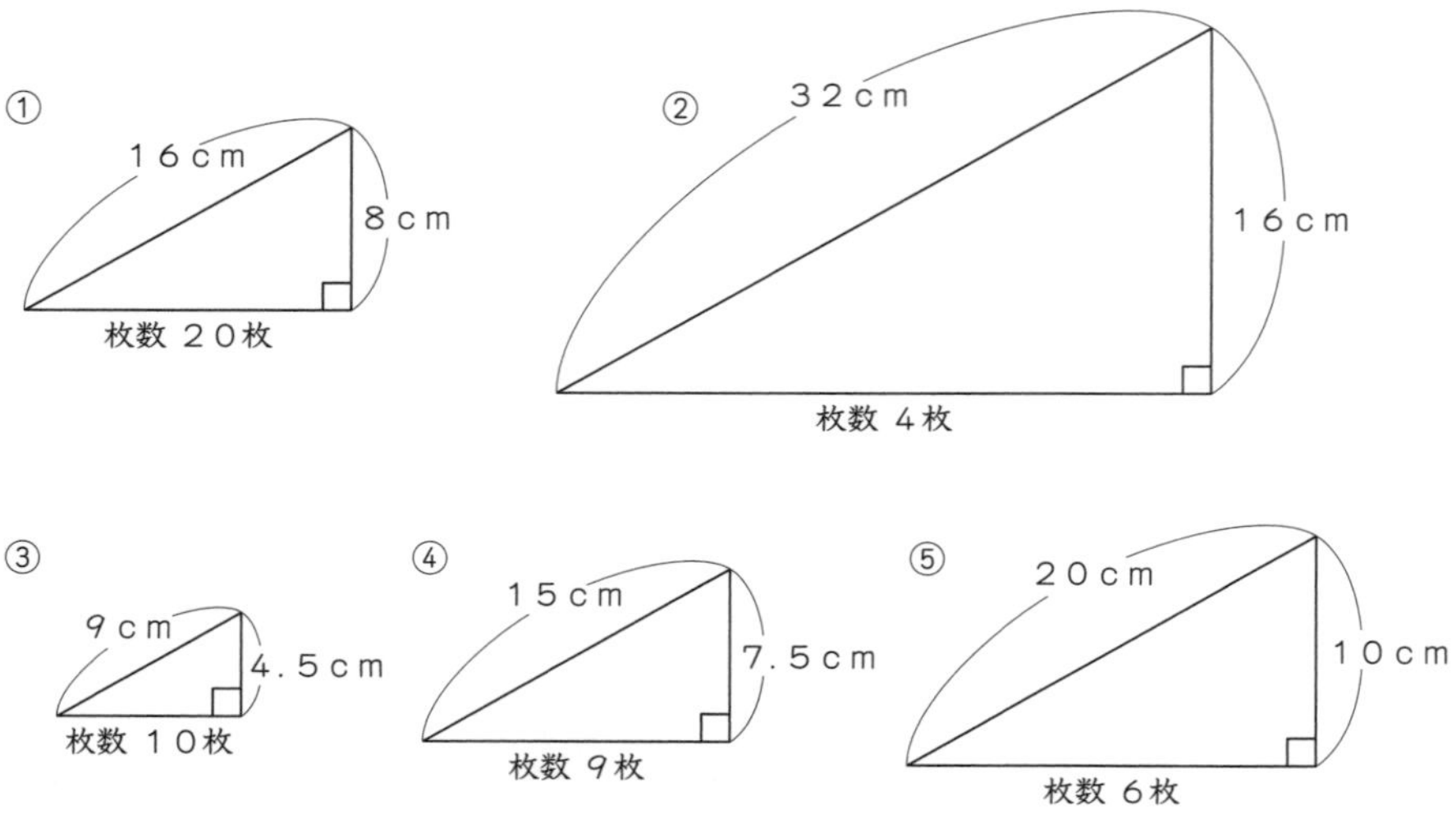

さくら：正方形がぴったりと入る円は、下の**図4**のように正方形の対角線が円の直径になるね。

おさむ：正六角形は一番長い対角線が円の直径になるんだ。

さくら：正六角形がぴったりと入る円の直径を引いて、別の頂点から直径の両はしに線を引くと、三角定規と同じ形の直角三角形ができるね。

おさむ：本当だ。正八角形も一番長い対角線が直径になるように円をかいて、正六角形と同じようにすると、正八角形でも直角三角形ができるね。

図4　正多角形の対角線と円の直径

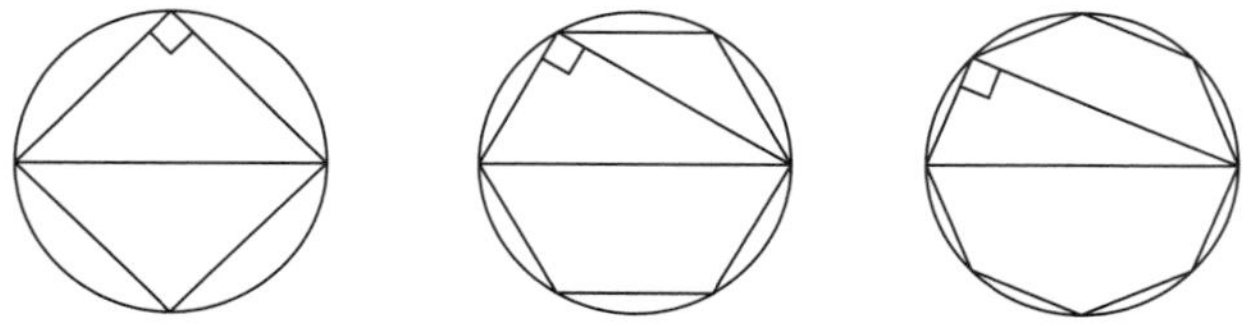

正方形　　正六角形　　正八角形

〔問題2〕　おさむさんは「正六角形と同じようにすると、正八角形でも直角三角形ができるね。」と言っています。その理由を「円の中心」「二等辺三角形」という二つの言葉を使って説明しなさい。

Point

課題や条件を正しく分析する

基本的な論理の問題でしたが、与えられた条件を正しく理解し、分析して答えを導き、さらに検証できる力をみています。

Point

条件をもとに論理的考察力をみる

条件を整理する力、推理力を試す桜修館独特の出題です。時間をかけずに処理する力も必要です。

2020年度　東京都立桜修館中等教育学校　適性検査Ⅱ　大問1（独自問題）より

1　放課後に教室で、**おさむ**さん、**さくら**さん、**先生**は、算数クラブの活動前に、授業で使った学校の三角定規《じょうぎ》などを整理しています。

おさむ：三角定規の形は二種類しかないけれども、大きさはさまざまだね。
さくら：同じ長さの辺をもつ三角定規を組み合わせると、**図1**のような図形ができるよ。

図1　三角定規《じょうぎ》を組み合わせた図形

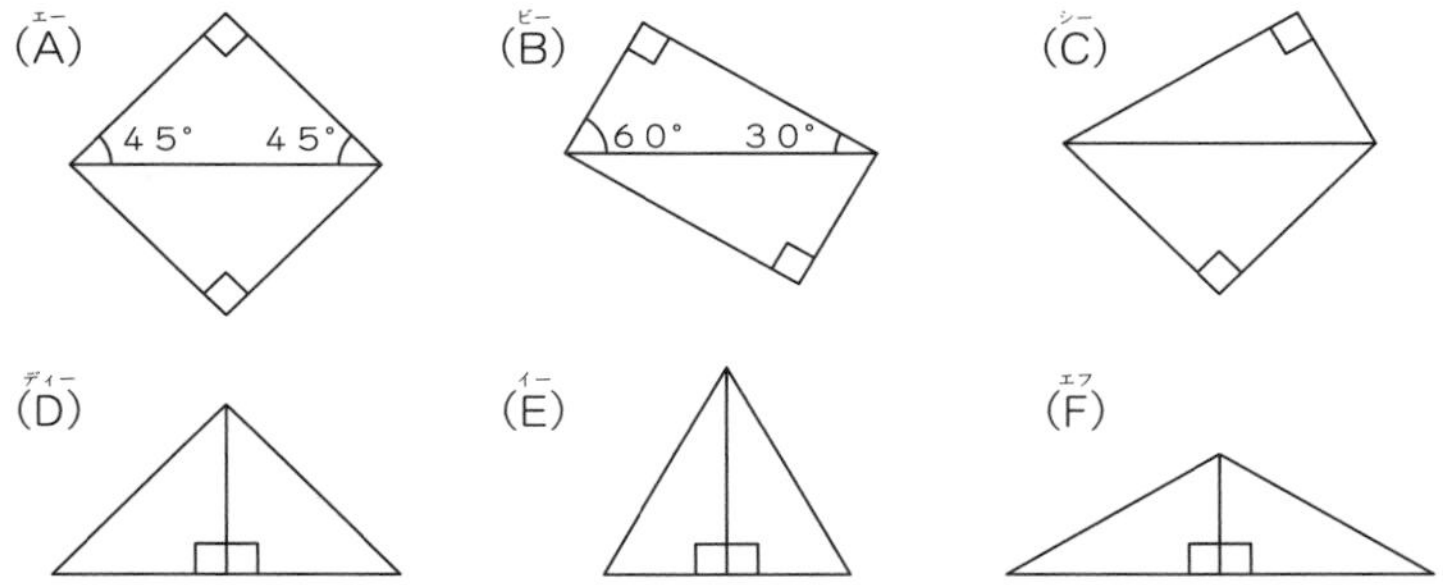

さくら：（A《エー》）は正方形だから、**図2**のようにこの図形のすべての頂点《ちょうてん》が接するように円がかけるね。
おさむ：そうだね。（B《ビー》）や（D《ディー》）も長方形と直角二等辺三角形だから、それぞれの図形がぴったりと入る円がかけるね。

図2　**図1**の（A）（B）（D）がぴったりと入る円の様子

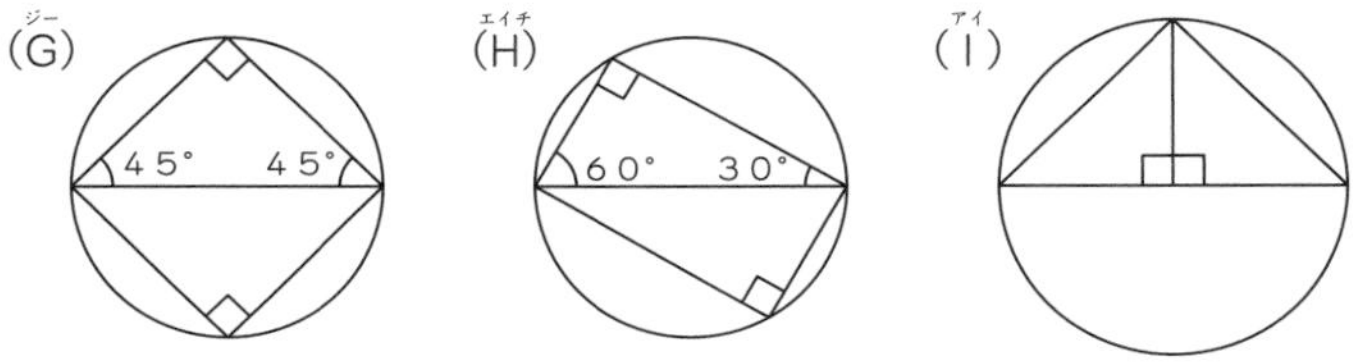

おさむ：（F《エフ》）はどうかな。
先　生：（F）は正六角形の一部だから（F）がぴったりと入る円がかけますよ。
さくら：三角定規をすきまや重なりがないように組み合わせて、正六角形を作ってみよう。

〔問題1〕　さくらさんは実際に正六角形を作ってみました。完成した正六角形には、右の**図3**の①から⑤の三角定規《じょうぎ》が何枚《なんまい》か使われています。使われた三角定規の枚数《まいすう》を答えなさい。ただし、答えは一通りではありません。そのうちの一つを答えなさい。なお、使われなかった三角定規の解答らんは空らんにしなさい。

解説

都立桜修館中等教育学校の配点は、適性検査Ⅰ200点、適性検査Ⅱ500点（各45分）と報告書を300点にそれぞれ換算し、総合成績1000点で評価しています。適性検査Ⅱの配点が全体の半分を占めるのが特徴です。

作文の力が求められる適性検査Ⅰは桜修館の独自問題です。国語の読解問題で、解答は記述式でした。

今回の出題も3問で構成されていました。2つの文章から読み取る形式は変わりませんでしたが、文章Aについて「教養とは」という書き出しで100字以内で書く問題、文章Bについて「教養を身につけるとは」という書き出しで140字以内で書く問題となりました。もう1問は、両文を読んで昨年度同様400字以上500字以内で考えたことを書く問題で、内容は「あなたは『自分を造り上げる』ためには何が必要だと考えるか」というものでした。

適性検査Ⅱは算数、社会、理科の総合問題で、大問3問のうち、大問1がいつも桜修館独自の問題です。このなかには小問が5つありましたが、文で答える問題2以外は得点したいところでした。

そのほかの問題も短い解答時間に対し、数的処理をテキパキとこなす必要があり、その力が合否を分けた印象です。

東京都立 大泉《おおいずみ》高等学校附属中学校

■併設型
■2010年開校

自主・自律・創造の精神を育み 国際社会におけるリーダー育成をめざす

東京都立大泉高等学校を設置母体として誕生した東京都立大泉高等学校附属中学校。「探究の大泉」として創立11年目を迎えました。2022年度から高校募集停止となり、完全中高一貫校となります。

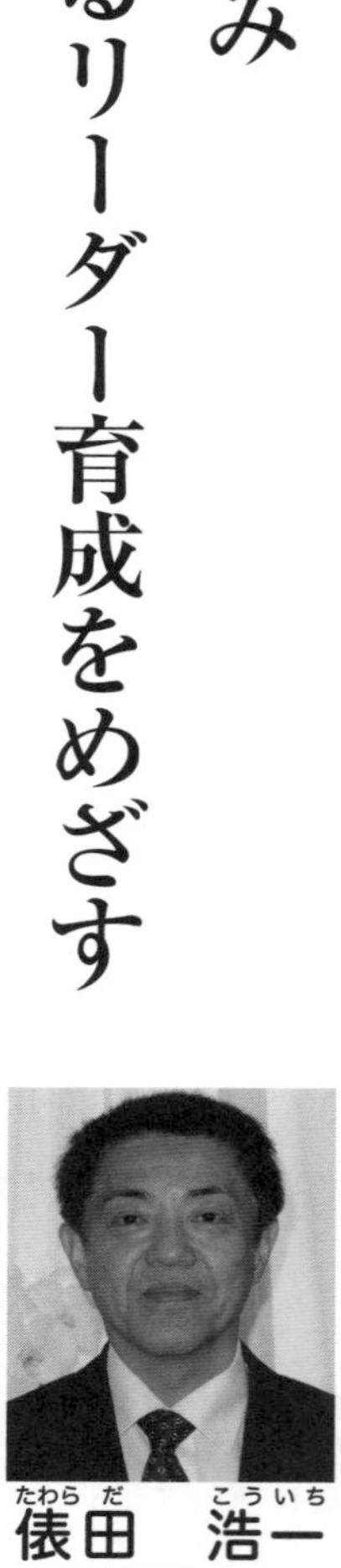

俵《たわら》田《だ》　浩一《こういち》
校長先生

リーダーとしての資質と行動力を育む

Q 御校の沿革と教育方針についてお教えください。

【俵田先生】本校は、東京都立大泉高等学校を母体校に2010年に併設型中高一貫教育校として開校しました。今年、5期生が卒業しました。

母体校である大泉高校は、1941年に東京府立第二十中学校として設立されたのち、1948年に東京都立大泉高等学校と改称され、今年で創立80年の伝統を誇る学校として歴史を刻んできました。

教育理念については、「学」「律」「拓」という3つの言葉でわかりやすくしています。

まず、生徒の自発的な学習を重視して、幅広い教養と高い知性を身につけたいと考える〈自ら学び、真理を究める〉「学」。

また、自己を律し、他者をよく理解して協力できる生徒を育成する〈自ら律し、他を尊重する〉「律」。

最後に、厳しい現代社会のなか

学校プロフィール

開　校	2010年4月
所在地	東京都練馬区東大泉5-3-1
ＴＥＬ	03-3924-0318
ＵＲＬ	http://www.oizumi-h.metro.tokyo.jp/
アクセス	西武池袋線「大泉学園」徒歩10分
生徒数	男子171人、女子187人
1期生	2016年３月卒業
高校募集	あり（2022年度より高校募集停止）
教育課程	３学期制／週５日制（土曜授業、土曜講座あり）／50分授業
入学情報（前年度）	・募集人員　男子60名、女子60名 計120名 ・選抜方法　報告書、適性検査Ⅰ・Ⅱ・Ⅲ

東京都立 **大泉高等学校附属中学校**

で自らの人生を自らで拓くために豊かな人間性を備え、社会で活躍できる資質と行動力を身につけた生徒に育成する〈自ら拓き、社会に貢献する〉「拓」。この3つの言葉です。

そして、本校では、自主・自律・創造を掲げ、6年間の一貫した教育を行うことにより、社会のさまざまな場面において、信頼を得てリーダーとなり得る人材の育成をめざしています。

自ら学び探究力を養成

Q 御校では、どのような教育システムで学習に取り組んでいますか。

【俵田先生】 本校は、1学年3クラス、1クラス40名で授業に取り組んでいます。

3学期制の50分授業で、月曜日から金曜日まで毎日6時限を基本としています。また、年20回程度土曜授業があります。

まず、「授業」では、6年間一貫したカリキュラムを編成しています。将来、さまざまな分野に進めるように設定されているカリキュラムで、文科系・理科系の両方に対応する幅広い教育をめざしています。

中学のうちに高校で学習する内容の一部を発展的に学んだり、学習指導要領にしめされた標準時数よりも週に1時間授業を増やして、中1で理科、中2で数学、中3で国語を多く学び、確かな学力を身につけさせます。

数学や英語においては、1クラスを2分割した少人数授業を取り入れて、きめ細かな指導を行っています。また、中高一貫教育の特色を最大限にいかして、高校レベルの学習を中学段階から積極的に取り入れています。そして、「TIR（ティーチャー・イン・レディネス）」や放課後のサポートにおいて教員や卒業生が指導にあたることで自ら学ぶ、自ら考える力を養います。

このような学習システムを柱として、各教科において高いレベルの学力をつけていきます。中高一貫校の学力の指標となる「学力推移調査」においては、最高レベルとなるSランクに位置する生徒を多く輩出し、高等学校段階へ送りだしています。

さらに、英検・GTECへの取

Pick up!

1 多彩な土曜授業プログラム

年20回程度実施される土曜授業は、さまざまなかたちで展開されています。教科学習や行事の事前・事後学習のほか、探究活動の柱となる「課題発掘セミナー」などがタイムリーに行われます。

また、探究活動の発表の場となるポスターセッションの準備や演劇といった表現力を培う活動など、探究活動に必要な基礎能力を養う機会としています。

2 課題発掘セミナー

2019年度の実績は

・理化学研究所、JAXA筑波宇宙センター、地質標本館サイエンススクエア見学
・「アクセンチュア・イノベーション・ハブ」見学
・「新聞で好奇心を磨く」
・「探究するって何？～生き物研究からわかること～」
・「考え、議論する道徳、キャリア教育～街並み問題～」
・「数学が分かると未来が見える!?」
・「課題研究授業 データに基づいた企画づくり」
・「南極くらぶ」
・「情報の海の泳ぎ方」
・「NOMURA ビジネスチャレンジ」
など

り組みも積極的に行われます。今年には、ニュージーランドの学校と姉妹校提携もしました。

そして、英語教育に関しては、中2次にブリティッシュヒルズ英語研修（2泊3日）、中1・中3次にTGG（TOKYO GLOBAL GATEWAY）研修と充実したプログラムが用意されています。中3ではオンライン英会話も導入されています。

「探究の大泉」

Q 御校で行われている特色ある授業についてお教えください。

【俵田先生】 本校は「探究の大泉」をスローガンに開校以来探究活動に努めてきましたが、2017年度より、東京都から「知的探究イノベーター推進校」に指定され、2018年度には高等学校において「探究と創造（通称QC）」という授業が始まったことを受け、中学校においても探究プログラムが構築されています。

中学校での探究の取り組みはさまざまな活動によって行われていますが、その核のひとつとなるものが「課題発掘セミナー」です。これは、さまざまな分野の専門家のかたを講師に招き、専門領域の話をとおして学ぶことで生徒の関心を広げたり深めたりします。体験をつうじて情報収集力、問いを立てる力、論理的思考力を養います。

また、企業などとの連携によって「ビッグデータの活用」「メディアリテラシー」「リサーチクエスチョンの立て方」など、探究活動に直結した講座が展開されます。これについては、おもに土曜授業を中心に行われています。

これらの活動を経て、学校行事などでもリサーチクエスチョン・調査分析・プレゼンテーションなどの探究活動が実施されています。

探究力を将来にいかす

Q キャリア教育や進学指導に、6年間の中高一貫教育はどのようにいかされていますか。

【俵田先生】 本校では6年一貫教育の利点を最大にいかし、「創造力の三観点（思考力・判断力・表現力）」に基づく育成プロセスをキャリア教育や進学指導にも取りこんでいます。

まずその源泉となるものは、多

例年のおもな学校行事

4月	入学式　対面式　新入生歓迎会
5月	体育祭　生徒総会
6月	勉強合宿（中1）
7月	夏季講座　職場体験（中2） クラスマッチ
8月	夏季講座　いずみ会語学研修
9月	文化祭　英語研修（中2）
10月	開校記念日　職業講話（中1）
11月	探究遠足（中1・2） 修学旅行（中3）
12月	TGG（中3）　クラスマッチ スピーチコンテスト（日本語、英語）
1月	芸術鑑賞教室
2月	合唱コンクール　百人一首大会
3月	TGG（中1）　クラスマッチ 卒業式

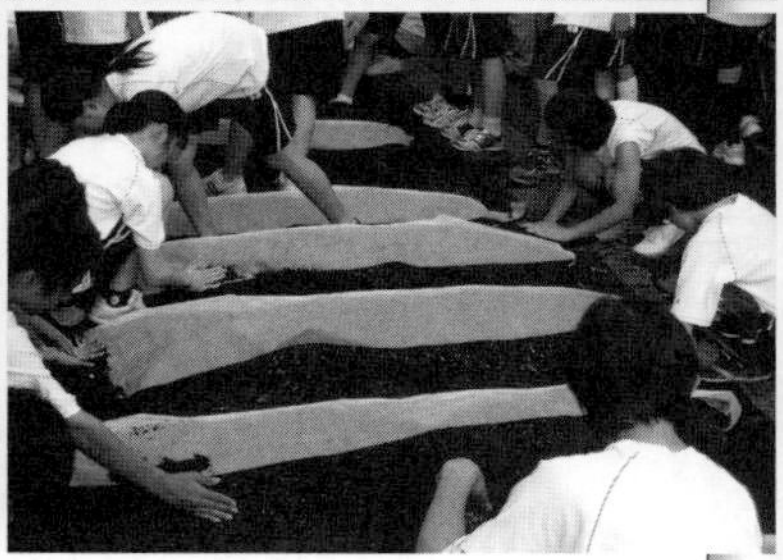

様な経験をいかした探究の基盤であり、すなわち附属中学校におけるプログラムによる力にほかなりません。これに「学びに向かう力と志」「知識・技能」が土台となって、高校におけるキャリア教育や進学指導をより充実したものにしていきます。

高校ではまず「コア・プログラム」において教科学習のほかゼミ活動・外部との連携リテラシーの向上など、個から集団、集団から個への活動サイクルによって力をつけていきます。

その後、「アドバンスド・プログラム」で、多様な活動を主体的に活用する取り組みを行います。

このような活動によって自ら学び、新しい価値を創造する力を育み、難関大学への志向を高めるほか、さらには社会人・国際人としての貢献を期しています。

Q 御校をめざすみなさんへメッセージをお願いします。

【俵田先生】 本校は都内屈指の敷地を有し、人工芝のグラウンド、広いアリーナ、6面ものテニスコートや、恵まれた教育環境のなかで、大泉の新しい歴史が積みあげられています。

中高一貫校になってからの卒業生も、T－Rの支援やQCのTA、さらには理科の支援員など、学校運営にも貢献してくれている人がたくさんいます。卒業生が新しい大泉をつくりあげていく原動力になってきているともいえると思います。

また、大泉の伝統ともいえる部活動も非常に活発に行われています。高校で昨年度全国大会に出場した合唱部のほか、過去に全国大会や関東大会に出場した実績をもつソフトテニス部や女子バスケットボール部、長い伝統を有するラグビー部や吹奏楽部など、中学と高校がいっしょに活動している部も多く、中高一貫校でしかできない縦のつながりが生みだされ、伝統が引き継がれています。

そして、2022年度より高校からの募集が停止となり、いよいよ完全中高一貫校としての道を歩み始めます。6カ年をとおした教育システムにより、さらに充実した教育を提供します。

大泉をめざすみなさん、みなさんの可能性を本校で伸ばしてみませんか？　志の高いみなさんのご入学を心からお待ちしています。

東京都立 大泉高等学校附属中学校

募集区分　一般枠

入学者選抜方法　適性検査Ⅰ（45分）、適性検査Ⅱ（45分）、適性検査Ⅲ（45分）、報告書

図１

たかあき：切りはなさずに、かんむりの金の部分の体積と銅の部分の体積の割《わり》合《あい》を調べる方法はないかな。

よしのり：このような考え方はどうかな。かんむりの金の部分の体積と銅の部分の体積が全体の半分ずつだったとしよう。そうすると、かんむりをしずめてはかると、体積１ｃｍ^{3}あたりの重さが１４．１ｇになると思うんだ。

たかあき：どうして、そう思うの。

よしのり：体積１ｃｍ^{3}あたりの重さについては、金が１９．３ｇ、銅が８．９ｇだよね。それぞれを半分ずつにして加えると、１４．１ｇになると思うんだ。この考え方をすると、このかんむりについても調べることができそうだね。

〔問題１〕　**図１**のかんむりの重さと体積をはかったとき、体積１ｃｍ^{3}あたりのものの重さが１６．７ｇだとします。**よしのり**さんの考え方をもとに、このかんむりの金の部分の体積と銅の部分の体積の割《わり》合《あい》について、下の空らん（　①　）、（　②　）にあてはまるものを解答らんから選び、○をつけなさい。また、（　③　）には、あてはまる数字を書きなさい。

このかんむりの（　①　）の部分の体積は、（　②　）の部分の体積の、（　③　）倍です。

【解答】①金　②銅　③3

Point　文章の内容を適切に読み取る

会話文と資料から情報を読み取り、課題に対して思考・判断する力、論理的に考察・処理する力をみています。

Point　条件をもとに論理的考察力をみる

与えられた問題を理解して整理し、筋道を立てて考え、解決する力をみています。問題の条件を読み取る力が必要です。

2020年度　東京都立大泉高等学校附属中学校　適性検査Ⅲ（独自問題）より

1　**よしのり**さんと**たかあき**さんが放課後の理科クラブが始まる前に話をしています。

よしのり：アルキメデスの話を知ってるかな。

たかあき：うん。てこの研究をした人で、話の一つに「もし私《わたし》に足場を用意してくれたら、てこを使い地球を持ち上げることができる。」というものがあると聞いたことがあるよ。

よしのり：そうだよ。その話の中に「金のかんむり」というものがあるよ。

たかあき：どのような話なの。

よしのり：王様から、金のかんむりが本当に金だけでできているか調べるように言われ、みごとに、金だけでできていることを確認《かくにん》した話だよ。

たかあき：どのようにして調べたのだろう。

よしのり：体積と重さをはかって調べたみたいだよ。同じ種類の物体では、体積１ｃｍ^{3}あたりのものの重さは決まっているから、このことを利用して、金とかんむりを比べればいいよ。

たかあき：なるほど。本で見ると金は、体積１ｃｍ^{3}あたりのものの重さが１９．３ｇになっているよ。かんむりが、このとおりになっていれば、金でできていることが分かるね。本にはいろいろな物体についてのっていたよ（**表１**）。

表１

	２０℃における体積１ｃｍ^{3}あたりのものの重さ
鉄	７．９ｇ
金	１９．３ｇ
アルミニウム	２．７ｇ
銅	８．９ｇ
銀	１０．５ｇ
ガラス	２．５ｇ
木	０．４９ｇ
水	１ｇ

よしのり：そのころは、高価な金だけでつくるのではなく、銅などを混ぜて、金を少なくすることがあったみたいだよ。銅が混ざると、体積１ｃｍ^{3}あたりの重さが１９．３ｇより少なくなるから、重さをはかれば分かるよ。また、体積をはかるときに、かんむりを水にしずめてその増えた水のかさを読み取り、体積を求めたこともおどろきだね。

たかあき：そうか。そうすれば、どのような形のものでも体積をはかることができるね。

よしのり：かんむりについて本で調べてみると、**図１**のようなかんむりがあったよ。上の部分が金で、下の部分が銅でできているみたいだよ。

解説

　都立大泉高等学校附属中学校では、独自問題である適性検査Ⅲを採用しています。その配点は、適性検査Ⅰ200点、適性検査Ⅱ300点、適性検査Ⅲ300点、報告書200点の合わせて1000点満点での合否判断となっています。適性検査は各45分です。ほかの都立中高一貫校は適性検査Ⅲは30分にしているところもあります。45分の大泉では最後まで集中力を切らさず問題に取り組む力が必要です。

　適性検査Ⅰと Ⅱは共同作成問題で行われました。適性検査Ⅰは例年どおり、ともに「違いに対する考え方」について書かれたふたつの文章を読む問題形式で、文章読解の問題が計３問、最後の１問が作文問題でした。

　適性検査Ⅱは算数・社会・理科の融合問題で、資料を読み取って考察する力に加えていねいさと正確な処理能力がポイントになりました。

　独自問題の適性検査Ⅲは、大問①は「いろいろな物質の１cm^{3}あたりの重さ」を題材として数理的な力、大問②は、立体図形を使った問題で設問の条件に従いながらていねいに検証する力を必要としました。空間把握の問題がでるのは大泉の特徴となっています。

千代田区立 九《く》段《だん》中等教育学校

■中等教育学校
■2006年開校

教育目標は「豊かな心 知の創造」体験を重視した本物から学ぶ教育

将来の日本を担う真のリーダー育成をめざす千代田区立九段中等教育学校。千代田区の教育財産をいかした「九段自立プラン」や、海外研修旅行をはじめ、さまざまな教育プログラムが実施されています。

牧野《まきの》 敦《あつし》 校長先生

政治・経済・文化の中心 千代田区の中高一貫校

Q 御校設立の目標についてお聞かせください。

【牧野先生】千代田区立九段中等教育学校は、２００６年に千代田区立九段中学校と東京都立九段高等学校の伝統を引き継いで開校された中高一貫校です。

東京都千代田区は、日本の政治・経済・文化の中心に位置しており、また、数々の教育財産を有しています。

本校は、こうした恵まれた教育環境を活用し、未来の人材育成の一翼を担いたいという目標のもとに設立されました。

Q 教育目標として掲げる「豊かな心 知の創造」とはどのようなものでしょうか。

【牧野先生】本校のめざす「豊かな心」とは、社会生活を送るうえでの確かな根っことなる精神や人間性のことです。そのおもな内容は、まず自分自身に対して持つべき心として、諦めない意志や自律心などがあり、他者に対しては優

学校プロフィール

開校	2006年４月
所在地	東京都千代田区九段北2-2-1
TEL	03-3263-7190
URL	http://www.kudan.ed.jp/
アクセス	地下鉄東西線・半蔵門線・都営新宿線「九段下」徒歩３分、JR総武線・地下鉄東西線・有楽町線・南北線・都営大江戸線「飯田橋」徒歩10分
生徒数	前期課程 男子239名、女子238名 後期課程 男子220名、女子231名
中高一貫1期生	2012年３月卒業
高校募集	なし
教育課程	２学期制／週６日制／50分授業
入学情報（前年度）	・募集人員 （千代田区民）男子40名、女子40名 計80名 （千代田区民以外の都民）男子40名、女子40名 計80名 ・選抜方法 報告書、適性検査（1、2、3）

しさや思いやりの心が必要です。社会に対しては公共心や社会貢献の意志が必要でしょう。また感謝の心や感動する心といった感受性にかかわるものも同時に必要です。このように広く人間性そのものを形成していくことを、本校に入学したその日から仲間とともにすべての教育活動をとおして身につけていってもらいます。

もうひとつの「知の創造」ですが、ここでいう「知」とはたんなる知識や学力をさすのではなく、文部科学省のいうところの「学力の三要素」をふまえた「確かな学力」が、近いイメージかもしれません。一方「創造」はなにか新しいものをつくりだすという言葉ですから、「知の創造」から受けるイメージは、新発見や新発明をするような力といったイメージを持つかもしれません。もちろんそのような人物になってもらいたいのですが、「知の創造」はもっと身近な課題ともいえます。現代は「予測不可能な社会」です。10年後はおろか1年後やそれこそ3日さきにだってなにが起こるか想像もつかないようなスピードで変化しています。そんな社会でであうできごとはすべて「未知」のものといえます。未知のものに対処していくためには多くの経験も必要ですが、新しい考え方やそれを生もうとする強い意志が不可欠です。これが九段の考える「知の創造」です。この目標の体得こそが、大学合格だけでなく、そのさきの社会で活躍する力につながると考えています。

文系・理系にとらわれず幅広く学ぶカリキュラム

Q カリキュラムについてご説明ください。

【牧野先生】 本校のカリキュラムの特徴は、文系・理系の枠にとらわれず、全教科を学習するところにあります。

5年生までは全員が同じ科目を学び、6年生からは週20時間の選択講座が用意され、各々の進路志望に沿った内容を学びます。大学受験科目の学習に特化するのではなく、幅広く学ぶことで知性と感性を磨き、豊かな創造力を培うことがめざされているのです。

本校のカリキュラムにはさまざまな工夫が凝らされています。1～2年生の2年間では、基礎基本を重視した学習を中心に発展的な

Pick up!

1 グローバルコミュニケーションの育成をめざす英語教育の取り組み

英語科では、Global Communication（伝えたいことを英語で正確に伝えられる力）の育成をめざす英語教育を行っています。前期課程では、とくに音声教育が大切にされ、内容の理解も文法の学習もまず音声から指導されています。週に1回はEA（English Activity）というネイティブスピーカーといっしょの授業があります。

後期課程でも、音声教育を大切にしている点は変わりません。教科書の音読が重視され、内容を英語で発表する活動も継続されています。それに加えて、英文の多読、速読、精読など、さまざまな読解の授業が行われます。

また、放課後の「イングリッシュサロン」はALT（Assistant Language Teacher）が2名いて、生徒が自由に英語だけで会話を楽しむことができます。行事では、1年生で「東京グローバルゲートウェイ」への校外学習で英語を使う体験学習、2年生で「英語合宿」が行われます。その英語合宿中は英語だけの生活を行います。また、3年生では全員がオーストラリアで海外研修を行います。

2 「総合的な学習の時間」に行われる課題探究学習「九段自立プラン」

「総合的な学習の時間」を活用し「九段自立プラン」という課題探究学習が行われています。

1～3年生の前期課程では、地域を知ること、日本を知ること、世界を知ることがテーマです。1年生が取り組む「企業訪問」では、マナー講習会や課題解決の方法を知るためのワークショップなどの事前学習ののち、企業を訪問します。企業からだされた課題にグループで取り組み、2回目の訪問時に発表します。これらをとおして、課題解決の手法や学び方、発表方法の基礎を身につけます。2年生は、「職場体験」をとおして社会への理解を深めるほか、千代田区内にある大使館を訪問し、国際社会へと視野を広げていきます。4～6年生の後期課程は、人間と社会、卒業研究がテーマです。4年生では、さまざまな奉仕体験活動をとおして、自己の適性や社会とのかかわりについて深く考えます。5・6年生の「卒業研究」では、個人でテーマを設定し、課題の解決を行い、その結果と考察を報告書にまとめ研究集録を作成します。

内容も取り入れ、生徒が主体的に学習に取り組むような授業展開となっています。

高校の内容は5年生まででほぼ修了となり、6年生からは選択講座へ移ります。選択講座は、国公立大学（文系・理系）・私立大学（文系・理系）志望に分かれています。

Q 御校でのふだんの学習や特色のある取り組みについて、具体的に教えてください。

【牧野先生】 授業は、平日は50分6時間授業、土曜日は50分4時間授業です。

また、数学・英語では1クラス20人程度の少人数による習熟度別指導を実施しています。そのほかの多くの教科でも、少人数指導やティームティーチング（複数教員による授業）を取り入れ、それぞれの学習進度に対応したきめ細かな指導が実施されています。

夏休みをはじめとする長期休業期間には、1～6年生まで、希望制の特別講座が開講されます。前期課程の基礎固めの講座から後期課程の難関大学入試対策講座まで幅広く学習をサポートします。

そのほかにも特色ある取り組みが多数あります。毎朝8時5分から15分間行われる「おはようスタディ」もそのひとつです。

これは、外国人留学生がさまざまな話題を英語で話す「イングリッシュシャワー」（全学年）と、「朝読書」（1～3年生の前期課程）、「朝学習」（4～6年生の後期課程）を組みあわせて実施しています。

独自のキャリア教育「九段自立プラン」

Q 「九段自立プラン」とはどのようなものですか。

【牧野先生】「九段自立プラン」は、総合的な学習の時間を使って行われるプログラムです。

主体的に学び行動する力や、将来の生き方を考える力を養っています。学年ごとに設定されたテーマのもとで、課題探究学習に取り組みます。

千代田区内および近隣の企業や団体、大学、大使館などの協力により、社会の第一線で活躍するかたがたによるさまざまな「本物体験」が用意されています。千代田区という立地をいかした本校独自のキャリア教育です。

また、3年生では、日本の伝統文化を学ぶ「江戸っ子塾」を実施

例年のおもな学校行事

4月	入学式　ホームルーム合宿（1年）
5月	体育祭
6月	校外学習（1・2年） シンガポール海外修学旅行
7月	音楽鑑賞教室（1年） 特別講座 至大荘行事
8月	特別講座　UCLA海外大学派遣研修
9月	九段祭（文化祭・合唱コンクール）
10月	特別講座
11月	オーストラリア研修旅行（3年）
12月	英語合宿（2年） 東京グローバルゲートウェイ（1年）
1月	区連合作品展
2月	クロスカントリーレース
3月	雅楽教室（1年）　卒業式

しています。華道、書道、囲碁、将棋など、多彩な分野の専門家を講師として学びます。なかにはけん玉や寄席《よせ》文字《もじ》、古式泳法など、学校のカリキュラムとしてはめずらしい講座もあります。

　こうした取り組みは、国際理解学習へもつながります。

　本校では前期課程の3年生で全員参加のオーストラリア研修旅行を実施しています。前期課程のうちに海外を経験することで、日本と外国とのちがいやそれぞれのよさを体験でき、他国の文化・習慣を尊重する心が育てられます。また、自分のことや考えをもっと英語で伝えたいという気持ちが高まります。

　さらに2017年度入学生からは5年生でシンガポール海外修学旅行を行い、4・5年生の選抜生徒を対象にUCLA海外大学派遣研修も実施します。

　これらの経験は生徒の視野を広げるとともに、さらなる学習意欲を生みます。

Q 道路を挟んでふたつの校舎が隣接していますね。どのように使われているのでしょうか。

【牧野先生】 九段校舎と富士見校舎のふたつの校舎があります。九段校舎では1～4年生までが学び、富士見校舎では5・6年生が学んでいます。

　部活動や特別活動は九段校舎で行うことが基本となっており、その際には5・6年生も九段校舎へ移動します。

　施設・設備面でも充実しています。温水プールがあるので、海での遠泳を行う「至大荘行事」という4年生の宿泊行事へ向けて、年間をとおした水泳指導が可能です。

　また、九段校舎の屋上には天文台があり、5階には理科教室が6部屋あります。

Q 最後に、御校を志望する受検生へメッセージをお願いします。

【牧野先生】 現代社会において個人の力をじゅうぶんに発揮するためには、他者と協同していくことが不可欠です。本校の生徒には、他者を分け隔てなく受け入れ、協力しあってなにかを成し遂げるという資質が備わっています。そんな仲間たちと6年をかけて切磋琢磨していく。多感な中高時代を過ごす有意義な環境を提供できるのが本校だと思っています。

［資料6］江戸でリサイクルにたずさわる人とその特ちょう

肥《こえ》くみ

肥くみとは、人間の糞尿《ふんにょう》にあたる下肥《しもごえ》を集めている人のことである。下肥は農家に買い取ってもらうことができた。*店子《たなこ》が30人いる*長屋《ながや》なら、年末には1～2*両の収入《しゅうにゅう》になった。一人前の大工の月収が2両程度の時代だから、ちょっとした金額である。

かさの古骨《ほね》買い

紙と竹でできた古かさを再生するため専門に買い取る業者がいた。買値《ね》は、かさの状態によって、4*文《もん》、8文、12文の三段階《だんかい》があった。

集めたかさは、油紙をはがして洗《あら》い、糸をつくろってから、かさはりの仕事をしている人に出した。そして、かさとして再利用された。

（石川英輔《いしかわえいすけ》『大江戸リサイクル事情』より作成）

＊店子：家主から家を借りている人のこと。

＊長屋：集合住宅《じゅうたく》の一形態。

＊両、文：いずれも江戸時代のお金の単位。

問3

江戸でリサイクルが進んでいた理由を、次の①・②の条件にしたがって答えなさい。

① 江戸の人々がリサイクルを行う際の考え方を［資料5］から1つ挙げること。

② ［資料6］の「肥くみ」と「かさの古骨買い」に共通した特ちょうを答えること。

Point

頻出の江戸時代にかかわる出題

江戸時代のことを問われながら、日常生活で社会的事象に関心が向いているかが試されます。難度は高くありません。

Point

資料の読み取りと考察力を試す

例年、多くの資料がしめされ読解量が多くなっていますが、内容を注意深く確認していけば無理なく答えられます。

千代田区立 九段中等教育学校

募集区分　区分A（千代田区民）、区分B（千代田区民以外の都民）

入学者選抜方法　適性検査1（45分）、適性検査2（45分）、適性検査3（45分）、報告書、志願者カード

2020年度　千代田区立九段中等教育学校　適性検査２（独自問題）より

［資料５］江戸時代のリサイクルについて述べた資料

江戸の人たちは、なぜリサイクルしていたのであろうか。それは、こわれたものでも直して使えるものであるならば、あるいは不要なものでも売れるものであるならば、捨てるのは「もったいない」という＊損得勘定《そんとくかんじょう》が働き、リサイクルを促進《そくしん》させていたのではないかということである。その根底には、使えるものは徹底《てってい》的に使うという「もったいない」精神の存在《そんざい》を考えざるをえない。なぜなら、江戸時代の「物直し文化」が環境《かんきょう》に配慮《はいりょ》したものではないからである。単《たん》純《じゅん》に新品を買うよりはこわれたものを安い値段《ねだん》で直して元通りにしたほうが得である。あるいは古いものに少しの金銭を足して新品と取りかえたほうが得である。さらには不要なものを捨てればタダだが、売れば金になるという、経済的な合理精神が働いていたのである。

（根崎光男《ねざきみつお》『「環境」都市の真実』より作成）

＊損得勘定：損か得かを考えること。

〔なおや〕 ［資料５］に書かれている江戸でのリサイクルに対する考え方をもとに、さらに資料を集めました。（［資料６］）

この資料から江戸でリサイクルがすすんでいた理由を考えてみたいと思います。

解説

千代田区立九段中等教育学校の適性検査は１、２、３があります。小学校で学習した基礎的な内容をベースに、たんに教科の知識量をみるのではなく、右記の出題方針で表せるような、学習活動への適応能力、問題解決への意欲や自己の将来展望、時事への興味・関心を試すのが基本です。

適性検査１は読解と作文、適性検査２、３は、算数、理科、社会の融合問題です。

「基本」とは言うものの、作文表現や、教科を横断した融合問題は毎年ユニークな問題が並びます。問題量も多く、過去問で慣れておかないとかなりむずかしく感じるものでしょう。今春も適性検査2は問題用冊子が20ページもあるものでした。なお、九段は都立中の入試問題とは一線を画し、すべて独自問題で、問題用紙はすべてカラー印刷です。

【九段の出題方針】「自らの意思と責任で判断し、行動する生徒。自らの志を見出し、その実現に向けて努力する生徒」という「育てたい生徒像」をふまえ、小学校で学習した基礎的・基本的な内容を関連させ、たんに教科の知識の量をみるものではなく、学習活動への適応能力、問題解決への意欲や自己の将来展望、時事への興味・関心を見出せるような出題を基本とする。

東京都立 小石川《こいしかわ》中等教育学校

■中等教育学校
■2006年開校

教育理念「立志・開拓・創作」のもと 知的好奇心を刺激し個性と能力を伸ばす

府立第五中学校の流れを受け継いだ小石川高等学校を母体とする東京都立小石川中等教育学校。100年の伝統を誇る教育理念のもと、小石川教養主義、理数教育、国際理解教育を3本柱とした特色あるカリキュラムを実践しています。

梅原《うめはら》 章司《しょうじ》
校長先生

学校プロフィール

開　校	2006年4月
所在地	東京都文京区本駒込2-29-29
TEL	03-3946-7171
URL	https://www.metro.ed.jp/koishikawa-s/
アクセス	都営三田線「千石」徒歩3分、JR山手線・都営三田線「巣鴨」徒歩10分、JR山手線・地下鉄南北線「駒込」徒歩13分
生徒数	前期課程 男子219名、女子260名 後期課程 男子255名、女子221名
1期生	2012年3月卒業
高校募集	なし
教育課程	3学期制／週5日制／45分授業
入学情報（前年度）	・募集人員　（特別枠：自然科学）5名以内 （一般枠）男女各80名から特別枠募集での入学者を引いた数 ・選抜方法　（特別枠）報告書、作文、個人面接 （一般枠）報告書、適性検査Ⅰ・Ⅱ・Ⅲ

開校以来の教育理念が息づく伝統校

Q 御校の教育理念「立志・開拓・創作」についてお教えください。

【梅原先生】 本校は、小石川高等学校を母体として、2006年に開校しました。小石川高校は、1918年創立の府立五中から連なる歴史と伝統を有する高校です。

その府立五中時代から受け継いでいるのが「立志・開拓・創作」の精神です。

「立志・開拓・創作」とは、「自ら志を立て、自分が進む道を自ら切り拓き、新しい文化を創り出す」という意味です。自分がどのように能力を発揮し、なにを目的として生きていくかという目標を立てることが「立志」です。そして、その志のもとに自ら進む道を、前人未踏の険しい道のりであっても、自分の力で切り拓いていくことが「開拓」であり、そこから新しいものを「創りだそう」とすることが「創作」です。

この教育理念を具体的に実現させていくために、本校では、「小

石川教養主義」「理数教育」「国際理解教育」の3つの特色ある教育を実践しています。

　さらに、この3本柱に加えて、社会性（ソーシャルスキル）を身につけることも3年前から重視しています。これまでも学力があり、理数的、国際的な資質を兼ね備えた生徒を育ててきましたが、それにプラスアルファして、高い社会性も身につけることで、すべての面において社会に求められる人材を育成できると考えています。

Q 「小石川教養主義」とはどういったものですか。

【梅原先生】府立五中以来大切にされてきたリベラル・アーツ教育のことを、「小石川教養主義」と呼んでおり、さきほどの3本柱のなかでもいちばんの土台となります。さまざまな教養を身につけることで、理数教育、国際理解教育がさらにいきてきます。

　本校のカリキュラムは、高校段階にあたる後期課程においても、理系・文系に分けることはしていません。生徒は5年生までは全員が全教科共通のカリキュラムを履修します。これは、広く深い知識に裏づけられた教養を育むことを重視しているからです。

　また、小石川では、生徒の探究心や課題解決力を伸ばすことを目的として、6年間をとおして全員が課題探究活動に取り組みます。1年生は探究活動に必要な言語活動、2年生は統計学の基礎を学びます。3年生は興味のある講座ごとに教養を深めて課題研究の手法を学び、校内で1・2年生に発表をします。4年生はネットワークの仕組みとプログラミングを学び、問題解決にいかします。5年生では自ら設定したテーマにもとづいて探究活動を行い、海外修学旅行で現地校の生徒と交流する際に英語で発表し、議論します。最終的には6年生で各自の研究を論文にまとめて、校内外で発表します。

Q 6年生のカリキュラムはどのようになっていますか。

【梅原先生】5年生まで全員が共通の科目を履修しますが、6年生は大幅な自由選択科目を用意しています。

Q 「理数教育」の内容についてお話しください。

【梅原先生】「理数教育」を重視しているのも府立五中から受け継い

Pick up!

1 小石川教養主義

「小石川教養主義」の土台は、５年まで全生徒が全教科・科目をバランスよく学ぶことと、「小石川フィロソフィー」（課題探究学習）を１年から６年まで週１・２時間、実施していることです。小石川フィロソフィーはすべての教科の教員がかかわっており、高度な研究においては大学や専門家の助言も受けながら、内容の充実だけでなく、効果的な発表の手段・方法も身につけることができます。また、「小石川セミナー」と呼ばれる、世界の第一線で活躍している学術研究者による講演会を、年に３・４回校内で実施しており、全校生徒が参加します。

2 理数教育

小石川の理数教育はSSHを中心に取り組んでおり、「課題発見力」「継続的実践力」「創造的思考力」の育成をねらいとし、６年間を貫く「高度な理数系カリキュラム」と「課題研究」を実施しています。理科は１年から専門分野の教員による物理・化学・生物・地学の授業が系統的に行われています。数学は代数・幾何の分野に分けて１年から独自のカリキュラムが組まれています。また、小石川フィロソフィーⅡでは統計学の基礎を、小石川フィロソフィーⅣではプログラミングも学びます。

3 国際理解教育

２年の「国内語学研修」、３年の「海外語学研修」に向けて、２年では「言語文化」の授業が週１時間あり、英語での日常会話、異文化理解、スキットコンテストなどに取り組みます。３・４年では「国際理解」の授業が週１時間あり、社会科と英語科のふたつの側面からアプローチして、さまざまな国の文化を学びます。海外の中高生が小石川を訪れて学校交流を行う機会が年に数回ありますが、その際には３～５年がバディとなり、いっしょに授業を受けたり、ランチを食べたり、ディスカッションをします。また、４・５年は８時間目に第２外国語（中国語・ドイツ語・フランス語）を開講しており、４年は６割以上の生徒が学んでいます。このように幅広い教養を身につけられます。

だ伝統です。現在では、小石川高校につづいて小石川中等教育学校も文部科学省からＳＳＨ（スーパーサイエンスハイクール）に指定され、3期目の研究開発を行っています。

小石川のＳＳＨはすべての生徒が6年間をとおして高度な理数教育や課題探究学習に取り組むことが特徴です。

また、大学や研究所と連携して年10回以上開催されるサイエンス・カフェや、実験室を開放して生徒が自主的に学べる環境を提供するオープンラボ、4・5年生の希望者14名が夏休みに10日間、イギリス・カーディフ大学で受けられるＳＳＨ海外研修など、多彩なプログラムをとおしてさまざまな学びを体験できます。

さらに、「日本学生科学賞」や「科学系オリンピック」をはじめとした国内・国外の科学コンテストにも積極的に挑戦しています。とくにロボカップ・ジュニアは3年連続で世界大会に出場し上位入賞を果たしています。

Q「国際理解教育」も3本柱のひとつですね。

【梅原先生】多様な取り組みをとおして、異文化を理解しグローバルな視点でものごとを考えることのできる人材を育てることが、本校の国際理解教育です。

また、英語をコミュニケーション・ツールとして用いることができるレベルにまで高める、充実した英語教育を行っています。

全員参加の体験型学習が多く、2年生では、国内語学研修を実施しています。2泊3日の日程で、8人にひとりネイティブの講師がついた英語漬けの日々を過ごします。

3年生では、オーストラリアで2週間の海外語学研修を体験します。ホームステイをしながら現地の学校へ通うのですが、ホームステイはひとつの家庭に対して生徒がひとりとしています。日本語を話す相手がいない環境で過ごすことで、英語を積極的に使う体験をすることがねらいです。海外語学研修は、英語力が身につくことはもちろん、異文化理解にもつながり、この経験を経て人間的にもひとまわり大きく成長することができるのです。

5年生ではシンガポール・マレーシアへの海外修学旅行があり、現地校との交流を行っています。

例年のおもな学校行事

4月	入学式　オリエンテーション 校外学習（1～6年）
5月	
6月	職場体験（2年）　移動教室（1年）
7月	小石川セミナー①　SSH生徒研究発表会 夏期講習
8月	海外語学研修（3年）　夏期講習 奉仕体験活動（4年）
9月	行事週間（芸能祭・体育祭・創作展）
10月	宿泊防災訓練（4年）
11月	国内語学研修（2年）
12月	小石川セミナー②
1月	
2月	海外修学旅行（5年） 合唱発表会（1～3年）
3月	小石川セミナー③

海外の学生が小石川を訪れることもあり、充実した国際理解教育を実践しています。

Q　大学入試改革に向けた対策は行われているのでしょうか。

【梅原先生】教養主義を中心として、ここまでご紹介してきた内容を見ていただくと、むしろこれまで本校が行ってきた教育は、すでに思考力・判断力・表現力などを問われるこれからの大学入試改革に対応できているのではないでしょうか。

3つの行事を行う小石川の行事週間

Q　御校は9月にある行事週間が有名ですね。内容を詳しくご説明ください。

【梅原先生】本校には、9月に「芸能祭」・「体育祭」・「創作展」の三大行事を約1週間で行う期間があり、行事週間と呼んでいます。

舞台発表を中心とした「芸能祭」は文化系部活動のほか、有志の参加者も多いのが特徴です。

芸能祭につづいて、「体育祭」を行います。そして最後に「創作展」というクラスの展示発表会を行います。3年生以上はほとんどが演劇発表を行うのが伝統となっています。とくに最高学年である6年生の演劇は、内容はもちろん大道具などの舞台美術もレベルの高いものとなっています。

1週間に大きな行事を3つ行うので、とても大きなエネルギーを使います。行事の運営は基本的に生徒たちが主体となって行っており、自ら志を立てて、創作し、新しい文化をつくりだすという流れが伝統となっています。

Q　最後に、どのような生徒さんに入学してほしいとお考えか、お教えください。

【梅原先生】本校は、授業、行事、ほとんどの生徒が参加している部活動など、ほんとうに盛りだくさんの学校です。各生徒の興味・関心に応じてさまざまなことが体験できます。ただそれは、なにも言わなくても教員からしてくれるということではありません。みなさんが自分からチャレンジしようと思うことが大前提です。ですから、ぜひいろいろなことへの知的好奇心を持って入学してきてください。そうした生徒に対して、本校はバックアップ、サポートを惜しまない学校です。

はるか：楽しかったね。
ゆうき：そうだね。他にもゲームはないの。
おじいさん：さっきと同じカードを４枚使った別のゲームを教えよう。アイマスクをする人をＣさん、しない人をＤさんと呼ぼう。Ｃさんは、ゲームが終わるまでずっとアイマスクをしているよ。
　Ｃさんがアイマスクをしてから、Ｄさんは４枚のカードを机の上に一列に並《なら》べる。それぞれのカードは赤色の面と青色の面のどちらを表にして置いてもかまわないが、赤色が２枚、青色が２枚となるように置いてはいけないよ。ここまでがゲームの準備だよ。
はるか：いよいよゲームが始まるんだね。
おじいさん：そうだよ。このゲームでは、Ｃさんがカードを裏返す操作を通じて、４枚のカードのうち２枚が赤色、残りの２枚が青色という組み合わせにしようとするんだ。この組み合わせになった状態を「赤２青２」と呼び、そこでゲームは終わるよ。
はるか：だから最初に赤色が２枚、青色が２枚となるように置いてはいけないんだね。
ゆうき：どんな手順でゲームを行うの。
おじいさん：最初にＣさんは、４枚のカードの中から好きな枚数のカードを選んで裏返す。この時点で「赤２青２」になったらＣさんの勝ちだよ。もし、「赤２青２」にならなかったら、次にＤさんは、４枚のカードを並べかえることができるよ。ただし、表裏《おもてうら》は変えてはいけないよ。
ゆうき：Ｃさんにはどのカードがどの位置に移ったのか分からないということだね。
おじいさん：そうだね。そうしたら次はＣさんの番だ。Ｃさんはさっきと同じように、好きな枚数のカードを選んで裏返すことができるよ。この時点で「赤２青２」になったらＣさんの勝ちだよ。もし、「赤２青２」にならなかったら、またＤさんは４枚のカードを並べかえるんだ。最後にＣさんはもう一度だけカードを裏返すことができるよ。
はるか：Ｃさんが３回裏返しても「赤２青２」にならなかったらどうなるの。
おじいさん：その場合は、Ｄさんの勝ちとなるんだ。
ゆうき：よし、やってみよう。

〔問題２〕　このゲームで、ＣさんがＤさんに確実に勝つためには、Ｃさんは３回以内の裏返す操作で、それぞれ何枚裏返せばよいですか。裏返す枚数を答えなさい。また、その操作によって確実に勝つことができる理由を説明しなさい。説明には図を用いてもかまいません。

Point
身につけた知識で課題解決
　会話から問題文の意味をとらえ、これまで身につけてきた知識や経験をもとにして、課題を分析し解決する力をみます。

Point
条件をもとに論理的考察力をみる
　身近な事象から生まれた課題に対し、日ごろの観察力から生まれる分析力や思考力が試され、課題を解決する力も要求されます。

東京都立 小石川中等教育学校

募集区分
特別枠（自然科学）／一般枠

入学者選抜方法
【特別枠】作文（45分）、面接（25分程度）、報告書、志願理由書
【一般枠】適性検査Ⅰ（45分）、適性検査Ⅱ（45分）、適性検査Ⅲ（45分）、報告書

2020年度　東京都立小石川中等教育学校　適性検査Ⅲ（独自問題）より

２　**おじいさん**が、**ゆうき**さんと**はるか**さんに二人で遊べるカードゲームを教えています。

おじいさん：今日はちょっと変わったゲームをしょうかいしよう。

ゆ　う　き：どんなゲームなの。

おじいさん：ここに同じ大きさ、同じ形で、一方の面は赤色、もう一方の面は青色でぬられているカードがたくさんあるよ。今、これらのカードを全て赤色の面を表にして、どのカードも重ならないように机《つくえ》の上に置いておこう。
　まず一人が、これらのカードの中から好きな１０枚《まい》を選んで、青色の面が表になるように裏返《うらがえ》し、残ったカードはそのままにしておく。この人をＡさんと呼《よ》ぼう。もう一人はその様子が分からないようにアイマスクをしておこう。この人をＢさんと呼ぼう。

は　る　か：Ｂさんには、どの１０枚が裏返されたのか分からないんだね。

おじいさん：そうだよ。そしてＢさんは、アイマスクをしたまま机の上のカード全体を二つのグループに分けるんだよ。ただし、それぞれのグループのカードの枚数《まいすう》は同じでなくてもかまわないんだ。１枚とその他でもいいし、２０枚とその他でもいいよ。

ゆ　う　き：その後どうするの。

おじいさん：Ｂさんは、二つのグループに分けた後、どちらかのグループを選んで、そのグループのカードのうち、好きな枚数だけ裏返すことができるよ。１枚も裏返さなくてもいいし、全部裏返してもいいよ。

は　る　か：勝敗はどうやって決まるの。

おじいさん：Ｂさんは裏返す操作《そうさ》を終えたら、アイマスクを外す。そのとき、二つのグループのそれぞれにふくまれる青色の面が表になっているカードの枚数がいっちしていたらＢさんの勝ち、そうでなければＡさんの勝ちとしよう。

は　る　か：もし、Ｂさんがたまたま青色の面が表になった１０枚のカードとその他のカードの二つのグループに分けて、その１０枚のカードを全て裏返したらどうなるの。その場合、全て赤色の面が表になってしまうけれど。

おじいさん：よい質問だね。その場合は、二つのグループのそれぞれにふくまれる青色の面が表になっているカードの枚数がどちらも０枚となるね。だから、枚数がいっちしているとしてＢさんの勝ちとしよう。

ゆ　う　き：よし、分かった。では、やってみよう。

〔問題１〕　このゲームで、ＡさんとＢさんのどちらが有利だと言えますか。解答らんのＡさん、Ｂさんのどちらかを選んで○で囲みなさい。また、そのように考えた理由を説明しなさい。説明には図を用いてもかまいません。

解説

都立小石川中等教育学校の入学者選抜「一般枠」では、報告書と適性検査Ⅰ・Ⅱのほかに適性検査Ⅲが課されます。報告書（400点満点）は換算して200点満点に、適性検査Ⅰ・Ⅱ・Ⅲは、それぞれ100点満点を倍に換算して各200点満点の計600点満点とし、総合成績は報告書の点数と合わせ800点満点で評価します。詳細は９月に発表される予定です。

適性検査Ⅰでは、ふたつの文章を熟読し、それを自己の経験などに照らしあわせて、深く考え、文章に表現する力をみます。

適性検査Ⅱの大問３つのうち②が小石川の独自問題で、ほかは共同作成問題でした。独自問題の②は「貿易」を題材とし、計算力も必要な小石川らしい出題となっていました。記述では、ふたつのことから選び、意見をまじえて書くのは例年どおりでした。

独自作成問題の適性検査Ⅲでは、大問①は「お茶の色や味の変化」に関する問題で、実験方法と結果について考察する問題が２題出題されました。大問②の題材は「カードゲーム」で、ふたりのうちで有利な方を考える問題や、確実に勝利するためのカードの取り方を考察する問題などでした。大問①に比べると比較的解きやすい問題だったかもしれません。

東京都立 立《たち》川《かわ》国《こく》際《さい》中等教育学校

■中等教育学校
■2008年開校

国際理解教育を推進し グローバルリーダーを育成する

幸田《こうだ》　諭昭《つぐあき》
校長先生

都立の中高一貫校のなかで唯一「国際」という名称を冠する東京都立立川国際中等教育学校。さまざまなバックグラウンドを持つ生徒が集う学び舎で、真の国際理解教育が日々行われています。

都立中高一貫校唯一の「国際」中等教育学校

Q 御校の教育目標・理念について教えてください。

【幸田先生】「国際社会に貢献できるリーダーとなるために必要な学業を修め、人格を陶冶《とうや》する」ことを教育目標としています。これを実現するために、生徒一人ひとりが、国際社会に生きる自覚を持ち、自ら志を立て未来を切り開いていく「立志の精神」と、自らの考えを明確に持ち、それを表現する能力とともに異なる文化を理解し尊重する「共生への行動力」を身につけ、主体性を発揮するなかで、達成感や連帯感など「感動の共有」ができる教育を理念としています。本校は「国際」という名前がつくように、毎年30名の海外帰国生徒・在京外国人生徒を受け入れています。アメリカ・アジア・ヨーロッパなど、現在は6学年で約30の国と地域から集まる生徒は、一般枠130人の生徒と区別せずに、混成クラスにしています。

異なる文化で育った生徒たちに

学校プロフィール

開　校	2008年4月
所在地	東京都立川市曙町3-29-37
TEL	042-524-3903
URL	http://www.tachikawachuto-e.metro.tokyo.jp/
アクセス	JR中央線ほか「立川」・多摩都市モノレール線「立川北」バス
生徒数	前期課程 男子233名、女子241名 後期課程 男子219名、女子229名
1期生	2014年3月卒業
高校募集	なし
教育課程	3学期制／週5日制（月2回程度土曜授業実施）／50分授業
入学情報（前年度）	・募集人員　（海外帰国・在京外国人生徒枠）男女合計30名 （一般枠）男子65名、女子65名　計130名 ・選抜方法　（海外帰国・在京外国人生徒枠）成績証明書等、面接、作文〈※面接、作文は日本語または英語による〉 （一般枠）報告書、適性検査Ⅰ・Ⅱ

加え、世界各国からの留学生との交流により、日常の学校生活のなかで、異なる文化を理解し、尊重する心を育みます。

　また、国際的に活躍している方やメダリストなどの講演会などをとおして、国際理解教育を進めています。留学生受け入れの際には、ホストファミリーの協力もお願いしています。本校は、日々の学校生活のなかで、世界を知り、日本を知る環境にあると思います。

教養主義を掲げ 総合力をつける教育課程

Q 御校のカリキュラムを教えてください。

【幸田先生】 現在、授業時間のあり方について検討しているため変更の可能性がありますが、現状は3学期制で50分授業を週5日×6時間行い、土曜日は土曜授業を前・後期課程とも月2回程度実施しています。外国人の講師は5名おり、全生徒が毎週1～3時間、チームティーチングの授業を受けています。ネイティブスピーカーの自然な英語に触れられることはもちろん、講師が常駐しているので、英作文やエッセイの添削指導も常時受けることができます。

　また、英語指導はアクティブ・ラーニングの視点での授業実践を基本として、学習指導要領の改訂にさきがけて技能別の教材選定と授業デザインを行い、英語5技能（聞くこと・読むこと・話すこと【やり取り】・話すこと【発表】・書くこと）の力をバランスよく育む授業を行っています。

　教養主義も立川国際の特徴のひとつです。総合力が求められる現代社会の要求に応えるため、生徒全員に幅広く高度な教養を身につけさせることをめざしています。必履修の科目を多く設定し、5年生までは文系・理系というコース分けは行わず広く学びます。6年生からそれぞれの進路に沿って選べる選択科目を用意しています。

　数学と英語で、習熟度別少人数授業を行うことで入学時から基礎・基本を大切にする授業を実施しつつ、数学や英語が得意な生徒たちにさらに高度な学習を提供する環境を整えています。

　本校は、東京都教育委員会「東京グローバル10」の指定校になっています。将来、世界で活躍するための特別な支援を受けており、

Pick up!

1 「国際」として充実した英語教育、国際理解教育

国際社会で活躍するために必要な英語力を生徒全員が身につけられるようにと、チームティーチングや習熟度別の授業が展開されるなど、さまざまな工夫がなされるほか、多くの行事が用意されています。

まさに英語漬けの日々になるのが、２年生全員参加の英語合宿です。生徒たちは入学してから１年間、充実した英語の授業を受けていきます。そうした授業をとおして英語の基礎をしっかり身につけ、身につけた力を実際に試す機会としてこの英語合宿が設定されています。朝から晩まで、小グループに分かれて外国人インストラクターとともに２泊３日を過ごす有意義なプログラムとなっています。

また、学校では夏休みに前期生の希望者を対象として、「イングリッシュサマーセミナー」が行われます。これは４日間学校に通い、1日６時間すべて英語の授業を受けるというものです。小グループに分かれ、テーマを決めてプレゼンテーションやディベートを行います。

そして、５年生では全員が６泊７日のオーストラリア海外研修旅行に行きます。現地で４泊５日のホームステイを行い、ホストファミリーと過ごしながら現地の高校に通うというもので、こちらも英語合宿同様英語漬けの５日間を過ごします。最終日には班別行動でテーマごとの研修課題にも取り組み、現地の大学も訪問します。

また、2016年度には、オーストラリアの公立高校２校（ALBANY CREEK STATE High School、BEENLEIGH STATE High School）と姉妹校提携を結び、本格的な交流を積極的に進めています。

2 日本文化を知り、理解する校外学習・研修旅行

自国の文化を知らなければ、海外の文化を理解したり、尊重したりすることはできません。

そのために、２年生では日本文化について調べ学習を行い、文化祭で発表します。３年生では校外学習で鎌倉を訪れ、自国文化のすばらしさに触れます。また、10月には国内研修旅行で京都・奈良を訪れ、日本の歴史や文化への理解をさらに深めます。こうした体験をもとに、５年生の海外研修旅行でのプレゼンテーションにつなげていきます。

本校の特色である英語教育にいかされています。たとえば大学受験に採用されているＴＥＡＰやＧＴＥＣという資格試験も公費の支援を受けて実施しています。

さらに、これまで日本の学習指導要領で学んできていない帰国生や在京外国人枠の入学生のために、学習上の悩みや困難を感じている点などについて、定期的に先生に相談できる場や、補習・取り出し授業を用意しています。

進学先の視野には海外の大学も

Q 中高合同で行う体育祭や文化祭の雰囲気はどうですか。

【幸田先生】 体育祭では、応援合戦を全学年で行ったり、生徒が主体的に企画運営を行うなど、縦割りで異年齢の集団が協力しあう姿は中高一貫教育校でしか見られないものです。２０１９年度も立川市営陸上競技場で実施し、生徒たちは伸びのびと参加していました。

例年9月に2日間かけて行う文化祭は3年生がクラスごとに英語劇を発表するのが特徴で、こちらは両日一般公開しています。

Q 進路指導などはどのように行われていますか。

【幸田先生】 キャリア教育は1年生から6年間をかけて体系的に行っています。1年生で職業調べ、2年生で職場体験などを行うことで、勤労観や職業観を深め、自己の特性や必要とされる能力を伸ばす姿勢を養います。そうして自分の将来像を意識したうえで、４年生からの大学のオープンキャンパス参加や、５年生での大学教授等による出張講義を経験し、大学や学部を具体的に決めていきます。

本校には国際理解教育や英語教育に関連した行事が多くあります。また、3･4年生が参加できる「米国エンパワーメントプログラム」では、経営学の父と呼ばれるピーター・ドラッカーのリーダーシッププログラムをクレアモント大学院大学で学びます。将来、世界で活躍するためのグローバルマインドを、ぜひ本校で育ててください。

大学受験対策としては、夏休みに夏期講習を実施しており、昨年は6年生だけで42講座を開講しました。どんな講座を開くか、６年生一人ひとりの学習状況を分析、確認し、センター対策や難関国公立大学対策など、生徒たちに必要

例年のおもな学校行事

4月	入学式　対面式　校外学習 HR合宿（1年）
5月	
6月	体育祭　英語検定 英語合宿（2年）
7月	海外研修旅行（5年）
8月	イングリッシュサマーセミナー（1～3年） 夏期講習
9月	文化祭　国際交流セミナー
10月	国内研修旅行（3年）　英語検定 職場体験（2年）　英語村（1年）
11月	進路講演会（3年）　TEAP（5年）
12月	冬期講習
1月	英語発表会　芸術鑑賞教室　GTEC（1～4年）
2月	合唱祭
3月	卒業式　春期講習 米国エンパワーメントプログラム（3、4年）

な講座を各教科で設定します。したがって、非常にバラエティーに富んだものになっており、塾に通わずとも受験対策がしっかりできます。また、都立国立、立川、八王子東高校といった都立進学指導重点校で開催される夏期講習を受講することも可能ですし、3部屋ある自習室では、難関大学に進学した卒業生がチューターとして勉強のアドバイスをしています。職員室側にある廊下の自習スペースはとくに生徒に人気があり、学校で勉強する体制が整っています。

Q 生徒さんによく話されているのはどんなことでしょうか。

【幸田先生】 進学においていちばん大事なのは、自分が将来なにになりたいかを明確に持つことだと伝えています。そこから、どこでなにを学ぶかを考えていくのです。

例年、6割の生徒が文系志望、4割弱の生徒が理系志望であり、国際教育や英語教育を重視していても進学先が語学系に偏ることはありません。今年は現役浪人合わせて国公立大学に41名合格し、そのうちの2名が東京大学（理科一類、理科二類）に合格しました。今春卒業生148名のうち106名が現役で大学に進学しました。率にすると71・6％です。本校では第1志望を諦めさせない進路指導を実践しています。また、卒業後に海外大学に直接進学したいという希望に応えるため、前期課程の2・3年生で、海外大学進学のための選択教科を週3時間設置するとともに、後期課程にも学校設定教科・科目を設置しています。

Q 適性検査で重視するのはどんなところでしょうか。

【幸田先生】 適性検査は文章や資料を読み取り、考え、それをどう表現するか、というところを見ています。海外帰国・在京外国人生徒枠募集は適性検査を行わず、作文と面接だけです。どちらも日ごろからさまざまなことに興味関心を持ち、本を読んだり自分の考えをまとめ、書くことが大切です。

Q 最後に御校志望者に向けてメッセージをお願いします。

【幸田先生】 本校は、将来グローバルに活躍するためのリーダーシップを養い、使える英語を身につけるチャンスがたくさんある「世界に一番近い学校」です。ぜひ本校でグローバルマインドを育ててください。

東京都立 立川国際中等教育学校

募集区分：海外帰国・在京外国人生徒枠／一般枠

入学者選抜方法：【海外帰国・在京外国人生徒枠】面接（20分程度）、作文（45分、日本語または英語による）、成績証明書等　【一般枠】適性検査Ⅰ（45分）、適性検査Ⅱ（45分）、報告書

図6　調査した区間のバスの平均運行時間

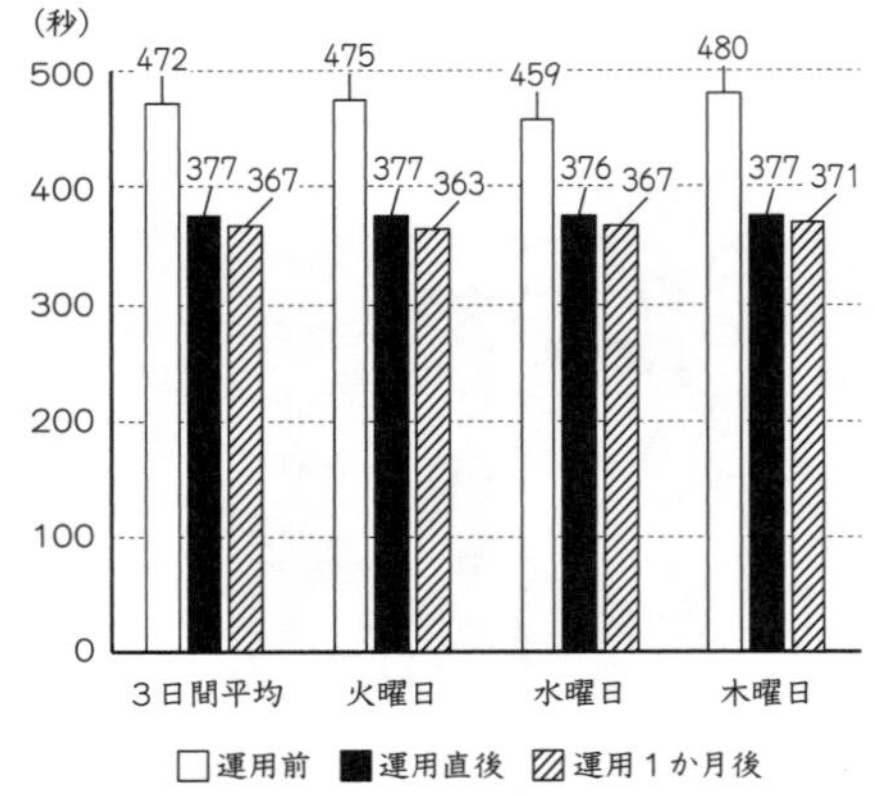

図7　時刻表《じこくひょう》に対するバスの運行状きょう（７分間の所要時間の経路を８分以内で運行した割合《わりあい》）

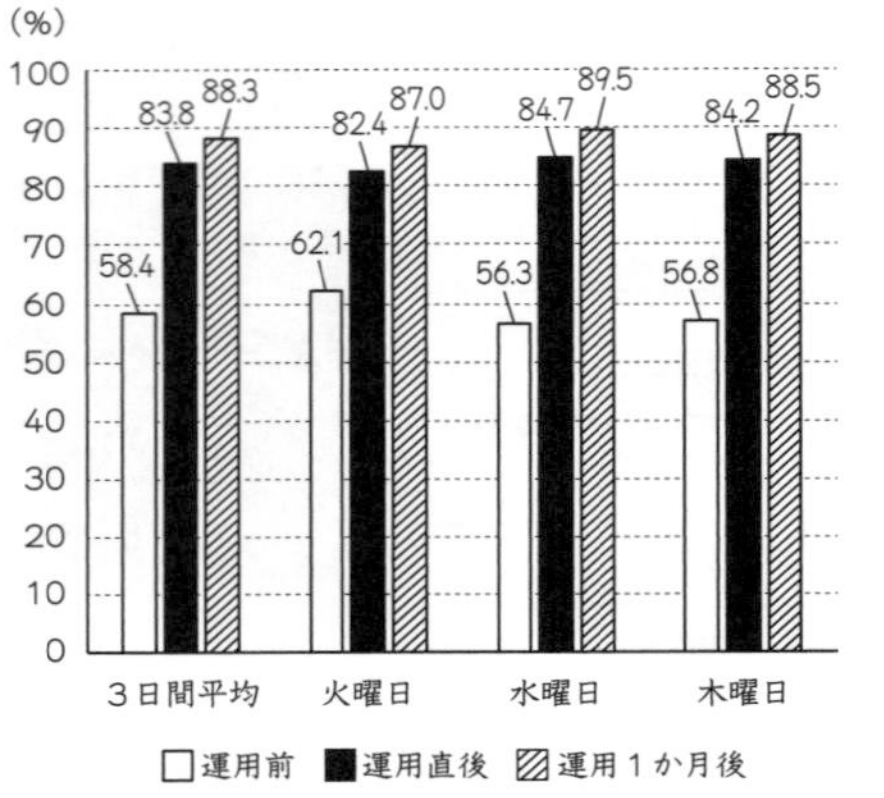

（千葉県警察ホームページ「新交通管理システム・ＰＴＰＳ調査報告」より作成）

太　郎：**図６**で、「公共車両優先システム」の運用前と運用後を比べると、調査した区間をバスで移動するときに、かかる時間が短縮《たんしゅく》されたようですね。

花　子：バスの時刻表に対しても、ほぼ時間どおりに運行しているようです。

太　郎：時間どおりにバスが運行してくれると便利だから、この仕組みをまだ導入していない地域があったら、導入していけばよいですね。

花　子：先生の話や、**図４～図７**の資料からは、「バス優先」の車線や「公共車両優先システム」がこのままでよいとはいえないと思います。

〔問題３〕　花子さんは、「先生の話や、**図４～図７**の資料からは、「バス優先」の車線や「公共車両優先システム」がこのままでよいとはいえないと思います。」と言っています。あなたは、「バス優先」の車線や「公共車両優先システム」にどのような課題があると考えますか。また、その課題をどのように解決すればよいか、あなたの考えを書きなさい。

Point

資料を読み取り理解する

会話文や図で問題がきちんと説明されています。まず、それをしっかりと読み取って理解し分析する力が必要です。

Point

出題の条件に沿って考える

答えには長い文章を求められてはいません。課題はなにか、しっかりと指摘してから自らの考えを述べましょう。

2020年度　東京都立立川国際中等教育学校　適性検査Ⅱ（共同作成問題）より

太　郎：バスの車両は、いろいろな人が利用しやすいように、工夫したつくりになっていることが分かりました。バスの車両以外にも、何か工夫があるのでしょうか。

花　子：私は、路面に「バス優先《ゆうせん》」と書かれた道路を見たことがあります。２車線の道路のうち、一方の道路には「バス優先」と書かれていました。

先　生：一般《いっぱん》の自動車も通行できますが、乗合バスが接近してきたときには、「バス優先」と書かれた車線から出て、道をゆずらなければいけないというきまりがあります。バス以外の一般の自動車の運転手の協力が必要ですね。

太　郎：**図４**のような資料がありました。この資料の説明には、「このシステムがある場所では、乗合バスからの信号を受信する通信機が設置されています。この通信機が乗合バスからの信号を感知すると、乗合バスの通過する時刻《じこく》を予測して、バスの進行方向の青信号が点灯している時間を長くしたり、赤信号の点灯している時間を短くしたりするなど、乗合バスが通過しやすくしています。」と書いてあります。この仕組みのことを「公共車両優先システム」というそうです。

図４　公共車両優先《ゆうせん》システム

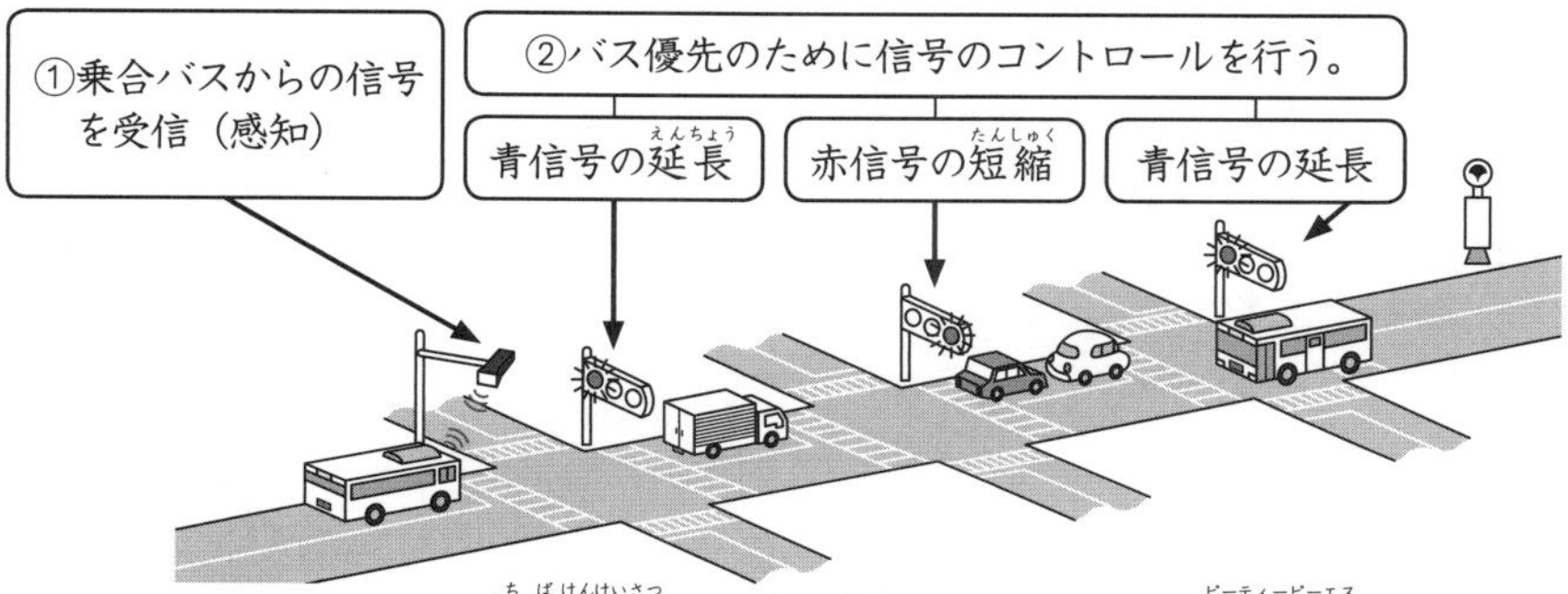

（千葉県警察《ちばけんけいさつ》ホームページ「新交通管理システム・ＰＴＰＳ《ピーティーピーエス》調査報告」より作成）

先　生：「公共車両優先システム」は、乗合バスを常に青信号で通過させるための仕組みではありませんが、バスの信号待ちの時間を短くする効果があります。また、花子さんが見た「バス優先」の車線とあわせて利用されている場所もあるようです。

花　子：この仕組みがある場所では、バスが通過するときと、通過しないときとでは、青信号や赤信号の点灯時間が変わるというのはおもしろいですね。この仕組みがある場所では、実際にどのような変化がみられたのでしょうか。

先　生：ここに、**図５**、**図６**、**図７**の三つの資料があります。

図５　公共車両優先システムが導入された区間

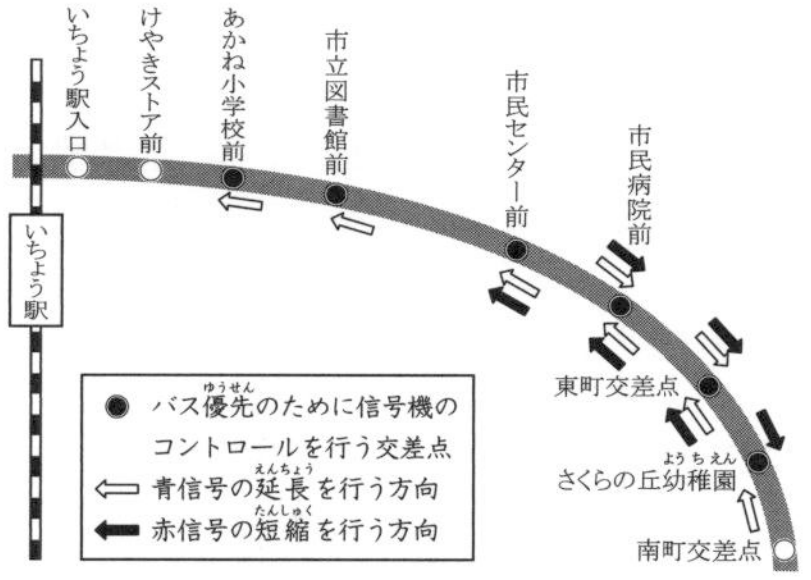

（千葉県警察ホームページ「新交通管理システム・ＰＴＰＳ調査報告」より作成）

解説

　都立立川国際中等教育学校・一般枠では、報告書320点を200点に換算、適性検査Ⅰを300点に換算、適性検査Ⅱを500点に換算して、総合得点1000点で判定します。ただし、詳細は９月に公表されます。

　適性検査ではほかの都立中高一貫校と比較して、より読解力を重視しているようにみえます。まず、日本語を理解できなければ外国語にも対応できないとの考えなのでしょう。このため、立川国際の独自問題の採用は、長文を読解し、要約したり作文で答える適性検査Ⅰとなりました。残念ですが、著作権保護の観点からここに問題文を掲載することはできませんでした。

　その適性検査Ⅰはかなり長い長文読解で、「環境汚染」をテーマとした文章を読み、部分読解と作文が求められました。作文は420～460字でした。長文の主張を読み取り、生じた自分の考えを作文で表現する力が問われています。

　適性検査Ⅱは、共同作成問題が全問採用されました。資料を読み取って答えていく問題でしたが、解答するためにはそれぞれ細かい条件が多くしめされていますので、条件を整理し考えを進めていく力が求められました。

東京都立 白《は》鷗《くおう》高等学校附属中学校

■併設型
■2005年開校

先進的なオンライン授業に取り組む WWL（文科省新規事業）共同実施校指定

善本《よしもと》 久子《ひさこ》 校長先生

臨時休校中も先進的なハイブリッドオンライン授業を導入するなど、日々進化を遂げる東京都立白鷗高等学校附属中学校。自己のアイデンティティ確立とダイバーシティ（多様性）尊重を基盤に、「競争」と「協働」の両方ができるイノベーティブなグローバル人材を育てています。

学校プロフィール

開　校 2005年４年

所在地 （東校舎）東京都台東区元浅草3-12-12
（西校舎）東京都台東区元浅草1-6-22

ＴＥＬ 03-3843-5678

ＵＲＬ http://hakuo.ed.jp/

アクセス （東校舎）都営大江戸線・つくばエクスプレス「新御徒町」・都営大江戸線「蔵前」・地下鉄銀座線「田原町」徒歩７分、都営浅草線「蔵前」徒歩12分

生徒数 男子218名、女子258名

１期生 2011年３月卒業

高校募集 あり（高校募集を停止する方向だが実施時期は未定）

教育課程 ３学期制／週５日制／ 45分授業

入学情報（前年度） ・募集人員　男子80名、女子80名
計160名（すべての枠を含む）

・選抜方法　（海外帰国・在京外国人枠）作文〈日本語または英語〉、面接〈日本語及び英語〉、（特別枠）日本の伝統・文化分野〈囲碁・将棋、邦楽、邦舞・演劇〉報告書、面接、実技、（一般枠）報告書、適性検査Ⅰ・Ⅱ・Ⅲ

130年以上の歴史を持つ教育界のパイオニア

Q 御校の沿革と教育理念についてお聞かせください。

【善本先生】 東京都立白鷗高等学校は130年以上の歴史を重ねた伝統ある学校で、1888年に東京初の府立高等女学校として開校したあと、学制改革にともなう改称、男女共学化を経て、2005年に都立初の中高一貫教育校として附属中学校が開校しました。なお、今後高校募集は停止する方向ですが、実施時期は未定です。

教育理念には、創立以来「開拓精神」を掲げ、「確かな学力の育成」を基本としながら「日本の伝統・文化理解教育」「国際理解教育」を推進してきました。こうした教育により「世界で活躍するリーダーの育成」をめざしています。

2018年度から、国際色豊かな教育環境を整え、英語教育などに重点をおき、論理的思考力、プレゼンテーション力などを高める教育を充実させています。帰国生や外国人生徒の受け入れも始まり

ました。

　また昨年度から文部科学省の新規事業であるＷＷＬ（ワールド・ワイド・ラーニング）コンソーシアム構築支援事業の共同実施校に指定され、高度な学びを提供しています。探究の成果物として、中学では英文エッセイ、高校では英語論文をポートフォリオ化します。

Q 学習指導についてお聞かせください。

【善本先生】本校には「辞書は友達、予習は命」という合言葉があります。辞書を活用することは、能動的に学ぶ姿勢の表れであり、かならず予習をして授業にのぞむことは、主体的に授業に参加していくことにつながります。

　日々の授業を第一に、教員は情熱を持って指導にあたり、生徒にしっかりと勉強させる学校です。生徒もチャイムが鳴ったらすぐに授業を始められるようにチャイム着席運動をするなど、中1から真剣に授業に取り組んでいます。

　宿題も多いので大変ですが、先日、高3の生徒が「中1・中2のころ、宿題が多くて大変で、これになんの意味があるんだろうと思っていたけど、いまはそれが自分の力になっていることを実感しています」と話してくれました。

　教育の特徴としては、少人数授業、習熟度別授業を多数行い、国語・数学・英語で先取り学習を取り入れています。理数教育も重視しており、理科では実験を多く実施することで、自分で考える力を育み、外部の大会にも積極的に挑戦させています。

ダイバーシティ教育を重視し真の国際人へ

Q 日本の伝統・文化理解教育についてお話しください。

【善本先生】世界へ羽ばたくリーダーとなるためには、自分の国のことをきちんと知り、それを自分の言葉で話せるようにならなければなりません。そのために、日本の伝統・文化に触れる機会を多く用意しています。

　中学から地域探究を「上野・浅草学」と位置づけ、伝統工芸の体験や地域の課題解決に取り組みます。高2では「日本文化概論」という独自の科目を設置しています。これは将棋・囲碁・茶道・華道・書道・日本の生活文化・日本音楽史から選んで学べる科目で、

Pick up!

1 45分７時間授業に改編し単位数を増加 中２から第二外国語を学ぶ

白鷗は昨年度から週５日制45分７時間授業に改編し、単位数を２時間増やしました。これにより中１の英語が週６時間になり、中２から全員が選択して第二外国語（ドイツ語・フランス語・スペイン語・中国語）を学んでいます。また６時間までの水曜日の放課後には、25分間の「白鷗タイム」があり、学習の補充にあてられています。

土曜授業は廃止され、代わりに毎週土曜日は探究学習のために学校や図書館が開放され、年間10回の土曜講習（発展学習や学び直し）が行われています。

こうした取り組みが高大接続改革の新しい入試で成果を発揮すると期待されています。

2 プレゼンテーション学習や CLIL授業が特徴的

白鷗では、開校以来、プレゼンテーション能力の育成に力を入れています。

中１では「プレゼン学習」として、夏季休業中に３日間、議論やプレゼンテーションの方法について学びます。中２・中３は「プレゼンテーション」の授業が週１時間あり、ALTとのチームティーチングによる指導で、中１のプレゼン学習で学んだことをいかしながら、簡単な英語を使ったプレゼンテーションやディベートなどにも挑戦します。

高校では、高２・高３で「PIE（プレゼンテーション・イン・イングリッシュ）」という授業が週１時間用意されています。中学とは異なり、完全に英語でのプレゼンテーションを学ぶ授業です。テーマを決め原稿を書くと、ALTが個別に添削を行ってから発表にのぞむので、英語できちんとした文章を書く力も育てられます。

さらに、英語以外の科目を英語で行うCLIL授業を数学・社会・理科・家庭科で実践しており、今後拡大予定です。これらにより、イノベーティブなグローバル人材を育てていきます。

将棋や囲碁はプロ棋士、茶道・華道なども外部の専門家から学んでいます。本校では中高一貫校化以降、すでに9名のプロ棋士を輩出しています。

音楽の授業ではひとり一丁の三味線が用意され、全員が中学から学ぶことができます。部活動でも百人一首部・長唄三味線部・和太鼓部などが活発に活動しています。

「上野・浅草地区」は、古き良き江戸情緒を色濃く残すと同時に、美術館や博物館が多く点在し、同業種が集約的に活動する特色ある地域です。「鳥越祭」で神輿《みこし》を担がせていただいたり、伝統衣裳を着て「浅草流鏑馬《やぶさめ》」でお役を務めたり、本校ならではの地域との活動が生徒を成長させています。

Q 国際理解教育についてお聞かせください。

【善本先生】 まずツールとしての英語力の向上に力を入れ、昨年は中3で英検準2級以上が98％、その上の2級以上が60％というすばらしい結果をだしています。

今年度は未実施となりますが、海外体験としては、夏休みに中3～高2の希望者がオーストラリアでSTEM教育を受ける研修旅行（16日間）があります。

昨年度から姉妹校提携を結んだフランス・パリの名門中高一貫校、ラフォンテーヌ校とは、日本文化の発信をテーマに、希望者によるパリへの研修旅行を行う予定でしたが、今年度はオンラインでの交流を行っています。中3全員によるアメリカ・スタンフォード大学、シリコンバレー訪問も環境が許せば再開します。確かな英語力を背景に、日本文化を理解した国際人として世界に羽ばたくリーダーを育んでいきます。

Q ほかにはどのような教育を行っていますか。

【善本先生】 体験学習として、東京大学を中3が訪問し、本校のOBの東大生に案内してもらったり、農村で3日間農作業をする勤労体験学習、学校近隣の事業所で職業を体験する職場体験などを行っています。

また、過去には「トランスフォーマ・コネクション」に参加したこともあります。これはオリンピック・パラリンピックが行われたブラジルと世界17カ国の高校生の相互交流を行うという、国をあげたプログラムでした。ビデオレタ

例年のおもな学校行事

4月	入学式
5月	体育祭　校外学習
6月	上野・浅草学開始
7月	芸術鑑賞教室（中1）　夏期講習 プレゼン学習（中1）　農村勤労体験学習（中2） 南極教室（中3）　オーストラリア短期留学（中3）
8月	夏期講習
9月	白鷗祭（文化祭）
10月	伝統文化体験（中1）　TGG研修旅行（中3）
11月	上級学校訪問（中3）　職場体験学習（中2）
12月	道徳授業　地区公開講座
1月	百人一首大会　職業講話（中1）
2月	合唱コンクール　TGG校外学習（中3）
3月	スポーツ大会　卒業式 アメリカ研修旅行（中3）

ーの交換や自国の文化を紹介するものを送りあったりしました。この活動に関連してパラリンピックの競技体験もしました。来年を見据え、オリンピック・パラリンピック教育をリードする学校になっていきたいと思っています。

　勉強一辺倒ではなく、こうしたさまざまな体験をさせて、頭脳と心と身体のバランスがとれた人材を育てたいと考えています。

生徒の成長をうながす東と西のふたつの校舎

Q ふたつある校舎についてお聞かせください。

【善本先生】 中1・中2が東校舎、中3～高3が西校舎で学んでいます。東校舎の存在は本校を支える重要な要素となっています。なぜなら、小学校を卒業して間もない新入生に、2年間伸びのびとした環境を用意できるからです。校庭、図書館、実験室などの施設もそろっており、それらを活用して、生活習慣の体得、あるべき学習姿勢の涵養《かんよう》がなされています。

　中2は中3がいない分、中1に先輩としての姿を見せなければ、としっかりしますし、この2年間で学びの基礎を身につけることができます。平日の自宅学習は平均2時間を確保できていますし、先日は健康診断の待ち時間にも、自主的に勉強する姿が見られました。

　一方、中3は高校生と同じ西校舎で学ぶことで高校の雰囲気を感じられ、少し早めにおとなになっていきます。教室も2フロアに分け、高1もしくは高2と同じフロアにしているので、ふだんから高校生が学校生活をどのように送っているかを見ることができます。

　ふたつの離れた校舎で、成長段階に応じた教育活動を展開し、それが有効に機能しているのは、本校の大きな特色だと思います。

Q 最後に御校を志望する受検生へメッセージをお願いします。

【善本先生】 コロナ禍で本校の特色ある行事の多くが実施できていませんが、学びを止めないためのオンライン授業に、本校はどこよりも早くから取り組んでいます。本校の教育理念は「開拓精神」です。困難なときこそ、不安を乗り越え新しい世界に好奇心を持ってほしいと思います。本校はだれも経験してこなかった未知なることに挑戦できる生徒を歓迎します。

おうき：ふだん何気なく使っている物でも、よく見ると発見があるね。
くるみ：そうだね。あれ、この温度計だけ、めもりの一部が消えてしまって見えないよ（**図2**）。

図2　めもりの一部が消えている温度計

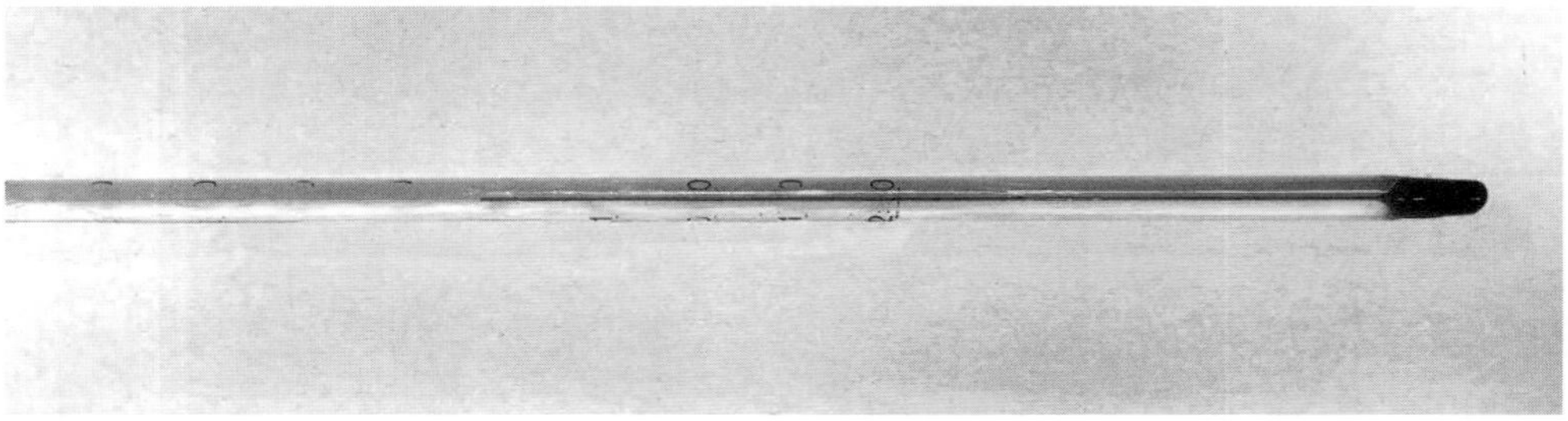

おうき：本当だ。では、この温度計のめもりをわたしたちで考えてみよう。
どうすればいいかな。
くるみ：最初にめもりのついている温度計でお湯の温度を測ったら**30**℃だったよ。
そこに、めもりの消えた温度計を入れたら、**0**℃の位置から**4**ｃｍのところまで赤い液体が上がったよ。
はやと：木の板に温度計を固定して、木の板にめもりをつけていこう。
先　生：温度計として使うためには、**1**めもりを**5**℃より小さくしなければならないよ。
おうき：わかりました。**0**℃の位置から［あ］℃ごとに［い］mm間かくで書いていきます。

〔問題2〕［あ］と［い］にあてはまる数を答えなさい。また、求めた式も書きなさい。必要な場合は小数第三位を四捨五入《ししゃごにゅう》して答えなさい。なお、**0**℃から**30**℃まで、**図2**の温度計のめもりは、すべて同じ間かくであるものとします。

Point
読解力を駆使して疑問を解決する
会話文にヒントがあり、読解問題に近い形式です。知識ではなくガラス棒の断面積のちがいに気づくかがポイントです。

Point
問題を解決し表現する力
会話をしっかり読めば、むずかしい問題ではありません。四捨五入に言及していることもヒントになっています。

東京都立
白鷗高等学校附属中学校

募集区分：海外帰国・在京外国人枠・特別枠（日本の伝統文化）・一般枠

入学者選抜方法：【特別枠】実技検査（45分）、面接（15分程度）、報告書、志願理由書【一般枠】適性検査Ⅰ（45分）、適性検査Ⅱ（45分）、適性検査Ⅲ（30分）、報告書

2020年度　東京都立白鷗高等学校附属中学校　適性検査Ⅲ（独自問題）より

2　**はやと**さん、**おうき**さん、**くるみ**さんの三人が、**先生**のいる理科室で温度計について話をしていました。

はやと：二人は温度計を使ったことがあるよね。
おうき：もちろんあるよ。ガラス棒《ぼう》の中の赤い液体が温度の変化で上下するよね。
くるみ：あたためると中の赤い液体の体積が増え、冷やすと中の液体の体積が減ると学んだよ。
はやと：理科室のたなにあった実験で使う温度計を見ていたら、おもしろいことに気づいたんだ。
おうき：何に気づいたの。
はやと：温度計のめもりのはばが温度計ごとにちがうことに気づいたんだ。
くるみ：え。どういうこと。
はやと：0℃の位置に5本の温度計をそろえて比べてみると、90℃の位置がすべてバラバラになっているよ（**図1**）。
くるみ：本当だ。1めもりが同じ1℃でも、90℃の位置がすべてちがうね。

図1　理科室にあった5本の温度計

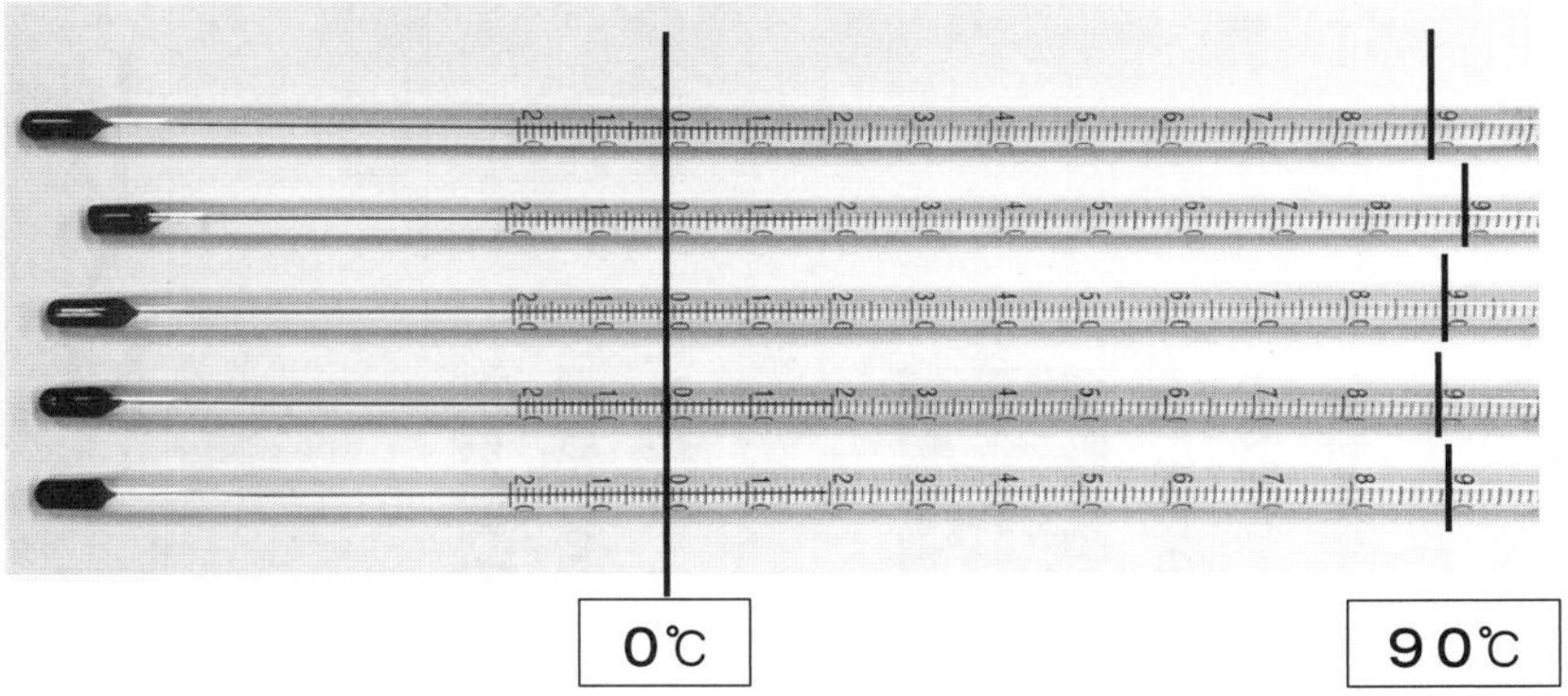

〔問題1〕　温度計のめもりが1本ごとにちがうのはなぜか、答えなさい。
　ただし、5本のどの温度計をつかっても、同じものの温度をはかったとき、同じ温度として読みとることができる。

解説

都立白鷗高等学校附属中学校では、2018年度入試から適性検査Ⅲも実施するようになりました。換算後の配点は報告書200点、適性検査Ⅰ300点、適性検査Ⅱ300点、適性検査Ⅲ200点で合計1000点です。適性検査ⅠとⅢが独自問題で、Ⅱは共同作成問題でした。実施3年を経た適性検査Ⅲは独自問題で30分で解きます（ⅠとⅡは各45分）。短時間で解ききる力が必要です。計算問題なども含まれており、観点さえつかめれば取り組みやすいので、あわてずに落ちついていれば解ける問題です。
　適性検査Ⅰは、長文を読んで作文で答える形式です。作文は100字以内が2問、400～450字以内の意見文が1問でした。理由を説明する問題形式や言い換えて説明する問題形式は、過去にも繰り返し出題されていますので過去問をあたっていたかどうかが大切でした。適性検査Ⅱ（共同作成問題）は、算・社・理、3教科の融合問題で、身近な話題で書かれた問題文中から条件を整理しながら解く必要がありました。適性検査Ⅲ（独自問題）は、会話文中に条件、ヒントが書かれていましたので、それを素早く読み取り、表現につなげられたかどうかが合否の分かれ目になりました。

東京都立 富《ふ》士《じ》高等学校附属中学校

■併設型
■２０１０年開校

従来の学びを発展させた「ＳＴＲＥＡＭＳ」教育が特徴

東京都立富士高等学校附属中学校は、従来から行ってきた教育を発展させた独自の「ＳＴＲＥＡＭＳ」教育を展開することで、次代を担い、未来で活躍する人材の育成をめざしています。

野村《のむら》 公郎《きみお》
校長先生

学校プロフィール

開　校	2010年４月
所在地	東京都中野区弥生町5-21-1
ＴＥＬ	03-3382-0601
ＵＲＬ	http://www.fuji.metro.tokyo.jp/
アクセス	地下鉄丸ノ内線「中野富士見町」徒歩１分
生徒数	男子173名、女子184名
１期生	2016年３月卒業
高校募集	なし（2021年度より高校募集停止）
教育課程	３学期制／週５日制（土曜授業 年18回）／50分授業
入学情報（前年度）	・募集人員　男子60名、女子60名 計120名 ・選抜方法　報告書、適性検査Ⅰ・Ⅱ・Ⅲ

３つの教育目標とふたつの教育理念

Q 御校の沿革と教育目標についてお話しください。

【野村先生】 本校は１９２０年に東京府立第五高等女学校として創立し、１９５０年に男女共学化および東京都立富士高等学校と改称した、東京都立富士高等学校の附属中学校として２０１０年に開校しました。今年（２０２０年）は高校が創立１００周年、中学校が創立10周年を迎えます。

教育目標に「知性を高め、教養を深める」「品性を養い、感性を磨く」「自ら判断し挑戦する精神を高める」を掲げるとともに、教育理念として「自主自律」「文武両道」を掲げ、次代を担い、未来で活躍する人材の育成をめざしています。こうした目標や理念のもと、生徒には、失敗を恐れずにさまざまなことに「挑戦」することが大切だと伝えています。挑戦するからこそ新たなチャンスが生まれますし、もしその挑戦が失敗に終わってしまったとしても、そ

こにいたるまでのプロセスで得た経験は、なにものにもかえがたいものになるからです。「世界へChallenge、自分をChange、失敗してもGood Try」の精神を胸に、いろいろなことに挑戦してほしいと思っています。

Q 中高の連携はどのように行っていますか。

【野村先生】これまでは併設型中高一貫校として高校募集も行っていましたが、都立高校改革の一環として、高校募集を停止し、完全中高一貫校となりました。全員が6年一貫教育を受けるので、いままでも中学段階で一部高校の内容を先取りするなどしていましたが、さきを見据えた教育をいっそう実践できるようになります。中高一貫校としてより効果的に生徒の力を伸ばせるよう、教育環境整備に力を入れています。

理数アカデミー校として特色ある取り組みを実践

Q 東京都教育委員会から「理数アカデミー校」の指定を受けていますね。どのような取り組みを行っていますか。

【野村先生】変化の激しい現代社会においては、学んだ知識や表現力、判断力などをいかして、正解のない答えを追求していくことが求められます。そこで、理数アカデミー校の指定を受ける本校では、従来から行ってきた取り組みを発展させ、「STREAMS」教育という独自の教育プログラムを展開することにしました。

「Science」「Technology」「Robotics」「Engineering」「Art」「Mathematics」「Sports」の頭文字をとって名づけられたもので、独自設定教科「探究未来学」(76ページ参照)を軸に、各分野にまつわる多彩なプログラムを行うことで、科学的・論理的思考力、課題発見・解決力を備えたグローバル人材を育てていきます。

「Science」と「Technology」にかかわるプログラムは、東京大学を訪問して研究施設の見学や大学教授の話を聞く「東京大学先端科学体験学習」(中2)や、アメリカで世界最先端の科学技術に触れる「シリコンバレー研修」(中3)などを実施しています。シリコンバレー研修は希望制ですが、希望者は中1から語学力、コミュニケーション力の向上をめざす「アメ

Pick up!

1 「STREAMS」教育の核となる「探究未来学」とは

2016年度に東京都教育委員会から唯一「理数アカデミー校」の指定を受けた富士は、これまで特色ある多彩なプログラムを実践してきました。近年は、それらのプログラムを発展させた「STREAMS」教育を展開しており、そのなかで中核として重要視されているのが、中3と高1で必修の「探究未来学」です。

「探究未来学」はホームルームクラスに関係なく、自分が興味関心のある分野のゼミに所属する「ゼミ形式」で進められます。まずはそのゼミのなかで、グループに分かれてさまざまな議論を行い、それぞれが自分の研究テーマを見つけていきます。そして、仮説を立てる→仮説の検証のために調査・研究に取り組む→結果を考察する→結論を導きだす、という一連の探究活動に取り組み、最終的にポスター発表やプレゼンテーション、論文作成まで行います。

こうした取り組みをとおして、①聞く力、②課題を発見する力、③情報を収集する力、④情報を整理する力、⑤読む力、⑥書く力、⑦データを分析する力、⑧プレゼンテーション力、という現代社会で必要となる８つの力を育成することをめざしています。

2 先端科学や自然に触れられるさまざまなプログラム

75ページで紹介した「東京大学先端科学体験学習」「シリコンバレー研修」のほかにも、先端科学や自然に触れられるさまざまなプログラムが用意されているのも魅力です。たとえば中１対象の「八ヶ岳自然探究教室」は、森林や渓流を散策しながら観察・体験学習を行い、自然と人間のかかわり方について理解を深めます。

そのほかにも、都内理系大学で大学の雰囲気を感じながら実験や研究に取り組む「サマーサイエンスアカデミーキャンプ」、スーパーサイエンスハイスクール（SSH）指定校の発表会を見学し、ポスターセッションや口頭発表について学ぶ「京都研修・神戸研修」、大学や研究所から招いた専門家のかたがたによる最先端の研究にかかわる講演を聞く「土曜講座」、大学生の指導のもと実験を行い、科学のおもしろさを体感する「理科実験教室」など、多彩なプログラムが展開されています。

リカ講座」という講座を受ける本格的なもので、参加者は帰国後、現地で学んだことを学校全体に還元し、周囲にいい刺激をもたらしています。

「Robotics」「Engineering」分野のプログラムとして行われているのは、プログラミングを中心とした授業です。中学では理科や総合、道徳などの授業で人型ロボット「Pepper」を用いた「教科横断型プログラミング授業」を導入し、高校では情報の授業でより高度なプログラミングに挑みます。さらに、科学探究部物理班は、プログラミングの技術を駆使してロボットや、プロジェクションマッピングの制作に取り組んでいます。

そして、「Mathematics」は、「数学的に考える資質や能力を育成する授業」をはじめ、教員による日々の授業や放課後などの取り組みのことをさし、「Art」と「Sports」は特別活動や文化部、運動部などにおける活動をさします。「文化部推進校」「スポーツ特別強化校」の指定も受ける本校は、茶道部、剣道部、薙刀《なぎなた》部、陸上競技部をはじめ、どの部も熱心に活動し、各大会で優秀な成績を収めています。「文武両道」と聞くと勉強と運動をきわめるイメージを抱きがちですが、本校が教育理念に掲げる「文武両道」は、文化部での活動や学校行事、そのほかの課外活動なども含め、一人ひとりがさまざまな場面で自分の力を発揮することをめざしてほしいという意味がこめられています。

ていねいに学力を伸ばし 英語教育にも注力

Q カリキュラムの特色についてお話しください。

【野村先生】 リベラルアーツ教育、いわゆる教養主義をモットーに、全教科まんべんなく学ぶカリキュラムを編成し、全員が国公立大学をめざせる体制を整えています。とくに数学と英語は、1クラスを2クラス展開する習熟度別授業でていねいに力を伸ばすとともに、放課後の補習や希望制講習など、各学習段階に向けての学力向上プランを用意しています。

また、言語能力（読み、理解し、考え、想像し、表現する力）の向上と生活習慣の確立のために朝の始業前10分間に実施する「朝読書」は、探究学習で必要となる教養を

例年のおもな学校行事

4月	入学式　対面式
5月	
6月	体力テスト　体育祭　職場体験（中2）
7月	レシテーションコンテスト 八ヶ岳自然探究教室（中1） キャリア講演会（中2）
8月	短期集中英語講座
9月	文化祭
10月	東大出前授業（中2） キャリアセミナー（中2） 修学旅行（奈良・京都）（中3）
11月	キャリアセミナー（中3）　東大訪問（中2）
12月	最先端科学見学（中1） 宿泊語学研修（中2）
1月	百人一首大会
2月	合唱祭
3月	芸術鑑賞教室　探究発表会（中3） 卒業式　アメリカ・シリコンバレー研修(中3) キャリアセミナー（中1）

育むことにつながります。

さらに、完全中高一貫校となることを受け、高校進学時に、物理基礎、化学基礎、生物基礎、地学基礎のすべてを履修できるように、中学理科のカリキュラムの抜本的見直しを検討、さらなる理科教育の発展をはかります。

これらに加え、Classi、Office365を用いたオンラインシステムを相互活用することで、より教育効果を高める「ブレンディッドラーニング」に取り組んでいます。

Q 御校は「英語教育推進校」にも指定されています。英語関連の取り組みをご紹介ください。

【野村先生】中3と高1を対象に「オンライン英会話」を実施して、使える英語の養成をめざすとともに、学んだ英語を発表する機会として、中学全学年を対象に「レシテーションコンテスト」を開催しています。

また、全学年対象に、夏季休業中の4日間、外部講師（ネイティブスピーカー）のもとで英会話の上達をめざす「短期集中英語講座」や「即興型ディベートコンテスト」、中2対象の「宿泊語学研修」などを実施しています。高校へあがると修学旅行（台湾）や短期語学研修（オーストラリア・希望制）で、海外を訪れる機会もあります。

これらの取り組みや前述のシリコンバレー研修の効果で、近年は海外大学進学希望者が増えてきています。私は富士に赴任する前は東京都教育委員会でさまざまな教育改革に携わってきました。そこで培ったノウハウや人脈をいかして、今後は理数や英語関連のプログラムもよりいっそう充実させていきたいと考えています。

Q 最後に、御校を志望される生徒さんへのメッセージをお願いします。

【野村先生】 理数アカデミー校として理数分野のプログラムが充実しているので、それらに興味関心のある生徒さんは6年間充実した日々を過ごすことができるでしょう。そして、これからの社会を生きぬくためには、机上の勉強だけでは太刀打ちできない多種多様な問題に挑んでいく力が必要です。私はそのためにまず大切なのは「想像力」を豊かにすることだと考えています。みなさんには小学校での学びを大切にしつつ、自然体験や読書などをとおして、「想像力」を養ってほしいと思います。

東京都立 富士高等学校附属中学校

募集区分　一般枠

入学者選抜方法　適性検査Ⅰ（45分）、適性検査Ⅱ（45分）、適性検査Ⅲ（30分）、報告書

二人は、タイヤがついた模型《もけい》を使い、動力による回転を歯車が伝えてタイヤが動くような仕組みを作っています。

ヒカル：タイヤに歯車を固定すれば、タイヤの回転数とタイヤの歯車の回転数は同じになるね。歯車が回転を伝えることによって、動力の歯車が回るのと同時にタイヤも回るんだ。

アキラ：動力の歯車を回転させると、かみ合っている歯車が連動してタイヤが回るんだね。タイヤの円周がわかれば、動力の歯車が何回転すると模型全体がどれくらい進むかがわかるね。

図2　動力とタイヤがついた模型《もけい》を横からみた図

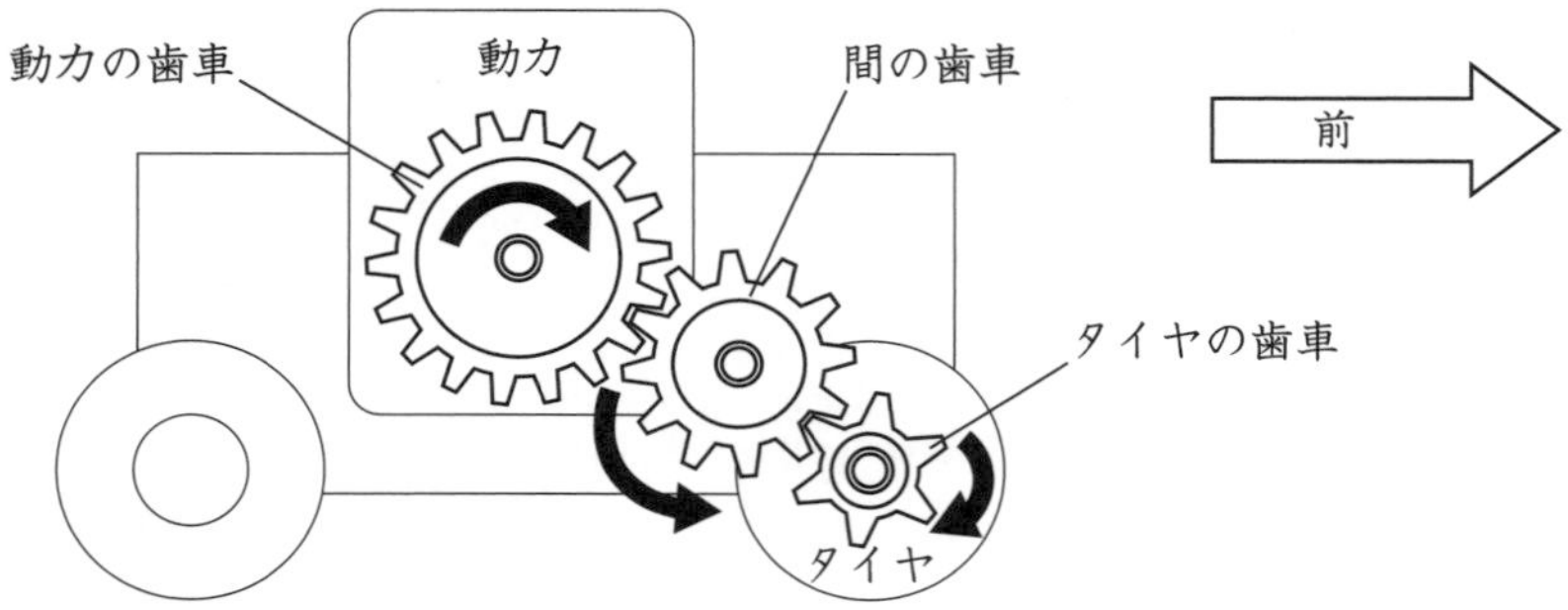

〔問題２〕　**図２**の模型《もけい》全体を前の方向に進ませたいとします。動力の歯車、タイヤの歯車、間の歯車の合計３個を使い、動力をタイヤに伝えます。タイヤの円周は１０センチメートル、歯車ア～歯車カの回転数は以下の**表３**のとおりとします。間の歯車を歯車オにしたとき、模型全体が３．６メートルちょうど進むためには、動力の歯車を何回転させればよいでしょうか。動力の歯車とタイヤの歯車を**表３**の中からそれぞれ選んで答え、動力の歯車の回転数を整数で答えなさい。ただし、動力の歯車とタイヤの歯車に同じ歯車を使うことはできません。

表３　歯車ア～歯車カの回転数の関係

	回転数		
歯車ア	１回転	２回転	３回転
歯車イ	２回転	４回転	６回転
歯車ウ	３回転	６回転	９回転
歯車エ	４回転	８回転	１２回転
歯車オ	５回転	１０回転	１５回転
歯車カ	６回転	１２回転	１８回転

Point

会話文と資料を読み解く

気づきたいのは歯数と回転数の反比例の関係。計算した理由を記すことを求められていますが正解したいところです。

Point

問題を解決する力をみる

説明が長く条件も複雑ですが、会話文を正確に読み取ることができれば、むずかしくはなく解きやすい問題です。

2020年度　東京都立富士高等学校附属中学校　適性検査Ⅲ（独自問題）より

2　**ヒカル**さんと**アキラ**さんは自転車の仕組みについて調べる中で、歯車に興味をもちました。そこで、ヒカルさんのおじさんが経営しているおもちゃのリサイクル工場からいらなくなった歯車をいくつかもらってきた二人は、歯車を組み合わせてさまざまなことを調べています。

ヒカル：いろいろな大きさの歯車があるね。もらってきた歯車のサイズはちがっても、歯の大きさはみんな同じだから、サイズがちがう歯車同士でもかみ合って動くんだね。

アキラ：かみ合った二つの歯車を回すと、**図１**のようにそれぞれ反対向きに回るんだね。

図１　歯車①と歯車②が回転する様子

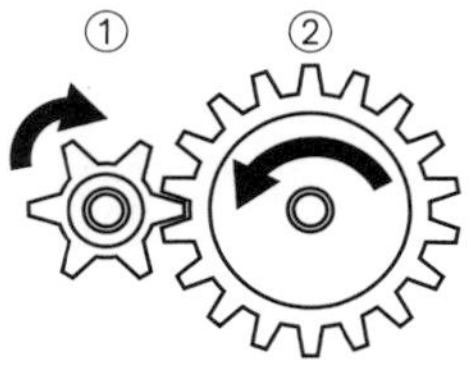

アキラ：歯車①の歯の数は６、歯車②の歯の数は１８だね。

ヒカル：歯車②が１回転する間に、歯車①は３回転するね。かみ合った二つの歯車の回転数のちがいは、それぞれの歯車の歯の数と関係がありそうだね。歯車①と歯車②の回転数の関係を**表１**にしてみたよ。

表１　歯車①と歯車②の回転数の関係

	回転数			
歯車①	３回転	６回転	９回転	１２回転
歯車②	１回転	２回転	３回転	４回転

〔問題１〕　歯車①と歯車②とは別の、歯車③を用意して歯車②とかみ合わせて回転させました。回転数の関係が以下の**表２**のようになったとき、歯車③の歯の数を答えなさい。解答らんに歯の数を書き、あなたがそのように計算した理由を説明しなさい。

表２　歯車②と歯車③の回転数の関係

	回転数			
歯車②	２回転	４回転	６回転	８回転
歯車③	３回転	６回転	９回転	１２回転

解説

都立富士高等学校附属中学校では、独自問題の適性検査Ⅲ（30分）を解かなければなりません。換算後の配点は適性検査Ⅰ200点、適性検査Ⅱ400点、適性検査Ⅲ300点、報告書200点、合わせて1100点満点での評価です。2021年度もこれにならうものと考えられます。正式な発表は９月ですが、適性検査Ⅲの配点が200点から300点になったのは2018年度で、しばらくは、このままの配点で推移するでしょう。

独自問題となった適性検査Ⅲは、例年どおり出題内容は数量と図形で、算数的なものでした。課題を見つけ解決する力をみるとされていますが、算数の力がなければ、時間も30分ですから厳しく感じた受験生もいたでしょう。この適性検査Ⅲは、昨年に比べて、なかの１題で解き方の説明を要求されましたが、算数を得意とするなら、むずかしくはありませんでした。

共同作成問題の適性検査Ⅰは、文章を深く読み取って内容を適切に把握することが必要です。そして、自分の考えを作文で表現する力が試されます。

適性検査Ⅱも、さまざまな角度から力を試される共同作成問題でした。細かい条件を整理し、考察していく力が求められました。

東京都立 三《み》鷹《たか》中等教育学校

■中等教育学校
■2010年開校

思いやり・人間愛のある 社会的リーダーの育成をめざす

東京都立三鷹中等教育学校は、学習活動と特別活動・部活動などの両立をめざし、最後まで努力することのできる生徒を育てています。学校独自の「人生設計学」や、ICTを活用した授業の実践も魅力です。

藤野《ふじの》 泰郎《やすろう》
校長先生

学校プロフィール

開　校	2010年4月
所在地	東京都三鷹市新川6-21-21
TEL	0422-46-4181
URL	http://www.mitakachuto-e.metro.tokyo.jp/
アクセス	JR中央線「三鷹」「吉祥寺」・京王線「調布」「仙川」バス
生徒数	前期課程 男子229名、女子248名 後期課程 男子227名、女子241名
1期生	2016年3月卒業
高校募集	なし
教育課程	3学期制／週5日制（土曜授業 年18回）／50分授業
入学情報（前年度）	・募集人員　男子80名、女子80名 計160名 ・選抜方法　報告書、適性検査Ⅰ・Ⅱ

学校独自の目標水準「三鷹スタンダード」

Q 三鷹中等教育学校の基本理念についてお聞かせください。

【藤野先生】基本理念は「思いやり、人間愛を持った社会的リーダーの育成」です。学校生活をとおして、すべての人に思いやりを持って接し、人間味あふれる社会のリーダーとなれる生徒を育てることを目標にしています。

Q 6年間のカリキュラムはどのようになっていますか。

【藤野先生】6年間を2年ずつ、3つのステージに分けて展開しています。まず、1・2年の「ファーストステージ」では、基礎・基本の確実な定着をめざします。つづく3・4年の「セカンドステージ」では、一部の教科で3年生から高校の学習範囲を盛りこんでいくことで、教育内容のさらなる充実と、中学から高校へのスムーズな接続をはかっています。最後の「サードステージ」は、5年までは文理分けはせず幅広く学び、6年で自由選択科目を多く用意する

ことで、個々の進路に対応できるカリキュラムにしています。

特色は、学校が目標とする学力の水準を定めていることです。基礎・応用・発展の3段階での学習到達度を設定したものを「三鷹スタンダード」と称しています。生徒の到達度をきめ細かく分析することで、苦手分野は克服をめざし、得意分野はより伸ばすなど、個々に応じた指導が可能になります。数学や英語では習熟度別少人数授業を行い、放課後補習をはじめとするサポート体制も整えながら、教員、生徒が一丸となって目標達成に向けて努力しています。

また、「人生設計学」を導入し、リーダーとしての資質を養い「大学の先にある人としての在り方・生き方」を見据えたキャリア教育を展開しているのも特徴です。この「人生設計学」も前述のカリキュラム同様、3つのステージに分けて実施しています。

ＩＣＴ教育や国際理解教育も充実

Q　ＩＣＴ（情報通信技術）を活用した授業も充実していますね。

【藤野先生】これまで東京都教育委員会から指定を受けた「ＩＣＴパイロット校」として、生徒全員がひとり1台タブレットＰＣを持ち、積極的に授業で活用していくことで、より主体的、能動的に学ぶ力を養ってきました。

教員が生徒の学力に応じて個別レポートを課したり、タブレットＰＣをとおして質問に答えたりするなど、生徒と教員の双方向のやりとりが活発に行われています。

新型コロナウイルス肺炎感染防止にともなう約3カ月におよぶ臨時休業期間においても、4月当初からすべての教員が遠隔会議システム（ＳｋｙｐｅやＺｏｏｍなど）を活用した学級活動やホームルーム活動、オンラインの遠隔授業が早期に実施できたことで、生徒が家庭にいながら学習を進展させただけでなく、本校への帰属意識を高め、家庭と連携して基本的生活習慣も改善できました。

これからも、反転授業の実践などに加え、進路指導や家庭学習においてもＩＣＴを積極的に活用していきます。

Q　国際理解教育についてお話しください。

【藤野先生】本校は「胸は祖国に

Pick up!

1 「人生設計学」で大学のさきにある自らの将来を見据え、自己実現をはかる

三鷹独自の「人生設計学」は「国際理解教育・思いやり」「キャリア教育」「課題学習」の3つの柱からなる体験型探究学習です。カリキュラム同様、3つのステージに応じたプログラムが展開されています。

たとえば、「キャリア教育」では、〈ファーストステージ〉は「社会を知る」として、職場見学・体験をとおして職業のあり方について理解を深めます。〈セカンドステージ〉は「学問を知る」として、大学や研究室を訪問し、どのような分野に興味があるかを考えます。〈サードステージ〉は「自己実現をはかる」段階で、自分の夢を具体化できる大学を選んでいきます。各ステージではまとめとして論文作成に取り組み、さらに発表会も行うため、プレゼンテーション能力やコミュニケーション能力が培われます。

上記を含めた多彩な取り組みはすべて「人生設計学」の一環としてとらえられており、それぞれが密接にかかわりあっています。これらをとおして、大学のさきにある将来を見据え、一人ひとりの自己実現をあと押ししています。

2 教科横断的な特色ある教育活動 独自の「文化科学」「文化一般」「自然科学」を設置

学校設定科目として、1～5年生で教科横断型の授業を設定しているのも特色です。「文化科学Ⅰ」(1年)では日常生活や読書活動を材料にスピーチを行い、読解力、表現力、コミュニケーション能力の基礎を養います。「文化科学Ⅱ」(4年)では社会福祉論や社会貢献論を学ぶとともに、模擬選挙などの主権者教育にも取り組んでいます。

5年生になると、さらに内容を発展させた「文化科学Ⅲ・Ⅳ」があり、そのほかにも、音楽や美術といった科目にこだわらず、芸術全般に関する基礎的な技能・表現力を学ぶ「文化一般」、数学と理科への興味・関心を高める「自然科学Ⅰ・Ⅱ」(2・3年)などの授業があります。

置き、眼は世界に注ぐ」人材の育成をはかるため、英語力の向上や国際交流に力を入れるとともに、日本の伝統文化理解教育も大切にしています。

英語力向上に関する取り組みとしては、英語の授業でのオンライン英会話があります。あるテーマについて30分間、海外のかたと1対1で会話をします。日本語はいっさい使わず、英語のみで行いますから、まさに英語のシャワーを浴びるかたちです。生徒は自分の意思を伝えようと身ぶり手ぶりも含めて一生懸命会話しており、そうした姿勢が英語の力を伸ばすことにもつながっていると感じます。

英検の受験も推奨し、毎年約8割が、3年で準2級以上に合格しています。そのほか、「プレゼンテーションデイ」など、「読む・書く・聞く・話す(やりとり・発表)」の5技能を伸ばす多彩なプログラムを実践しています。

英語を実際に使う場としては、5年次の台湾への修学旅行があります。滞在中に訪れる台湾の学校とは姉妹校提携を結んでいるため、彼らが日本を訪れ、本校で交流を深めることもあります。

また希望者には、海外からの大学生・大学院生を講師として、3日間英語漬けで過ごす「校内留学」や、アメリカ・シアトルでの「海外ボランティア研修」も用意しています。ボランティア研修では、現地の老人ホームを慰問して日本の伝統文化を紹介したり、環境保全活動に取り組んだりします。

遠足もひと味ちがったかたちで実施しています。1・2年では日本の農業や漁業に触れるため、田植えや酪農、漁などを体験します。3年は、東京スカイツリー周辺の下町を訪れている外国人観光客へのインタビューをとおして日本のよさを再認識し、4年は鎌倉、5年は横浜の歴史的名所を訪れ、日本の歴史に対する理解を深めます。6年になると集大成として、3人の本校生徒とひとりの留学生がグループになって、留学生に英語で東京を案内します。これらは国際理解教育と日本の伝統・文化理解をミックスさせた、本校ならではの取り組みです。

Q 学校の雰囲気についてお教え

6学年が仲よく過ごす 家庭的な校風が魅力

例年のおもな学校行事

4月	入学式　対面式
5月	校外学習（1・2年） 遠足（3〜6年）
6月	合唱祭　宿泊防災訓練（4年）
7月	夏期講習（1〜3・5年） 勉強合宿（4年）
8月	部活動合宿
9月	文化祭　体育祭
10月	海外修学旅行（5年）
11月	職場見学（1年）　職場体験（2年） 研修旅行（3年）
12月	勉強合宿（5年） 校内留学（1〜3年）
1月	センター試験データリサーチ
2月	適性検査
3月	卒業式　校内留学（1〜3年） 海外ボランティア研修（3・4年）

ください。

【藤野先生】２０１２年度に完成した新校舎のもと、1年生から6年生までが仲よく過ごしています。

日々の学習では「三鷹スタンダード」の達成に向けて、大学受験では志望校の合格に向けて、みんなが団結して、助けあいながら目標を達成しようとするチーム意識が強い学校です。

学校行事や部活動でも、下級生は上級生を慕い、上級生は下級生の面倒を見るという光景が日常的にあり、学校全体に家庭的で温かな雰囲気が漂っています。

Q　２０２０年度に実施される大学入試改革への対応はいかがでしょうか。

【藤野先生】新たな大学入学共通テストで問われる、ものごとを探究する力や教科横断的な学習力、プレゼンテーション能力やコミュニケーション能力などは、本校が教育目標として掲げる「社会的リーダー」になるために必要不可欠なものです。本校はこれらの力を育む教育を、すでに創立当時から行っている実績がありますから、大学入試改革にも柔軟に対応することができます。

小学生の段階で大学入試を意識した学校選びはなかなかむずかしいと思いますが、6年間をつうじて一貫した教育が行える中等教育学校は、プラス面が多いのではないかと感じます。本校では年間18回の土曜授業をすべて公開していますので、ぜひふだんの授業を見に来ていただきたいと思います。

Q　最後に、御校を志望する生徒さんへのメッセージをお願いします。

【藤野先生】主体的で明るく、他者を思いやる心を持った生徒さんを待っています。

本校では体験することを大切にしているので、さまざまな体験の場を用意していますが、「与えられた体験」よりも、「自分で一歩踏みだしてチャレンジした体験」の方が得るものは多いと考えています。失敗をしても、それをつぎの一歩につなげていけばいいのです。ですから、失敗をおそれずに、未知なるものにどんどんチャレンジしてほしいですし、そうした経験を積むなかで、世の中に貢献できる、社会的リーダーに育ってくれることを願っています。

次に、**たかお**さんと**みつこ**さんは、**係員**から別の資料を見せてもらいました。

係　員：これは何の絵かわかりますか。（**図3**）

たかお：竹の棒《ぼう》を束ねたように見えるけど。

係　員：そのとおりです。これは竹束《たけたば》といって、竹を束ねてなわでしばったものです。昔、武士がいたころの戦いでは、鉄ぽうの玉から身を守る道具として使われていたようです。

みつこ：そういうことに使っていたのですね。

係　員：**図4**は、ある竹束を真上から見たときの図です。この図で、竹を表す円はすべて合同な円でかかれています。

図3

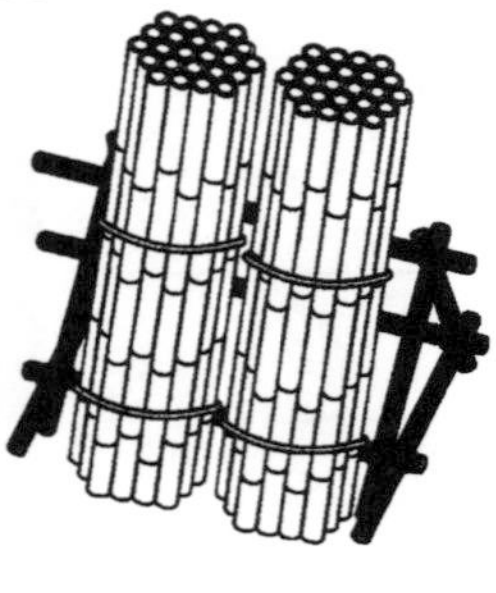

たかお：**図4**の円はどのように並《なら》んでいるのかな。

みつこ：真ん中の２個の円は、円周がたがいにふれるようにして並んでいるね。

たかお：その周りにも円周がたがいにふれるようにして全部で８個の円が並んでいるね。

みつこ：そのまた周りにも、円周がたがいにふれるようにして全部で１４個の円が並んでいるね。

図4

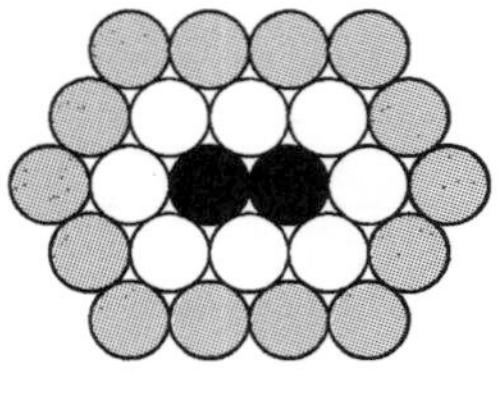

たかお：周りに並べた円の個数はどのように増えているのかな。

みつこ：周りに円を並べていくごとに円の個数は２個、８個、１４個、…と増えているね。

たかお：さらに続けて、周りに円を並べていくと、周りに並べる円の個数は６個ずつ増えていくと考えることができるね。

係　員：そのとおりです。周りに並べる円の個数の増え方にはきまりがありますね。それでは、今考えている図の中で、何かきまりのある増え方をしているものが他にないか考えてみましょう。

たかお：こんなのはどうかな。**図5**のように、円周がたがいにふれるように並べた２個の円を中心にして、その周りに円周がたがいにふれるように８個の円を並べたとき、その８個の円の中心と中心を結んでできる六角形の外側の部分（**図5**のぬられている部分）の面積は、円の何個分の面積になるのかな。

図5

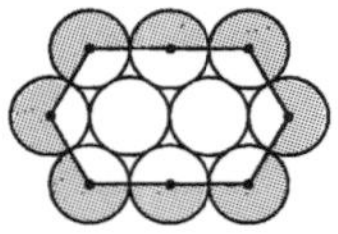

みつこ：**図5**の周りに、円周がたがいにふれるように１４個の円を並べた図（**図6**）もかいてみたよ。**図5**を「一重めの図」と呼《よ》ぶことにすると、**図6**は「二重めの図」と呼ぶことができるね。

図6

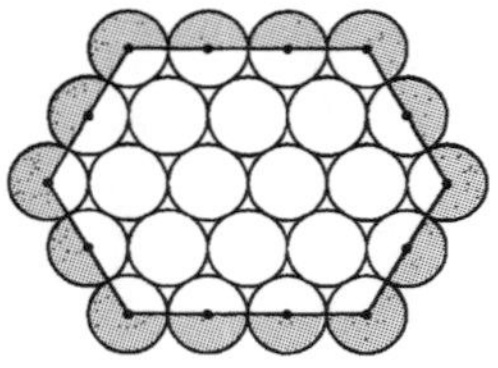

たかお：この図で、一番外側にある、円周がたがいにふれるように並べた１４個の円の中心と中心を結んでできる六角形の外側の部分（**図6**のぬられている部分）の面積は、円の何個分の面積になるのかな。

〔問題２〕「一重めの図」、「二重めの図」、「三重めの図」、…をつくっていくとき、それぞれの図について、一番外側にある、円周がたがいにふれるように並《なら》べた円の中心と中心を結んでできる六角形の外側の部分の面積の増え方には、どのようなきまりがあると考えられるか説明しなさい。

Point

課題や資料を正しく分析する

会話文の意味を正しく理解し、必要な条件を読み取って「解答の道すじ」を説明する問題で算数の力が試されます。

Point

条件をもとに論理的考察力をみる

条件に合わせて想像して規則性を見出し、筋道を立てて判断する力など、論理的な思考力が試されています。

東京都立 三鷹中等教育学校

募集区分　一般枠

入学者選抜方法　適性検査Ⅰ（45分）、適性検査Ⅱ（45分）、報告書

2020年度　東京都立三鷹中等教育学校　適性検査Ⅱ（独自問題）より

1　**みつこ**さんと**たかお**さんは、自由研究の題材を探《さが》しに、博物館に行きました。江戸時代《えどじだい》の数のかぞえ方や計算について展示《てんじ》されているコーナーを見学しています。

みつこ：ここに、おもしろそうな問題があるよ。
たかお：お米を入れる俵を積んだ図（**図１**）がかいてあるね。
みつこ：俵が一番下の段《だん》に１３個あって、一段《いちだん》上に積むごとに、俵の数が１個ずつ減っているね。
たかお：一番上の段には５個の俵が積まれているよ。
みつこ：俵は全部で９段に積まれているね。

図１

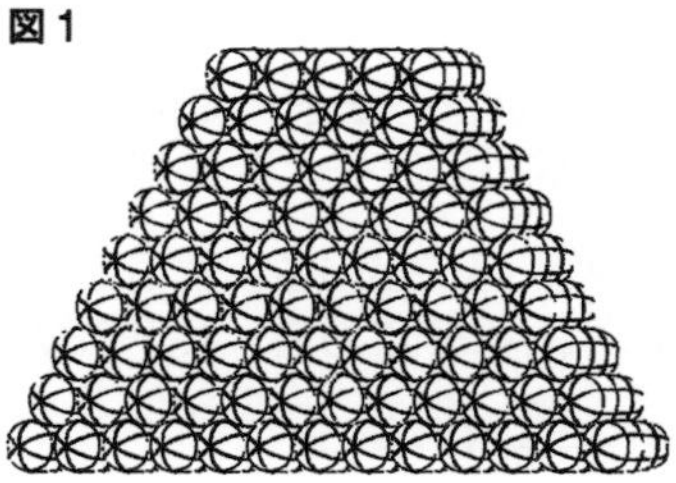

みつこさんと**たかお**さんは、この問題について**係員**に聞いてみることにしました。

みつこ：この問題は、何を求める問題ですか。
係　員：積まれた俵の個数が全部で何個あるかを求める問題です。このシートに印刷されている図（**図２**）を見てください。この図は、積まれた俵を正面から見たもので、すべて合同な円で表したものです。
たかお：積まれた俵の個数は全部で何個あるのかな。一つずつ数えていったら大変だね。

図２

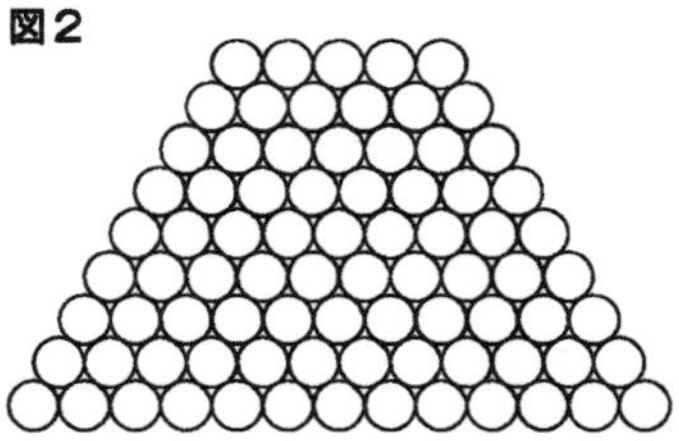

みつこ：わたしはもう数えることができました。積まれた俵の個数は８１個あります。
係　員：そのとおりです。ずいぶんとはやく答えることができましたね。何か工夫《くふう》して求めたのかな。それでは、同じような問題をもう一問考えてみましょう。でも、今度は図がないので、少しむずかしいかもしれません。自分で図をかいて考えてみるとよいでしょう。

＜係員が示した問題＞

俵が一番下の段《だん》に２０個あって、一段《いちだん》上に積むごとに、俵の数を１個ずつ減らしていきます。一番上の段に８個あるとき、積まれた俵は何段《なんだん》でしょう。また、積まれた俵の個数は何個でしょう。

たかお：よし、今度はぼくもがんばって答えよう。

〔問題１〕　**＜係員**が示した問題＞について、積まれた俵の段数《だんすう》と積まれた俵の個数を答えなさい。また、積まれた俵の個数については、その求め方を言葉と式を使って説明しなさい。

解説

都立三鷹中等教育学校では、適性検査Ⅰ・Ⅱと報告書の成績を換算して合否を決めます。

適性検査Ⅰは100点満点を換算して300点満点とします。適性検査Ⅱも100点満点ですが換算して500点満点とします。報告書は640点満点を200点満点に換算します。合計の1000点満点の総合成績で合否を判断します。適性検査Ⅱの比重が大きくその半分を占めるわけです。ただし、詳細は９月に発表されますので、かならず確認してください。

独自問題の適性検査Ⅰでは、文章を深く読み取り、さらに、自分の考えをわかりやすく伝える表現力をみます。文章を読む問題が２問だされ、それぞれ記述式で答えます。自分の考えを交える記述は最大200字となっています。今年の出題は読解の要素が再び増えました。具体例をあげて自分の考えを書く条件となっています。読むべき文が長いのも特徴です。

適性検査Ⅱでは、国語・算数・社会・理科の考え方を組みあわせた出題で、課題や資料の内容を正しく分析し、論理的に思考・判断し、問題を解決していく力をみます。大問①が独自問題、大問②③は共同作成問題です。

■中等教育学校
■2010年開校

東京都立 南《みなみ》多《た》摩《ま》中等教育学校

「心・知・体」の調和のとれた人間教育

東京都立南多摩中等教育学校は、現在、東京都教育委員会から4本の指定を受け、多様な教育活動を展開しています。さらに、2019年度は文部科学省から「WWLコンソーシアム構築支援事業」の拠点校として指定を受け、全国から注目されている学校です。

永森《ながもり》　比人美《ひとみ》
校長先生

学校プロフィール

開　校	2010年4月
所在地	東京都八王子市明神町4-20-1
TEL	042-656-7030
URL	http://www.minamitamachuto-e.metro.tokyo.jp/
アクセス	京王線「京王八王子」徒歩3分、 JR中央線「八王子」徒歩12分
生徒数	前期課程 男子236名、女子244名 後期課程 男子205名、女子237名
1期生	2016年3月卒業
高校募集	なし
教育課程	3学期制／週5日制（土曜授業年18回）／50分授業
入学情報（前年度）	・募集人員　男子80名、女子80名　計160名 ・選抜方法　報告書、適性検査Ⅰ・Ⅱ

さまざまな力を育む手厚い6年間

Q 御校の教育目標についてお教えください。

【永森先生】教育目標には「心・知・体の調和」から生まれる人間力を大切にした教育を行っていくことを掲げています。教員たちは「基礎力のある生徒集団」から「突破力のある生徒集団」へ変革すべく、「やりきらせる」という教育上のキーワードをふまえて生徒の夢の実現を応援しています。

Q 御校の6年一貫教育の特徴をお話しください。

【永森先生】中高の6年間を3期に分け、1・2年を「基礎・基本期」、3・4年を「充実伸張期」、5・6年を「応用達成期」として、発達段階に応じた教育活動を展開しています。基礎基本の習得と、意欲的に学習へのぞむ姿勢や、学習習慣を身につけることを重視しています。また、発展的な学習を行うとともに、総合的な探究の時間ではフィールドワーク活動をとおして、思考力、判断力、表現力を

基盤とした創造力を育んでいきます。高校受験はありませんが、3年生の夏には接続テストを行います。中学生として身につけるべき基本的な内容を習得しているかを確認し、基準に達していない場合は、クリアテストなどを実施して補っていきます。

　後期課程の4・5年生は共通履修で学び、キャリア教育を軸としたさまざまな活動をとおし、自分に合った進路を見つけていきます。6年生では、進路に即した選択科目を設定し、進路実現に向け、最大限に学力を伸ばすことを目的に、より高度な学習に取り組みます。進度は速いですが、6年一貫教育として組まれたプログラムであり、けっして無理な先取り学習を行うわけではありません。高校受験がない分のゆとりをいかし、基礎力の定着と発展的な学習に時間を費やしています。

　また、長期休業や放課後に多くの補習・補講が開かれます。このほかに、卒業生をチューターとして迎え、放課後に自学自習の支援を行う制度があります。個の学習到達度に合わせたサポートを行っています。

理科・英語をはじめ多様な教育活動を展開

Q 御校は、東京都教育委員会から4本もの指定を受けていますが、それぞれどのようなプログラムがありますか。また、文部科学省から指定を受けた「WWLコンソーシアム構築支援事業」の拠点校としての取り組みについてもお教えください。

【永森先生】 本校では、フィールドワーク活動を中核においた探究学習をとおして、さまざまな事象を多面的・多角的にとらえ、情報を整理し、自分の考えをまとめて発信する力を生徒一人ひとりが身につけられるよう取り組んでいます。「知的探究イノベーター推進校」の予算を活用し、探究学習の質を高めるティーチングアシスタントを導入しています。卒業生では太鼓部の生徒が、探究学習である「ライフワークプロジェクト」で取り組んだ論文「和太鼓のバチの寿命予測」で日本学生科学賞東京都大会の奨励賞を受賞し、これを基に東京大学への推薦合格を果たしました。高校生活で打ちこんだ自らの興味・関心と研究主題、そして

Pick up!

1 気づき（課題発見力）を大切にするフィールドワーク活動

5年間をとおして、大学進学後も研究論文を書くことができるスキルを育成します。

1年生で八王子の街を中心とした地域学習をスタートし、2年生でものづくりや伝統工芸の取材・研究、3年生では科学的検証活動を行います。

4・5年生では、1～3年生で身につけた力をいかして個人での研究に取り組み、それを論文に著すことに挑みます。各人がゼミに属し、自ら立てた「問い」に「仮説」を立て、それを立証するという仮説検証型論文という本格的な取り組みです。

3月には、各学年で外部の方を多数招いて、成果発表会を開催します。

フィールドワーク活動（南多摩中等教育学校の探究活動）では、「気付き（課題を発見する力）」「情報収集・整理・分析する力」「論理的に思考する力」「発信する力」「評価する力」を培います。創造力に富んだ、未来に活躍するリーダーの資質を養うためです。

それが進路・将来へとつながり、まさしく「ライフワークプロジェクト」を体現した例となりました。

「理数リーディング校」の活動では、東京大学や京都大学への研究室訪問、磯の観察、入笠山への天体観測に参加する機会があります。

「英語教育推進校」の取り組みでは、授業でのレシテーションコンテスト、スピーチコンテスト、ディベートに加え、4年生の夏にはオーストラリアへの海外研修旅行、外部の4技能試験の受験、グローバルスカラーズ（世界の10歳から13歳までの生徒を対象にした、スカイプを使っての交流活動）の実施、Reading and Discussion 講座では、ネイティブと、英字新聞からテーマをピックアップして討論などを行う時間を放課後に設定しています。

「Society 5.0に向けた学習方法研究校」では、2019年度まで指定されていたBYOD事業で導入されているWi-Fi環境をさらに整備して、ICT機器や生徒自身のタブレット等の端末、学習支援クラウドサービス等を活用します。授業とオンライン学習を融合した南多摩独自のブレンド型学習を構築し、より深い学びの場を提供いたします。

また、文部科学省から拠点校として指定された、「WWL（ワールド・ワイド・ラーニング）コンソーシアム構築支援事業」とは、イノベーティブなグローバル人材を育成するため、高校などと国内外の大学、企業、国際機関が協働し、高校生へより高度な学びを提供する仕組みをつくり、そのネットワークを広げていくものです。本校は、10拠点のうちのひとつとして指定され、昨年度は企業や大学等外部機関との協働を進めるとともに、文理融合や探究学習を深めるカリキュラムを開発しました。

Q ほかの特色ある教育活動にはどのようなものがありますか。

【永森先生】 保健体育の授業では、2018年度から1年生全員のダンスの8時間の授業のなかで「東京五輪音頭2020」を用いています。2018年度は3名のオリンピアン、パラリンピアンを迎えて体育館で授業の成果発表を行い、東京都教育委員会からオリンピック、パラリンピックアワード校として表彰を受けました。

また、保健体育の授業と関連し

例年のおもな学校行事

4月	入学式　遠足（5、6年） 宿泊防災訓練（4年）
5月	体育祭
6月	合唱祭
7月	オーストラリア研修旅行（4年）
8月	夏期講習
9月	文化祭 レシテーションコンテスト（1、2年）
10月	宿泊研修（1、3年）　関西研修旅行（2年） TGG（TOKYO GLOBAL GATEWAY）研修（5年）
11月	奉仕活動（4年）　職場体験（2年） 東京都立大学訪問（3年） スピーチコンテスト（3年）
12月	冬期講習
1月	百人一首大会（1、2年）
2月	マラソン大会（1～5年）
3月	TGG研修（3年）　成果発表会

て、産婦人科医等を講師に招き、「性に関する教育」も行っています。「生き方、在り方」に立脚した講演をとおして人権尊重についても学びます。

Q キャリア教育はどのようなことを行いますか。

【永森先生】 前期課程では職業観や大学での学問についての理解を深め、将来どのように社会に役に立つことができるか体験や講話をとおして考えさせます。

後期課程ではフィールドワーク活動のほか、東京大学や京都大学など研究室訪問をはじめとする本校の特色ある学習機会をとおして、学びたい分野を考えさせます。探究学習とキャリア教育を連動させ、本校で育んだ探究力と10年後、20年後の各自のキャリアとをつなげてくれる大学、研究開発型の大学への進学を進めています。

教員は「学びが違う、仲間が違う、世界の評価が違う大学」へと生徒一人ひとりの第1志望合格を目標に支援をしています。

Q 学校行事や部活動についてお話しください。

【永森先生】 人間力を磨く土俵として、学校行事は欠かせません。1年生から6年生が協力してつくりあげる行事として、南魂祭という三大行事（体育祭、合唱祭、文化祭）を行います。これらをとおして人間関係調整力、克己心、思いやりの気持ちを育んでいます。

部活動も同様です。スポーツでは、陸上部、なぎなた部が、文化部では太鼓部、南多摩フィルハーモニー部が全国大会に毎年出場しており、とくに太鼓部は昨年度の全国大会で優勝を果たしました。ほかにも科学部、美術部も東京都教育委員会表彰をはじめ数々の賞をいただいています。部活動をとおしても、人間力にいっそうの磨きをかけています。

Q 最後に読者にメッセージをお願いします。

【永森先生】 素直で明るく意欲の高い生徒たちが、日々切磋琢磨しています。教員はそれに応え、質の高い教育を展開しています。卒業生が「自分の夢の実現のために受験は乗りきりましたが、それ以上に支えてくれた先生がたに恩返しをするために燃えつきるほどに勉強しました」と語るように、生徒と教員が固いきずなで結ばれた文武両道の学校です。

〔約束〕

(1)　**図４**のように、画用紙はパネルの外にはみ出さないように、まっすぐにはる。

(2)　パネルの一つの面について、どの行（横のならび）にも同じ枚数《まいすう》の画用紙をはる。また、どの列（縦《たて》のならび）にも同じ枚数の画用紙をはる。

(3)　１台のパネルに、はる面は２面ある。一つの面には、横向きの画用紙と縦向きの画用紙を混ぜてはらないようにする。

(4)　パネルの左右のはしと画用紙の間の長さを①、左の画用紙と右の画用紙の間の長さを②、パネルの上下のはしと画用紙の間の長さを③、上の画用紙と下の画用紙の間の長さを④とする。

図４　画用紙のはり方

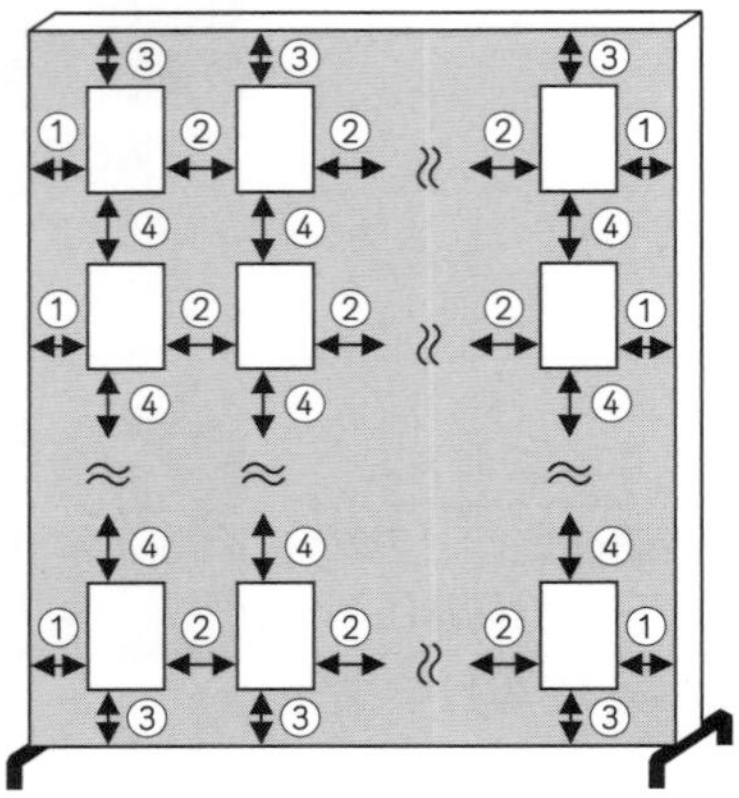

(5)　長さ①どうし、長さ②どうし、長さ③どうし、長さ④どうしはそれぞれ同じ長さとする。

(6)　長さ①～④はどれも５cm以上で、５の倍数の長さ（cm）とする。

(7)　長さ①～④は、面によって変えてもよい。

(8)　一つの面にはる画用紙の枚数は、面によって変えてもよい。

花　子：今年も、昨年の〔**約束**〕と同じように、パネルにはることにしましょう。

太　郎：そうだね。例えば、**図２**の縦向きの画用紙６枚を、パネルの一つの面にはってみよう。いろいろなはり方がありそうですね。

〔問題１〕〔**約束**〕にしたがって、**図３**のパネルの一つの面に、**図２**で示した縦《たて》向《む》きの画用紙６枚《まい》をはるとき、あなたなら、はるときの長さ①～④をそれぞれ何cmにしますか。

Point

資料を分析し考察する力をみる

会話や絵から読み取って、的確に解答を導きだす力をみます。今回の入試問題のなかでは得点しておきたい問題です。

Point

論理的に処理する力をみる

テーマを吟味《ぎんみ》して考察を進める問題です。資料から情報を読み取り、課題に対して論理的に思考・判断する力をみます。

東京都立
南多摩中等教育学校

募集区分　一般枠

入学者選抜方法　適性検査Ⅰ（45分）、適性検査Ⅱ（45分）、報告書

2020年度　東京都立南多摩中等教育学校　適性検査Ⅱ（共同作成問題）より

1　**先生**、**花子**さん、**太郎《たろう》**さんが、校内の６年生と４年生との交流会に向けて話をしています。

先　生：今度、学校で４年生との交流会が開かれます。６年生５９人は、制作した作品を展示《てんじ》して見てもらいます。また、４年生といっしょにゲームをします。

花　子：楽しそうですね。私《わたし》たち６年生は、この交流会に向けて一人１枚《まい》画用紙に動物の絵をかいたので、それを見てもらうのですね。絵を展示する計画を立てましょう。

先　生：みんなが絵をかいたときに使った画用紙の辺の長さは、短い方が４０ｃｍ、長い方が５０ｃｍです。画用紙を横向きに使って絵をかいたものを横向きの画用紙、画用紙を縦向《たてむ》きに使って絵をかいたものを縦向きの画用紙とよぶことにします。

太　郎：**図１**の横向きの画用紙と、**図２**の縦向きの画用紙は、それぞれ何枚《なんまい》ずつあるか数えてみよう。

花　子：横向きの画用紙は３８枚あります。縦向きの画用紙は２１枚です。全部で５９枚ですね。

太　郎：先生、画用紙はどこにはればよいですか。

先　生：学校に、**図３**のような縦《たて》２ｍ、横１．４ｍのパネルがあるので、そこにはります。
絵はパネルの両面にはることができます。

花　子：分かりました。ところで、画用紙をはるときの約束はどうしますか。

先　生：作品が見やすいように、画用紙をはることができるとよいですね。昨年は、次の〔**約束**〕にしたがってはりました。

図１　横向きの画用紙

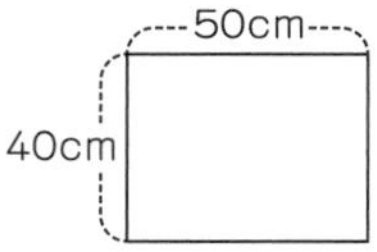

図２　縦向《たてむ》きの画用紙

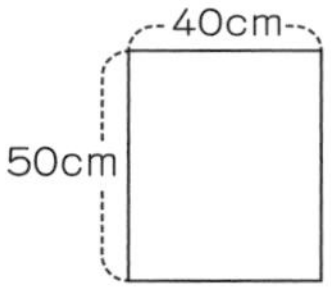

図３　パネル

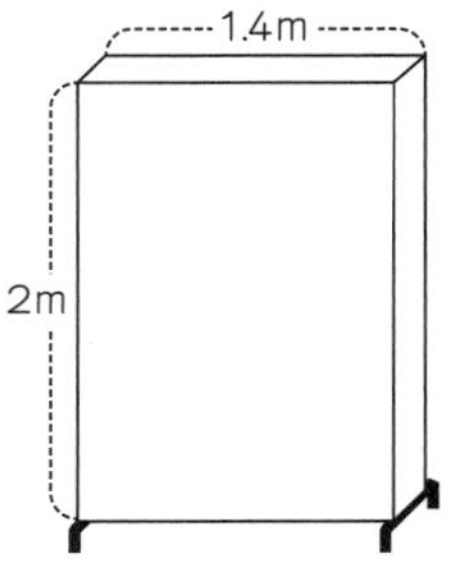

解説

都立南多摩中等教育学校では、適性検査Ⅰ・Ⅱと報告書の換算が複雑です。

適性検査Ⅰは100点満点、適性検査Ⅱは100点満点を換算して200点満点、これを合わせて300点満点とし、さらに合わせて800点満点に換算します。報告書は320点満点ですが換算して200点満点とし、総合成績は、これらを合わせて1000点満点で評価しています。適性検査Ⅱは、Ⅰの２倍の重みがあります。ただし、来年度入試の詳細は９月に発表されます。

独自問題の適性検査Ⅰでは、与えられた文章を深く読み取り、課題に対して自己の経験や体験に基づき、自らの考えや意見を明確かつ論理的に表現する力をみます。いつも作文の字数が多い〔最終問題〕は、今回も400 ～ 500字以内の作文でした。残念ながら著作権保護の観点から、適性検査Ⅰをここにご紹介することができません。同校HPにてご確認ください。共同作成問題の適性検査Ⅱでは、具体的資料を深く読み取り、分析・考察する力や、課題に対して思考・判断し的確に処理する力をみます。また、身近にある事象に対して興味・関心を持ち、自然や社会現象を調べ考察する力もみます。

東京都立 武《む》蔵《さし》高等学校附属中学校

■併設型
■2008年開校

中高一貫の6年間で育てる 国際社会に貢献できる知性豊かなリーダー

伝統ある東京都立武蔵高等学校の附属校として、2008年に産声をあげた武蔵高等学校附属中学校は、中高一貫の6年間を有効に使ったカリキュラムと進路指導で未来のリーダーを育てます。

南《みなみ》 和《かず》男《お》 校長先生

幅広い教養教育で未来のリーダーを育成

Q 御校の沿革および、教育理念についてお話しください。

【南先生】東京都立武蔵高等学校に附属中学校が設置されたのが2008年度です。開校から13年目を迎え、今年、7期生が卒業しました。

教育理念として、幅広い教養教育の上に問題解決能力を育成するということを掲げています。

そして、都立武蔵高の理念を継承するかたちで「豊かな知性と感性」「健康な心と体」「向上進取の精神」の3つの教育目標があります。

こういった教育理念、目標のもとで、「国際社会に貢献できる知性豊かなリーダー」を育てていきたいと考えています。

Q 御校のカリキュラムの特徴をお教えください。

【南先生】本校は併設型ですので、都立武蔵高と連動して年間行事を組んでいます。また、中・高ともに発展的学習を取り入れていて、

学校プロフィール

開校	2008年４月
所在地	東京都武蔵野市境4-13-28
TEL	0422-51-4554
URL	http://www.musashi-fuzoku-c.metro.tokyo.jp/
アクセス	JR中央線・西武多摩川線「武蔵境」徒歩10分、西武新宿線「田無」・西武池袋線「ひばりヶ丘」バス
生徒数	男子174名、女子184名
1期生	2014年３月卒業
高校募集	なし（2021年度より高校募集停止）
教育課程	３学期制／週５日制／50分授業
入学情報（前年度）	・募集人員　男子60名、女子60名 計120名 ・選抜方法　報告書、適性検査Ⅰ・Ⅱ・Ⅲ

上位学年の内容を先取りで学習します。たとえば数学などでは、高2の2学期でおおむね高2の内容を終え、3学期から高3の分野や問題演習に入ります。

授業では、将来の難関大学進学にも対応した教養教育を進め、実践的で発展的な内容を多く取り入れるとともに、中学では地球規模の環境問題や社会問題を考える「地球学」という講座を設定しています。

また、高校では、道徳・奉仕・キャリアの一体化を大きな柱とし、地球上の諸課題を見出し、持続的な課題解決の方法と国際社会への貢献を模索する探究活動を展開しています。

Q 2021年度から高校募集を停止されますね。それによって、1学年の募集人員やクラス編成は変更になりますか。

【南先生】 これまでは1学年120名を40名ずつ3クラスに分けていましたが、高校募集の停止によって2022年度入試からは、1学年の募集人員を160名に変更、クラスも40名ずつの4クラスに分けます。男女の比率はこれまでと変わらず、おおむね半々となっています。

さらに高3から類系制で選択科目を設定し、理系の大学・学部を志望する生徒は理系科目を多く選び、文系の大学・学部を志望する生徒は文系科目を多く選ぶというかたちで分かれていきます。

Q 習熟度別授業や補習、土曜授業などは行われていますか。

【南先生】 3学年とも国語の一部と数学、英語で1クラスを2展開した少人数・習熟度別授業を実施しています。

補習は考査や小テストのあとなどに行いますが、毎朝始業前の10分間は朝学習・朝読書を行っています。その時間に自分に必要な学習ポイントをチェックしたり、選んだ本を読んだりしています。

そして、本校では「学習ポートフォリオ」というものを使い、これに基づいた各単元ごとの水準を教師が各生徒にしめしています。定期考査でクリアできなかった場合には、課題や補講などで、学習のつまずきをできるだけ速やかに補充指導しています。

土曜日は年間で10回程度授業があります。

土曜授業は午前中4時間で、生

Pick up!

1 教材はさまざま 環境問題や社会問題を学ぶ「地球学」

武蔵のユニークな取り組みのひとつに「地球学」があります。総合的な学習の時間を使い3年間で体系的に行われるもので、自然・人間・社会にかかわる内容を総合的にあつかい、さまざまな問題への解決法などを学びます。対象は「地球」に関することなので、森羅万象いろいろなことがらがテーマです。

中1では基礎講座として講義形式が中心となりますが、中2ではグループ研究になり、ディベート形式の学習に取り組むこともあります。

中3ではこれまでの学習をふまえて個人で研究テーマを設定し学習します。たとえば、近隣の雑木林で生物観察をしたり、身近にいる魚の解剖など、ほんとうにいろいろなものごとを教材にして学んでいきます。

中3までにたくさんの知識を得て、高校からはそれをふまえて、自分はなにができるのかを考え、実践していきます。

中3の3月にはこれまでの集大成として地球学発表会を実施します。

2 勉強の習慣づけや大学入試対策 節目で行われる行事

武蔵には中1のサマーキャンプを筆頭に、さまざまな宿泊行事があります。これらの宿泊行事をとおして生徒は学習習慣を身につけ、生徒同士のきずなを深め、大学入試へ向けた学力を養成していきます。

中1のサマーキャンプでは、体験学習や、キャンプファイヤーなどが行われ、自然のなかでクラスの友好を深めます。中2では農家に宿泊して田植えなどの農作業体験をする「結い」農業体験学習があります。中3の修学旅行では、京都・奈良の文化遺産に触れ、伝統文化を学びます。また、班別行動の計画を立て、実践することで自主自律の態度を養います。

高1ではスプリングセミナーがあります。これは、高校からの学習についての習慣をつける場として用意されたものです。

高2のウィンターセミナーは4日間で行われます。これは難関大学対策の学習で、この期間中に自分の限界まで挑戦することで真の学力を伸ばすことが目的です。

徒は全員参加します。高校の教師が中学生に教えるなどいろいろなかたちがあり、特設単元を設定して中学で学んでいることを発展させたものとなっています。なお、2022年度から新しい教育課程を検討しています。

また、放課後等には国・数・英を中心に講習を行っています。それまでの学習の補習的なものと発展的なものの両方があり、さらに希望制と指名制の講習があります。

中3生には、中だるみを防ぐ目的で、夏休みに課題テストも兼ねて外部の模擬試験を行っています。高校から入ってくる生徒がどのくらいのレベルの問題を乗り越えてきているかということを実感してもらうのと、学年としてどのあたりの学習が足りないかをチェックして、2学期にその部分をフォローしていくためというふたつの意味があります。

キャリアデザインは6年を3段階に分ける

Q 進路・進学指導についてお教えください。

【南先生】 本校としては、授業や行事などすべてがキャリア教育につながっていると考えており、具体的な進路指導としては、6年間を「基礎力養成期」(中1・中2)、「充実期」(中3・高1)、「発展期」(高2・高3)の3つに分けてキャリアデザインを行っていきます。

まず「基礎力養成期」から「進路ポートフォリオ」を作成し、6年間さまざまな機会に活用していきます。また、職業調べ、職場体験、「結《ゆ》い」農業体験など、自分の興味・関心はどこにあるかを知ることをおもな目的としています。

「充実期」は、蓄積されたポートフォリオを使いながら、大学教授や企業人、卒業生などを招く進路講演会、大学へのキャンパス訪問などをつうじて自分の得意分野を見つけたり大学や学部を知ったりします。

そして「発展期」では、それまでの4年間をもとに、進路を選び取っていきます。

専門の講師による進路ガイダンスや模擬試験とその分析会、難関大学対策のためのウィンターセミナー、大学入学共通テスト対策などを頻繁に行い、生徒が希望する進路を選び取れるようバックアッ

例年のおもな学校行事

4月	入学式　新入生オリエンテーション
5月	「結い」農業体験（中2）
6月	
7月	サマーキャンプ（中1） キャンパス訪問（中3）
8月	
9月	文化祭　体育祭
10月	修学旅行（中3）
11月	職場体験（中2）　社会科見学（中1）
12月	
1月	漢字検定　英語検定
2月	マラソン大会　音楽祭
3月	卒業式　地球学発表会（中3）

プしていきます。

近年、国公立大学や難関私立大学への合格実績が大きく伸びているのは、こういった取り組みの成果だと思います。

中・高合同の3大行事 部活動も非常にさかん

Q 学校行事や部活動についてお話しください。

【南先生】 本校には「武蔵祭」と呼ばれる3大行事があります。

第1は文化祭です。中学は学習成果の発表を行っています。中1はサマーキャンプ、中2は「結い」農業体験、中3では修学旅行の事前学習の発表をしたり、文化部に加入している生徒は、部ごとの発表にも参加します。

第2が体育祭です。中・高合わせて開催しており、中学生の種目は中学生の体育祭実行委員が、高校生の種目は高校生の実行委員が考えます。中・高ともに行う種目もあり、高校生と中学生が相談しながらつくりあげていますね。

第3は音楽祭です。中・高合同で、中学生は高校生が歌うのを聞いて感心していますね。総合優勝は高校全クラスのなかから決まります。

部活動も非常にさかんで、兼部を含めて中学生の加入率が100%を超えています。他校の中学生は中3の夏休みぐらいで引退だと思いますが、本校は併設ですので、中3の後半からは長期体験入部として高校の方で部活動をすることができます。

Q 最後に受検生に向けて、適性検査についてのアドバイスと、メッセージをお願いします。

【南先生】 適性検査というのは、小学校での日常の学習をもとにして、そのうえで、図表などの資料から読み取ったことを自分の考えとして筋道立てて表現する問題が多いので、まず小学校の勉強を大切にしましょう。そして、日常で図表などの資料を見たときに、そこから自分の考えを書いて表現してみましょう。

受検生へのメッセージとしては、好奇心旺盛《おうせい》で人や世の中のことを考えようとする生徒さんに来ていただきたいと思います。さきほどの適性検査の部分でも触れましたが、ふだんからいろいろなことを考え、文章に表現する習慣をつけてみてください。

東京都立 武蔵高等学校附属中学校

募集区分：一般枠

入学者選抜方法：適性検査Ⅰ（45分）、適性試験Ⅱ（45分）、適性試験Ⅲ（45分）、報告書

〔問題3〕 **図6**のように直方体の下の底面を除《のぞ》いた五つの平面のうち、三つの平面に内側にある立体模型《もけい》を表した図がかかれている。五つの平面にかかれた図からできる内側にある立体模型の体積が１５０００ｃｍ³であるとき、二つの平面**アオカイ**と平面**イカキウ**にどのような図をかきますか。解答らんの方眼を活用してかきなさい。ただし、解答らんの方眼は一ますが１辺１０ｃｍの正方形であり、平面にかかれた図や立体模型は次のルールに従《したが》って作られているものとする。

図6

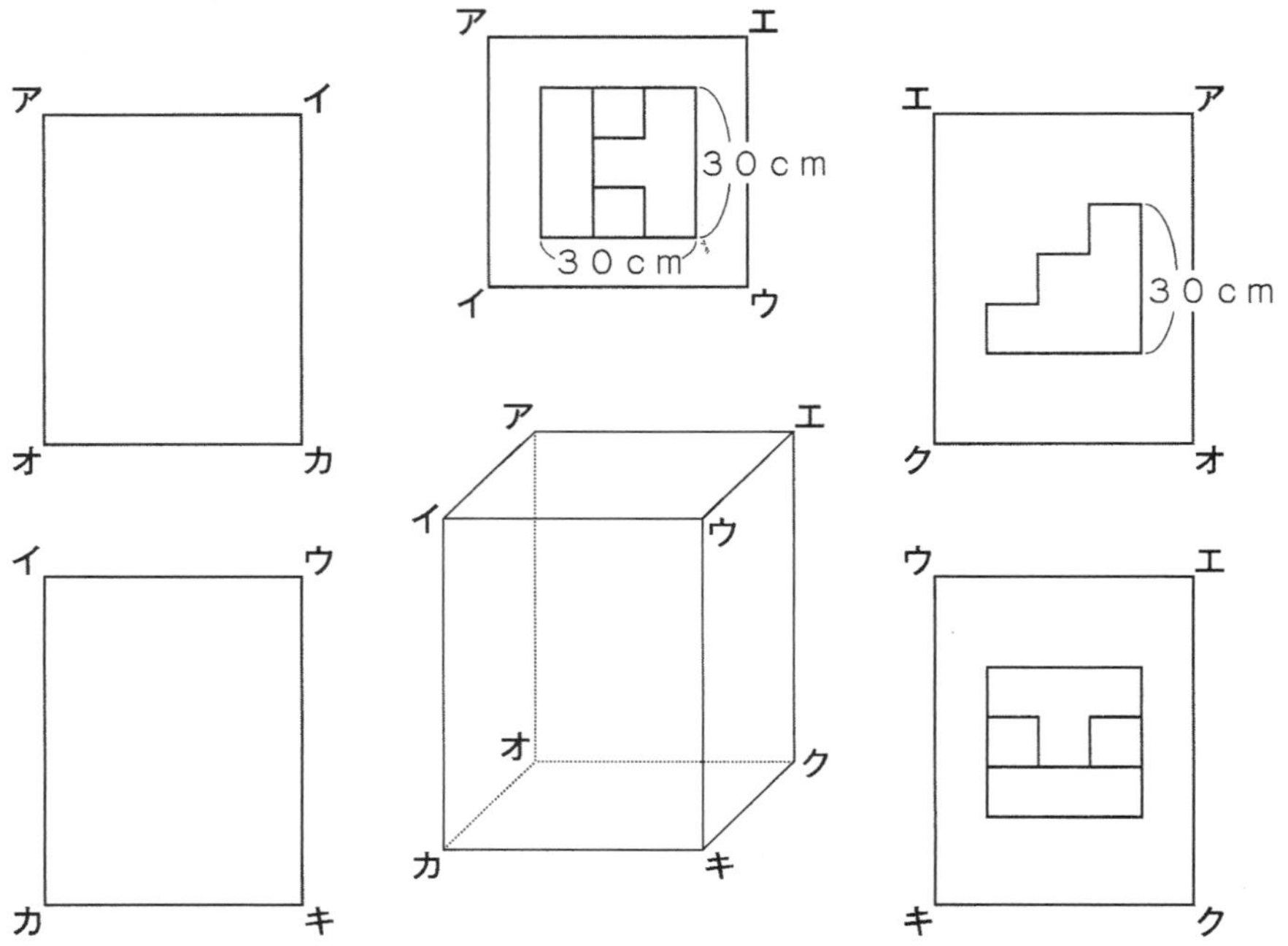

ルール

１、できあがる立体模型《もけい》は１辺が１０ｃｍの立方体を組み合わせてできたものとする。

２、平面にかかれたそれぞれの図は、その立体模型を一つの方向から見たときに見える図を表しているものとし、直方体の頂点《ちょうてん》の記号と平面の頂点の記号は対応しているものとする。

３、平面にかかれた図中では高さやおくゆきがちがう部分は線で区切って表している。

４、立体模型の真下の内側部分や内部などの外側から見えない所には、平面にかかれた図から判断できるもの以外、空どうや欠けている部分はないものとする。

Point

数理的に分析する力をみる

独自問題は私立難関中学の算数・理科の問題と見まがうような問題ですが、身近な事象の観察力や表現力が問われます。

Point

問題を解決する力をみる

想像力も使って方眼紙に描きますが、条件をしっかり満たす手順を考えて図示することが要求されます。

2020年度　東京都立武蔵高等学校附属中学校　適性検査Ⅲ（独自問題）より

４人は作品展に向けて話し合っています。

はるき： 作品展が近づいてきたね。

なつよ： 作品展とは別に、見にきた人に楽しんでもらう展示《てんじ》も考えるみたいだね。

はるき： 直方体の箱の外側に、下の底面を除《のぞ》いた五つの方向から見た絵をはって、箱を開けると、その絵を組み合わせてできる立体模型《もけい》が中にあったら見にきてくれた人も楽しみながら作品展に参加できるかな。

あきお： 直方体の箱を使えば、四つの側面と真上からの合計５枚の絵から立体模型を考えられそうだね。

ふゆみ： 立体模型の体積を考えると見にきた人がいろいろ考えながら楽しんでくれそうだね。

はるき： 立体模型の形は、１辺が１０ｃｍの立方体をいくつか組み合わせて作られた立体にしよう（**図５**）。

図５　４個の立方体で作った例

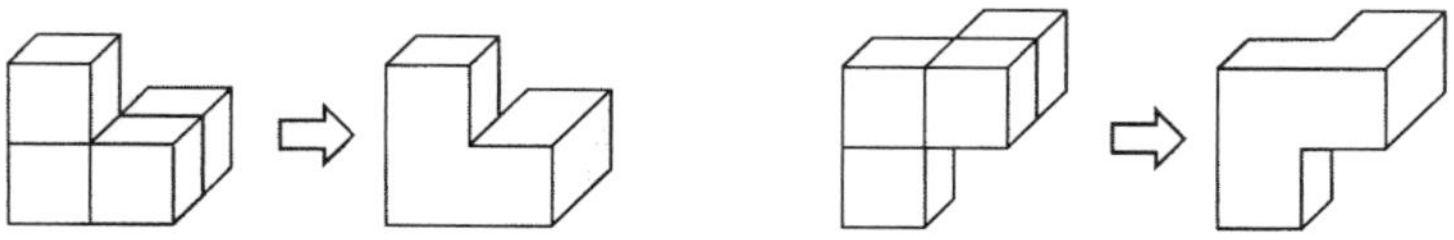

解説

都立武蔵高等学校附属中学校の入学者選抜では、報告書と適性検査Ⅰ・Ⅱのほかに適性検査Ⅲが課されるのが特徴です。適性検査と報告書の評価比率は3:1です。適性検査はいずれも100点満点ですが、それぞれ4倍し1200点満点、報告書は400点満点です。総合成績は1600点満点で選抜します。2021年度の詳細は9月に発表されます。

共同作成問題の適性検査Ⅰではふたつの平易な文章を深く読み取る力をみる読解問題と、読者ふたりの会話に対し自分の考えを含む論理的な文章を400～440字以内でつくる力をみる作文です。

適性検査Ⅱでは資料を分析し考察する力、資料の読み取りに基づいた論理的な思考力、表現力などをみます。大問①と③が共同作成問題、②が独自問題でした。その②は図表やグラフの読み取りから、日本の魚の消費量・生産量についての問題を、記述で答えるものでした。

武蔵高等学校附属独特の適性検査Ⅲでは、「紙のサイズ」と「立体模型」をテーマに、問題を解決する力、数理的に分析し課題を見出す力などをみたとしています。適性検査Ⅲは算数と理科の視点を試される問題だったといっていいでしょう。

東京都立 両国《りょうごく》高等学校附属中学校

■併設型
■2006年開校

「自律自修」を教育方針に掲げ 国際社会で活躍できるリーダーを育成

伝統である「自律自修」を教育方針に、質の高い教育活動を展開している東京都立両国高等学校附属中学校。東京東部地区のみならず、都立を代表する進学校として、高い学力、広く深い教養・知性を育んでいます。

金田《かねだ》　裕治《ゆうじ》
校長先生

自らを厳しく律し 自ら進んで学ぶ

Q 御校の沿革についてお話しください。

【金田先生】 東京都立両国高等学校は、東京府立第三中学校として1901年に設立され、2006年に中学校が開校しました。創立から120周年を迎え、東京東部地区を代表する歴史と伝統ある進学校としてレベルの高い教育を実践しています。

3学期制・週5日制で授業時間は50分。附属中学校の生徒数は1学年3クラス、120名となっており、中学生はそのまま両国高校へ進学します。

Q 教育方針の「自律自修」とはどういったものでしょうか。

【金田先生】「自律自修」とは、「自らを厳しく律し、自ら進んで学ぶ」という、自立した若者を育成するための教育方針です。

また、2006年の中学校開設時に、中高一貫教育を両国で行うにあたり、高校で掲げている「自律自修」を中学生にもわかりやす

学校プロフィール

開　校	2006年４月
所在地	東京都墨田区江東橋1-7-14
ＴＥＬ	03-3631-1878
ＵＲＬ	http://www.ryogoku-fuzoku-c.metro.tokyo.jp/
アクセス	JR総武線・横須賀線・地下鉄半蔵門線「錦糸町」徒歩５分、都営新宿線「住吉」・「菊川」徒歩10分
生徒数	男子172名、女子185名
１期生	2012年３月卒業
高校募集	あり（2022年度より高校募集停止）
教育課程	３学期制／週５日制（土曜授業 年18回）／ 50分授業
入学情報（前年度）	・募集人員　男子60名、女子60名 計120名 ・選抜方法　報告書、適性検査Ⅰ・Ⅱ・Ⅲ

く伝えるために「自ら考え、自ら学ぶ生徒」「高い志と使命感を持った生徒」「健康で明朗な生徒」の3つに置き換え紹介しています。

Q 御校はどのような雰囲気の学校ですか。

【金田先生】 本校の中学生は、創造力にあふれ、しなやかな感性を持っていると感じます。

中学生と高校生ではまったく異なった雰囲気があります。たとえば授業に対する反応も、中学生は伸びやかで元気がよい印象ですが、高校生は受験をめざして自分自身を高めていくという明確な目標がありますので、落ちついた真剣な雰囲気を感じます。

こうしたちがいを見ていると、「中高の6年間でいかに生徒の伸びやかな個性を育て、そのさきの進路希望実現へつなげるか」という部分に、本校の使命があると思います。

Q 教科のカリキュラムについて具体的にお話しください。

【金田先生】 東京都の中高一貫教育は、社会貢献や使命感、倫理観、つまり社会のリーダーになるような人材を育成するために、総合的な学力を培い、教養教育を行うことがコンセプトにあります。

それに基づき本校では、「言語能力の育成」、それから「英語によるコミュニケーション能力の育成」、「理数教育の充実」を基本構想としています。

まず「言語能力の育成」です。国語だけにとどまらず、全教科をつうじて言語能力を高める取り組みを行っています。具体的には、「読む・書く・聞く・話す」能力のバランスの取れた伸長をめざし、自分の意見を表現して相手に伝える力を磨く機会として、授業のなかでディベートやプレゼンテーションなどの発表の場を多く設定しています。

「英語によるコミュニケーション能力の育成」については、生徒のなかには、読み書きはできても英会話は苦手という場合があります。社会では話せる英語が求められていますので、英語をコミュニケーションの手段とし、国際社会で活躍できるリーダーの育成をめざします。ネイティブスピーカーの教員による授業はもちろん、オールイングリッシュの授業、ICTやBGMを使った全員参加型の授業で学び、実用できる英語力を中学

Pick up!

1 進路を早期に分けないカリキュラムで幅広い進路選択が可能になる

両国では中1・中2を「基礎学力定着期」、中3〜高2を「応用発展期」、高3を「確立期」としています。特徴的なのは「応用発展期」を3年間として、最後の「確立期」が高3の1年間になっているところです。

多くの学校は3つの期間を2年間ずつに分けていますが、両国はちがうかたちをとっています。それは、早期に進路を決定するのではなく、「確立期」に入る前になるべく多くの教科を勉強することで、将来の進路を幅広く選択できるようにしているからです。

「応用発展期」の高2の選択で、初めて文系と理系とで選択授業が少し変わってきます。それでも共通履修科目が大部分を占めています。そして高3の「確立期」になってから、進路希望により、文系と理系に分かれます。

カリキュラムでは、高1は国語・数学・英語の単位を増やしています。高2は地歴（世界史か日本史）か理科（物理か化学）を選択。高3では文系と理系に応じてさまざまな科目を選択します。

文系の私立大学志望だから数学を勉強しなくてもいいということはまったくありません。基礎学力は知らず知らずについていますので、両国ではほぼ全員が大学入学共通テストを受験します。

の段階からしっかりと養います。

その集大成として、中3で9泊10日の海外語学研修（アメリカ）を実施しています。生徒は現地の大学と連携した教育プログラムに参加するとともに、ワンファミリーワンスチューデント（1家庭1生徒）でのホームステイをつうじて、異文化理解・異文化交流にも取り組みます。

「理数教育の充実」では生徒の興味・関心をひくための体験学習を重視し、理科では、教科書に載っている実験・実習はすべて行っています。数学では数学的な見方や考え方を重視し、1クラス2展開の習熟度別・少人数授業を行い、基礎・基本の確実な定着をはかっています。

さらに、2019年度より外部の団体と連携し、STEM教育を推進しています。STEMとは、科学(Science)・技術(Technology)・工学（Engineering）・数学(Mathematics）の頭文字で、社会のIT化・グローバル化に対応し世界的視野を持った人材を育成します。STEMの知識技能を活用して、自発性や創造性、問題解決の力を身につけていきます。

独自のキャリア教育「志《こころざし》学《がく》」を実施

Q 習熟度別授業は行われていますか。

【金田先生】 中学校の数学、高校の数学と英語で実施しています。

Q 補習や土曜授業、夏期講習などはどうされていますか。

【金田先生】 まず、毎日行う朝学習は全学年で実施し、ホームルーム前の15分間にドリルなどを用いて学習を行います。曜日によって取り組む教科は変わります。

高校では希望制で放課後に講習を実施し、土曜日は中・高ともに隔週で午前中に授業があります。

夏期講習も中・高で実施しています。夏期講習は希望制で、生徒が自分の希望する講座を選択し受講しています。中学生は基礎的な内容が主ですが、高校生は受験に向けて基礎から高いレベルのものまで用意しています。

Q 進路・進学指導についてお話しください。

【金田先生】 総合的な学習の時間を使い、「志学」という進路や生き方について意識を深める学習を行っています。その一環として、

例年のおもな学校行事

4月	入学式
5月	遠足　校外学習
6月	体育祭
7月	林間学校（1年）　海外語学研修（3年）
8月	卒業研究（3年）
9月	文化祭
10月	
11月	職業人インタビュー（1年） 職場体験（2年）
12月	
1月	百人一首大会
2月	合唱コンクール
3月	芸術鑑賞教室　球技大会　卒業式 TGG英語研修（2年）

さまざまな方面で活躍している卒業生をお招きして講義をしてもらい、高校卒業後の将来を意識させています。名前が表すとおり、高い志を抱かせるプログラムが「志学」なのです。「志学」を総合学習で行い、中1で職業人インタビュー、中2で職場体験、中3で卒業研究を行い、将来の志や使命感を中学の3年間で育てます。

高校の進路指導では、普段の定期考査のほかに、1年間に4回の模擬試験を実施しています。外部模試を3回、両国内部で作成した実力テストを1回です。このようにきめ細かくテストが行われているので、学力の伸びやスランプなども確認しやすくなっています。また、年に数回、面接や三者面談を実施しています。

さらに、予備校や塾に行かず学校の授業や講習だけで大学受験に対応できる学力をつけさせることをめざし、授業内容の充実を目標に教員同士の授業見学や授業研究がさかんに行われています。

なお、2022年度より高校からの募集が停止となり、完全中高一貫校へと移行し、6カ年を見通した教育を展開いたします。

夢や希望を持った生徒に来てほしい

Q　いつも生徒さんに話されているお言葉はありますか。

【金田先生】 今後、あいさつ日本一をめざしたいと思っており、毎朝生徒の登校時間に門の前に立って、登校してくる生徒にあいさつをしています。あいさつをとおして生徒とのコミュニケーションを大切にしています。

Q　最後に、どのような生徒さんに入学してほしいか、お話しください。

【金田先生】 さまざまなことに興味関心を持ち、何事にも積極的にチャレンジしようとする意欲と情熱のある生徒さんに来ていただきたいと思っています。

本校では生徒と先生が、1時間1時間の授業に真剣に取り組んでいます。

そんな本校での勉強・学校行事・部活動などの教育活動のなかで友情を育み、先生とのきずなを深め、しっかりと学び、自分を高め、将来国内外でリーダーとして活躍できる人材に育ってほしいと願っています。

りょう：さっそく（**図3**）のような移動の仕方を見つけたよ。これは、
A→B→C→D→N→M→O→E→F→G→H→P→J→Ｉ→K→L→A
と移動したのだけれど、ななめの移動がD→N、M→O、O→E、H→P、P→J、Ｉ→Kの計6回あるから得点は6点だね。

みさき：私《わたし》も得点が6点になる（**図4**）のような移動の仕方を見つけたよ。これは、
A→B→C→D→E→O→M→K→J→Ｉ→H→G→F→N→P→L→A
と移動したのだけれど、移動した点と点を線で結んでできる形が、線対称《せんたいしょう》な形であり、点対称《てんたいしょう》な形でもあるよ。

図3

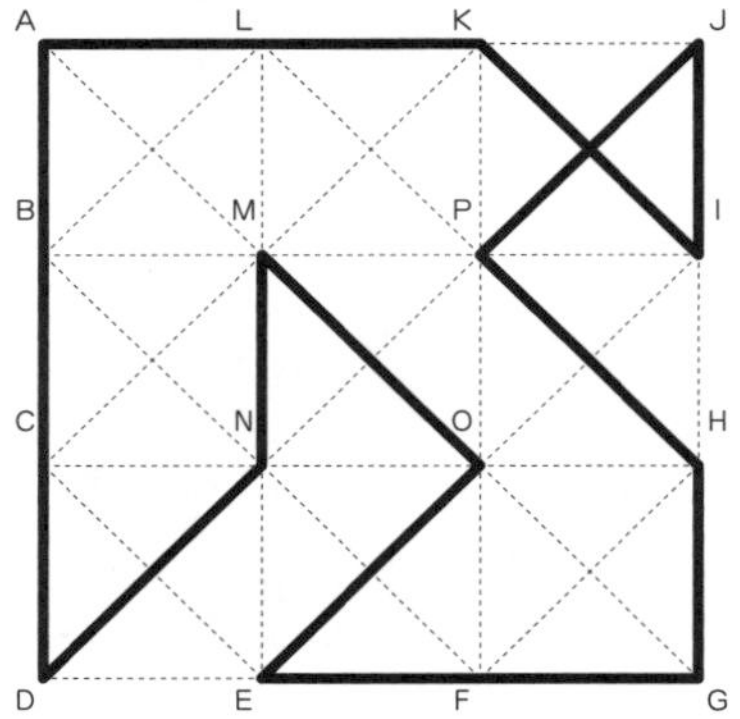

図4

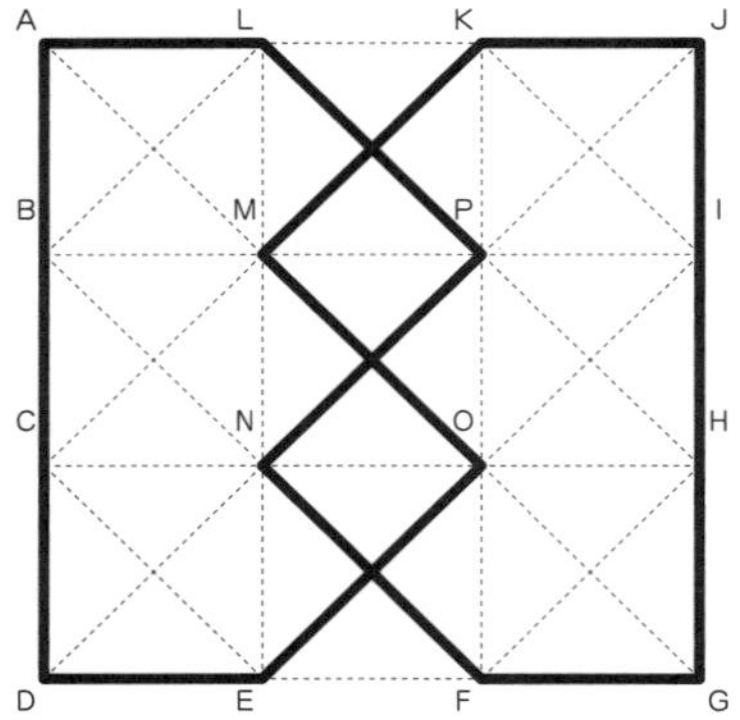

りょう：得点が6点となる移動の仕方のなかで、移動した点と点を線で結んでできる形が、線対称であるが点対称でない形になるものや、点対称であるが線対称でない形になるものもありそうだね。

みさき：いっしょに考えて見つけようよ。

〔問題1〕 いっしょに考えて見つけようよ。とありますが、得点が6点となる移動の仕方のなかで、移動した点と点を線で結んでできる形が、線対称《せんたいしょう》であるが点対称《てんたいしょう》でない形になるものか、点対称であるが線対称でない形になるもののどちらかを解答らんに一つ答えなさい。ただし、定規《じょうぎ》を用いて（**図3**）や（**図4**）のようにはっきりとした線で書きなさい。

Point

論理的に考える力をみる

全問で30分しかありません。資料を読み取り、論理的に考え、条件を整理し能率的に処理する力をみています。

Point

課題を解決する力をみる

根気が必要な出題といえますが、課題、条件を分析する力、その問題を解決するべく、ていねいに考える力をみています。

東京都立 両国高等学校附属中学校

募集区分
一般枠

入学者選抜方法
適性検査Ⅰ（45分）、適性検査Ⅱ（45分）、適性検査Ⅲ（30分）、報告書

2020年度　東京都立両国高等学校附属中学校　適性検査Ⅲ（独自問題）より

2　**りょう**さんと**みさき**さんが放課後に教室で話をしています。

りょう：パズルの本を読んでいたら、おもしろそうな問題を見つけたよ。

みさき：どんな問題なの。

りょう：（**図１**）のように、Ａ《エー》、Ｂ《ビー》、Ｃ《シー》、Ｄ《ディー》、Ｅ《イー》、Ｆ《エフ》、Ｇ《ジー》、Ｈ《エイチ》、Ｉ《アイ》、Ｊ《ジェイ》、Ｋ《ケー》、Ｌ《エル》、Ｍ《エム》、Ｎ《エヌ》、Ｏ《オー》、Ｐ《ピー》の１６個の点があるんだ。点Ａを出発点として、ルールに従《したが》って移動していく問題で、ここに移動のルールが書かれているよ。

図１

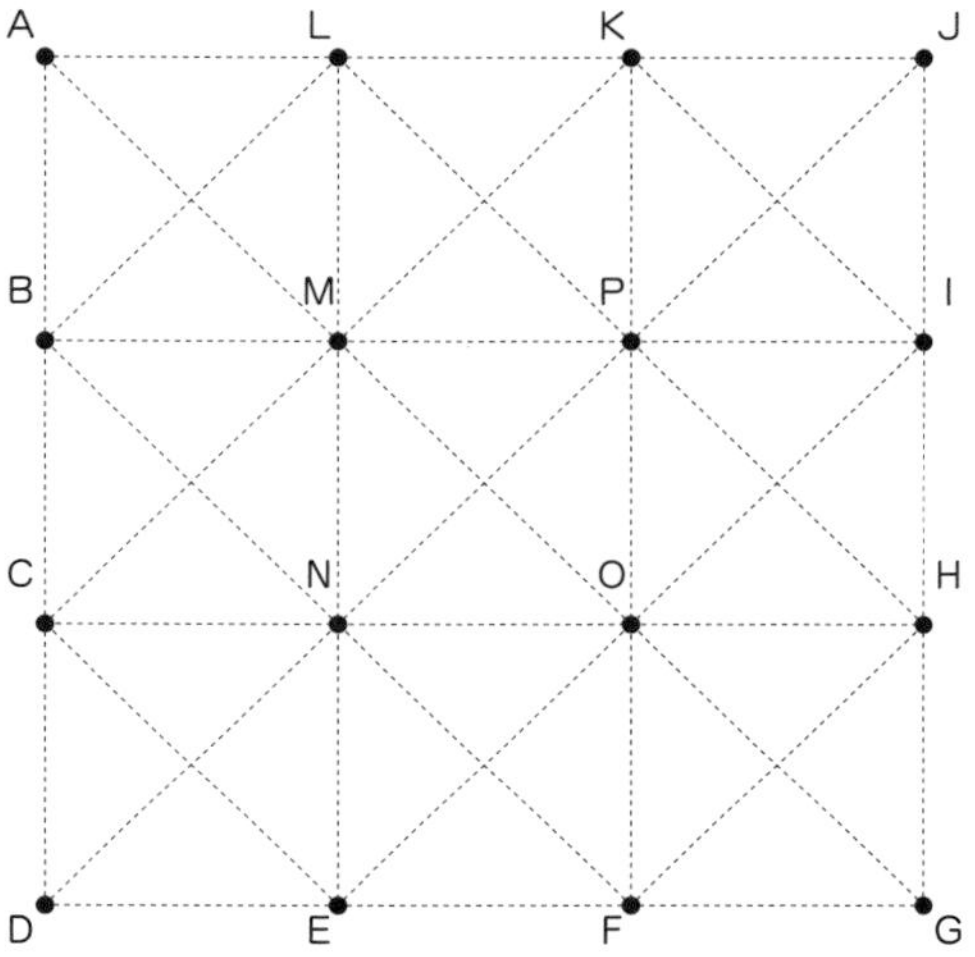

【移動のルール】

ルール１	１回の移動は（**図２**）の①から⑥までの６通りのいずれかとし、移動する前の点と移動した後の点を線で結んでいきます。
ルール２	移動は全部で１６回行うものとし、（**図１**）の点Ａを出発点として、残りの１５個の点をすべて１度ずつ通って、最後は点Ａにもどってくるものとします。
ルール３	１６回の移動のなかで、（**図２**）の⑤と⑥のように、ななめに移動した回数を得点とします。

図２

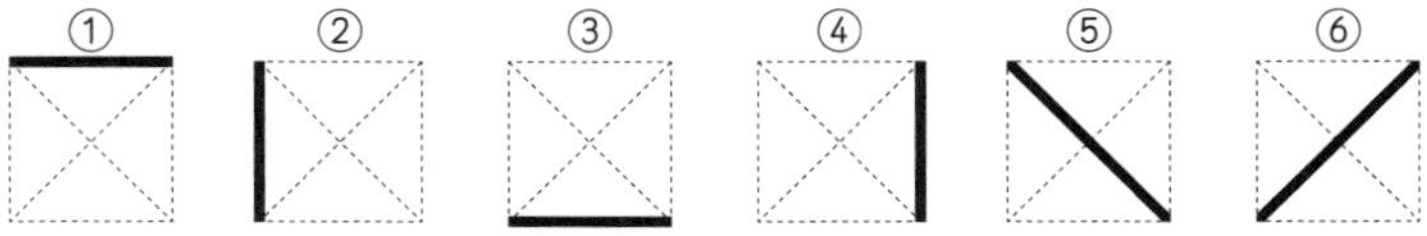

解 説

2020年度、都立両国高等学校附属中学校の入学者選抜では、報告書（換算後200点）、適性検査Ⅰ（換算後300点）、適性検査Ⅱ（換算後200点）、適性検査Ⅲ（換算後300点）の総合成績1000点で評価しました。適性検査Ⅲの比重が重いのが特徴です。ただ、2021年度の換算式等は、正式には９月に発表されます。

適性検査Ⅰは2019年度入試より、独自問題から共同作成問題に変わりましたが、文章を読み取る力、自分の考えを適切に表現する能力をみることは変わりません。すべて記述式で、最後の問題は字数が少し増え400 ～ 440字の作文を求められました。

共同作成問題の適性検査Ⅱは、問題を分析する力、思考力、判断力、また課題を解決する総合的な力をみます。適性検査Ⅱは算数・理科・社会の３科目がバランスよく融合された出題となっています。ただ、読解力がなければ、問題そのものを読み取れません。

独自問題の適性検査Ⅲは、課題に対して科学的・数理的な分析、考察、判断、解決する力を試したいとの趣旨で作問されました。30分しかありませんので、基本的な計算を能率的に処理する力も必要でした。

神奈川県立 相模原《さがみはら》中等教育学校

■中等教育学校
■２００９年開校

次世代を担うリーダーの育成
挑戦し一人ひとりが輝く学校

２０２０年3月、神奈川県立相模原中等教育学校は6期生を卒業させました。中高6年間を計画的に使い、「しっかり学び、じっくり育て、ゆっくり探る」教育を展開し、次世代を担うリーダーを育成しています。

藤原《ふじわら》 敬子《たかこ》
校長先生

学校プロフィール

開　校	2009年４月
所在地	神奈川県相模原市南区相模大野4-1-1
TEL	042-749-1279
URL	https://www.pen-kanagawa.ed.jp/sagamihara-chuto-ss/
アクセス	小田急線「相模大野」徒歩10分
生徒数	前期課程 男子239名、女子237名 後期課程 男子229名、女子234名
１期生	2015年３月卒業
高校募集	なし
教育課程	２学期制／週５日制／（前期課程）45分授業、（後期課程）100分授業〔３校時〕＋50分〔１校時〕
入学情報	・募集人員　男子80名、女子80名　計160名 ・選抜方法　適性検査Ⅰ・Ⅱ、調査書 ※2021年度入学者検査については、グループ活動は実施しません

生徒のやりたいことを実現させるための6年間

Q 御校が設立された経緯をお聞かせください。

【藤原先生】 神奈川県立相模原中等教育学校は、同県立相模大野高等学校を母体校として、２００９年に開校した中高一貫教育校です。今年卒業した6期生も、1～5期生につづき、東京大学をはじめとした国公立大学に62名が進学したほか、難関私立大学など幅広い進路目標を達成し、一人ひとりが自らの思いを実現させました。

教員一同、生徒が高い志を持ち、諦めないで貫けるよう指導してきました。それが、こうした成果として表れたのだと思います。

相模原では、6年間をとおして、生徒の「ほんとうにやりたいこと」の実現を支援することに重きをおいています。

Q 御校の教育目標とはどのようなものですか。

【藤原先生】 教育目標は、「人格の完成をめざし、高い知性と豊かな人間性をそなえ、心身ともに健全

な、次世代を担う人材を育成する」ことです。つまり、生徒たちが将来、次世代を担うリーダーとして活躍できるよう、導くことをめざしています。

ここで掲げるリーダーとは、一流企業の社長や、政治家などを意味しているのではありません。自己のいる場所で他者と協働して課題と向きあい、解決できる力を持ち、創造力を発揮し、かたちにできる人のことです。

本校では、その実現のため、「科学・論理的思考力」「表現コミュニケーション力」「社会生活実践力」の3つの力を主として育てています。

これらの力を、基礎期（1・2年）・充実期（3・4年）・発展期（5・6年）という段階ごとに、しっかり学び＝〈学習〉、じっくり育て＝〈生活〉、ゆっくり探る＝〈キャリア教育〉という指導計画に沿って身につけ、活用させます。

相模原メソッドを柱に特色ある授業を展開

Q カリキュラムや、学習指導の特徴について具体的にお話しください。

【藤原先生】 学習面では、「読書・暗唱・ドリル」「発表・質疑応答・レポート」「探究・ディベート」という学びの相模原メソッドを柱とした授業により、力を養います。

「読書・暗唱・ドリル」は、おもに基礎期に取り入れ、学習の基礎・基本を確実に定着させます。

「発表・質疑応答・レポート」は、1年生から、パソコンで作成したスライドを使った発表をさせ、質疑応答をとおして、疑問を持つこと、問いを伝えることで、別次元からの思考力を養います。

「探究・ディベート」も、1年生から取り組み、自分の考えを論理的に表現する学習を6年間継続します。

また本校では、こうした学習に全員が取り組めるよう、1年生から家庭学習の習慣を身につけさせることを重視しています。そのため、通常40人×4クラスのところを、基礎期は32人×5クラスで編成し、教員がしっかりと生徒一人ひとりを支援できるようにしています。

課題は毎日たくさんでます。なかには大変だと感じる生徒もいるかもしれませんが、徐々にできるようになっていきます。教員たちが生徒の成長段階に合わせて、しっかり育てていくことが大切なのです。

カリキュラムは前期課程生は45分×7校時×週5日の2学期制、後期課程生は100分×3校時＋50分×1校時の週5日です。大きな特徴としては、4年生までは全員が同じ科目を受けることです。5年生からは自由選択科目があります。

文系・理系を問わず、全員に各教科をバランスよく学ばせる理由は、たとえば弁護士になったときにも医療の知識が必要になる場合があるように、リーダーとなる資質の「創造力」には多くの確かな知識が不可欠だからです。

大学進学だけでなく、将来を見据え、生徒がどの分野に行っても力を発揮できるように、幅広い分野の基礎を身につけさせることを大切にしています。

Q 御校独自の特色ある取り組みについてお聞かせください。まず、「かながわ次世代教養」がありますね。

【藤原先生】「かながわ次世代教養」は、自らの課題を探究によって解決し、他者に適切に伝える能力の向上をはかる授業です。

教科の学習で身につけた力を、総合的に活用する能力を養っていきます。たとえば、「伝統文化・歴史」や「地球環境」をテーマに課題研究に取り組み発表します。前期課程の成果発表会では、英語による発表も行います。

1～3年で学んだ探究学習を土台として4年次以降は課題研究に取り組みます。6年次の成果発表会では、生徒全員が自己の課題研究の成果を発表します。

「二輪倒立振子の制御の単純化」「神奈川県真鶴町の石材『本小松石』のコンクリートへの応用」など、テーマはさまざまです。生徒にとっては大学などで学びたいことを考えるきっかけにもなっています。

また、理科の授業で行われる「サイエンスチャンネル」では、科学・論理的思考力を高める探究活動を実践しています。ガスバーナーに火をつけることから始め、いろいろな実験・考察・発表を行います。やがて、生徒たちは学外の活動にも目を向け、大学が主催するイベントやコンテストなどに積極的に参加するようになります。

Pick up!

1 かながわ次世代教養

1年生から6年間かけて次世代を担うリーダーに求められる「科学・論理的思考力」、「表現コミュニケーション力」、「社会生活実践力」を体系的・継続的に学習し、自らが設定した課題を解決する探究活動を行います。

前期課程では、IT活用スキルの習得や「伝統文化」「地球環境」というテーマについて学習を深め、グローバルな舞台でプレゼンテーションと質疑応答ができるための英語コミュニケーション力を3年間かけて育成します。

後期課程では、6年次で行われる成果発表会に向けて、自らがさまざまな分野における課題を設定し、解決するための探究活動を進めます。

知的好奇心を刺激し、将来にわたって学習する意欲や態度を育成し、大学での研究活動につなげています。

2 6年間で「しっかり学び」

前期課程では、「読書・暗唱・ドリル」、「発表・質疑応答・レポート」、「探究・ディベート」の学びの相模原メソッドを柱とし、基礎的な知識・技能を習得させる授業が展開されています。

たとえば、英語ではネイティブスピーカーの発音に慣れながら暗唱し、スキットなどで自分の言葉として発表する機会を設けています（相模原メソッド）。自分の考えを英語で相手に伝えることで、表現する喜び、達成感が感じられる授業展開が行われているのです。

また、理科では科学研究の基礎・基本を学ぶために、実験や観察を数多く行い、知的好奇心を刺激します。

そして、結果や考察をみんなの前で発表し、質疑応答を行うことで、科学・論理的思考力を深め、後期課程の学習につなげます。

このように、相模原の生徒は、発表することや質疑に応えることなどにより、課題を解決するために必要な思考力・判断力・表現力を育成し、主体的に学ぶ意欲を養っていきます。

後期課程では、前期課程で育成した力を基に、中等教育学校における教育課程の基準の特例をいかして、6年間で効率よく「学び」を深めていきます。

例年のおもな学校行事

4月	入学式　新入生オリエンテーション 合宿（1年）
5月	社会見学（2～6年）
6月	蒼碧祭（体育部門）　出張授業（1年） 農業体験（2年）
7月	かながわ次世代教養成果発表会
8月	自己発見チャレンジ（4年） 海外研修旅行（4年希望者）
9月	蒼碧祭（文化部門）
10月	職業体験（2年） イングリッシュキャンプ（3年）
11月	研修旅行（5年）
12月	芸術祭（合唱部門）　芸術祭（展示部門）
1月	
2月	
3月	前期課程成果発表会　球技大会　卒業式

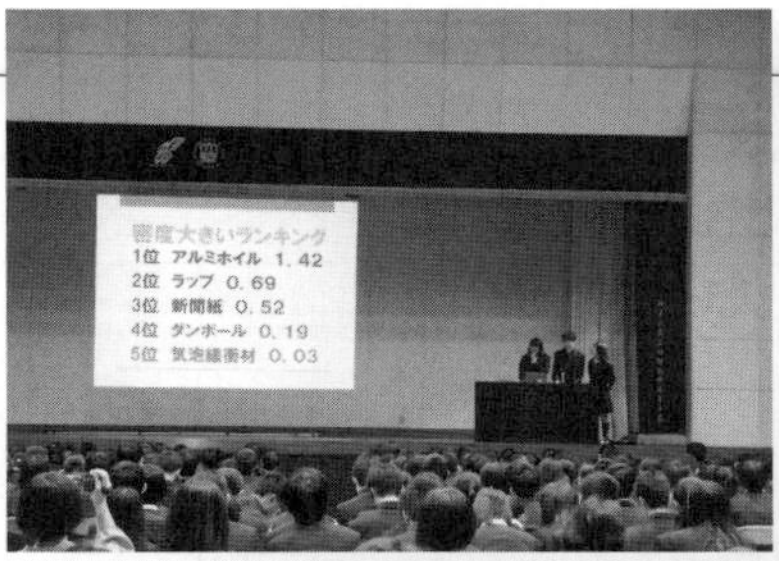

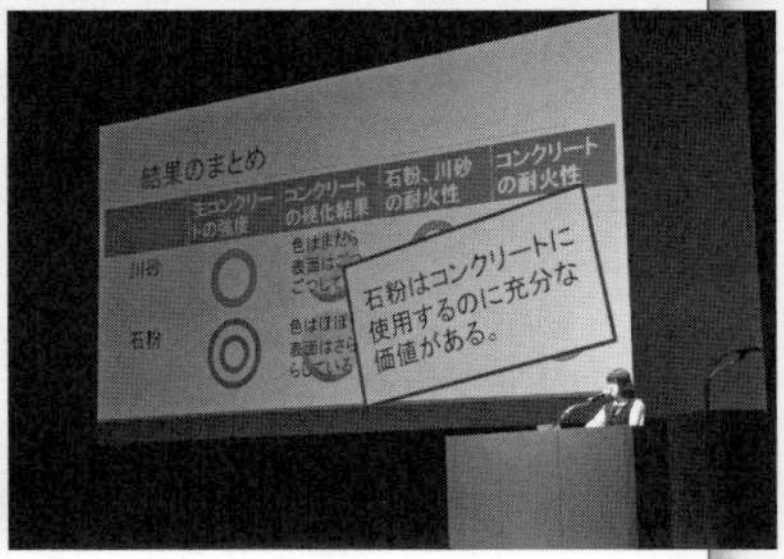

世界にでるために日本の伝統文化を知る

Q 行事など、学校生活についてはいかがでしょうか。

【藤原先生】 本校は行事もさかんです。「蒼碧《そうへき》祭」は、相模大野高校の伝統が引き継がれ、体育部門と文化部門で構成されています。体育部門1～6年生までが一体となって行う点も特徴です。

体育部門では前期課程生も応援団のダンスに参加し、後期課程生が前期課程生を指導します。毎年1～6年生まで各色の団のTシャツを着て競技中も一体となり応援しています。前期課程生と後期課程生が行事をつくりあげていく体育部門は今後も大きな行事として発展しつづけることでしょう。

上級生は下級生のことをとてもよく考えてくれています。ほんとうに思いやりのある生徒たちです。目標とする上級生の姿を見て、下級生もしっかり育っていきます。

Q キャリア教育へはどのように取り組まれていますか。

【藤原先生】 キャリア教育においては、各学年・年次に体験活動を取り入れています。2年生で行う「農業体験」では、2泊3日、農家に泊まって農作業の体験や3日間の職業体験をとおして、働くことの尊さを学びます。

また、4年次に行う「自己発見チャレンジ」は、生徒が自分の興味・関心のある企業や大学、官公庁などの外部機関に出向き、自ら設定した課題にチャレンジするというプログラムです。

企業での1日職業体験、大学の研究室訪問など、多彩な体験をとおして自己を探究します。

Q 最後に、相模原へは、どのような生徒さんに来てほしいかお聞かせください。

【藤原先生】 世の中のいろいろなことに興味を持って挑戦していく生徒さんに入学してほしいですね。「挑戦する心」＝自分のやりたいことを積極的にやってみること。「思いやる心」＝他者と積極的にかかわり視野を広げること。「感謝する心」＝他者と協働し取り組むなかで「ありがとう」の心を大切にすること。これらのことを大事にして、学校生活に主体的にかかわり、意欲のある生徒のみなさんに、本校を志願してほしい。充実した6年間を過ごせることでしょう。

神奈川県立 相模原中等教育学校

募集区分：一般枠

入学者選抜方法：適性検査Ⅰ（45分）、適性検査Ⅱ（45分）、調査書

〔条件〕３段の立体の作り方

㋐　箱は①～㉟の番号の順番に並べます。３段の立体で，１段めの⑦の上に２段めの㉖が重なります。①は☆の記号の箱とし，㋑のように並べます。

１段め

①	②	③	④	⑤
⑥	⑦	⑧	⑨	⑩
⑪	⑫	⑬	⑭	⑮
⑯	⑰	⑱	⑲	⑳
㉑	㉒	㉓	㉔	㉕

２段め

㉖	㉗	㉘
㉙	㉚	㉛
㉜	㉝	㉞

３段め

㉟

㋑　箱の並べ方は，☆の記号の箱から矢印→の順番で並べます。

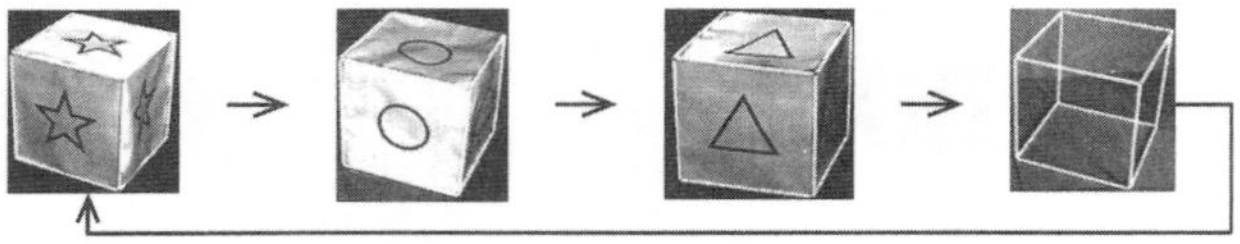

〔図５〕ストローのみの箱とくっついているときの見え方

左のように  と 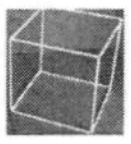 がくっついている状態で，⇦の方向から見たとき，☆の記号の箱が見えます。

〔図６〕箱を２個並べたとき

○　たろうさんの計画の例Ⓐのように複数のストローが重なったとき，かなこさんの案ではⒷのようにストローの本数を１本にします。

○　たろうさんの計画の例ではストローが 24 本必要ですが，かなこさんの案ではストローが４本減ります。

たろうさんの計画の例

Ⓐ重なったストロー

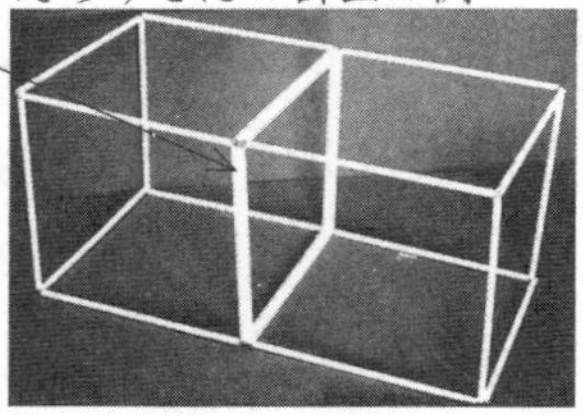

かなこさんの案

Ⓑ１本のストロー

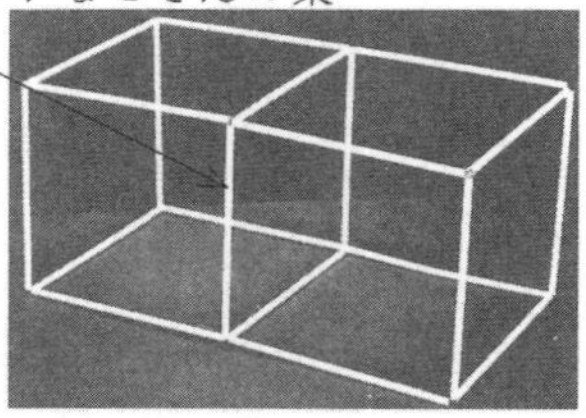

（１）たろうさんは，〔条件〕に従って箱を並べました。計画どおり並べ終えたあと，〔図２〕を真上⇩から見たとき，☆の記号の箱が何個見えるか，書きましょう。

（２）〔図６〕のかなこさんの案で〔図２〕の立体を作った場合，たろうさんの計画で作ったときに比べて，ストローを何本減らすことができるか，書きましょう。ただし，〔図４〕のようには，紙をはらないものとします。

Point

読解力と想像力が試される

条件に沿って考える算数型の問題です。ていねいに想像しながら整理を行い、法則を探しだせれば解ける問題です。

Point

条件を整理ししっかり考える

条件をていねいに読みこまないとミスにつながります。図の指示どおりに考えて解き進める力が要求されています。

2020年度　神奈川県立相模原中等教育学校　適性検査Ⅱより（神奈川県立共通）

問４　たろうさんとかなこさんの班では，ストローと針金を使って，３段の立体を作る計画について話し合っています。次の〔会話文〕を読んで，あとの（１），（２）の各問いに答えましょう。

〔会話文〕

先生	「３段の立体は，どのように作るのですか。」
たろう	「まず〔図１〕のような縦，横，高さが同じ長さの箱をたくさん作って，〔図２〕のような３段の立体になるように箱を並べる計画を立てました。〔図１〕の箱を使って，１段めには25個，２段めには９個，３段めには１個の箱を置きます。〔図３〕は〔図２〕を真横と真正面と真上から見た図です。３段の立体は，〔図１〕の箱とほかの種類の箱で作ります。」
先生	「どのような種類の箱があるのですか。」
たろう	「〔図４〕のように３種類の箱を作ります。〔図４〕と〔図１〕の箱を使って，〔条件〕に従って並べます。このとき，例えば☆の記号の箱と〔図１〕の箱をくっつけると，〔図５〕のように見えます。」
先生	「たろうさんの計画だと，ストローの本数が420本必要ですが，もっと本数を減らすことができますか。」
かなこ	「わたしの案では，〔図６〕のようにすると，ストローの本数を減らすことができます。」

〔図１〕ストローのみの箱

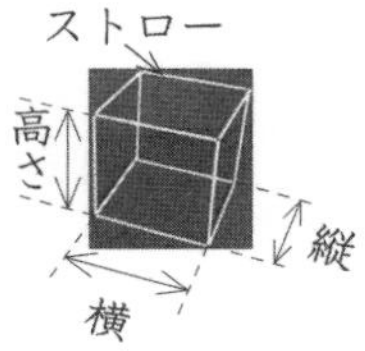

１個の箱を作るのに，すべて同じ長さのストローを12本使います。縦，横，高さは同じ長さになります。ストローをつなぐために針金を使います。

〔図２〕３段の立体

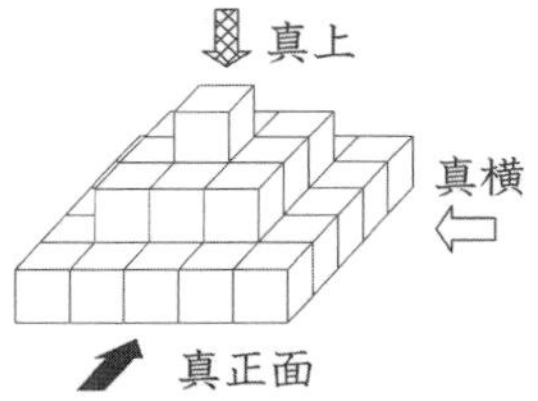

〔図３〕真横，真正面，真上から見た図

真横⇦と真正面⬈から見た図

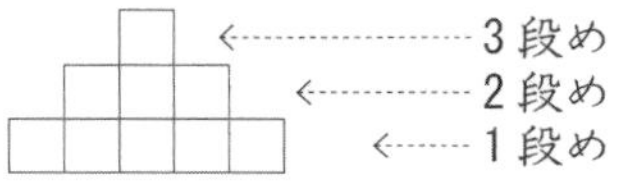

真上⇩から見た図

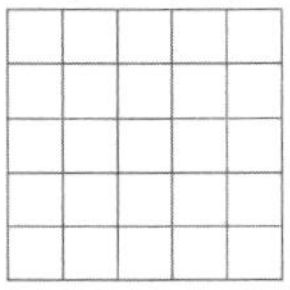

〔図４〕紙をはった箱の種類

箱には，〔図１〕の箱の６つの面に同じ形の記号がかかれた紙を６つの面それぞれにはります。記号は☆，○，△の３種類です。

☆の記号

○の記号

△の記号

解説

神奈川県立の中等教育学校２校（相模原中・平塚中）は同じ問題で検査をします。適性検査Ⅰ・Ⅱでは、これからの社会に必要な力をはかるとされていて、他者の考えや発言を類推し、わかりやすく表現する力、資料を見ながら論理的に分析し、順序立てて表現、説明する力、身のまわりの事象に対する課題意識の有無などをみます。

適性検査Ⅰ・Ⅱは国・算・社・理、４教科の融合問題で、検査時間に比べてボリュームがあるうえ、計算が必要な問題がでますので、Ⅰ・Ⅱともに時間配分の計画性が大切です。

家庭にあってもふだんから新聞やニュースに触れ、問題点を読み取ったり自分の意見をまとめ、筋道立てて説明できるようにしたいものです。家庭でもさまざまな角度から話しあうような習慣をつけるとよいでしょう。

記述問題はかならず出題されます。この春も、適性検査Ⅱで字数120字以上150字以内の記述問題がだされました。自らの経験に照らして書く意見文ふたつでした。

毎年実施している「グループ活動による検査」は、新型コロナウイルス肺炎予防の観点から2021年度入試では実施しません。

神奈川県立 平《ひら》塚《つか》中等教育学校

■中等教育学校
■2009年開校

かながわから世界とつながる 次世代のリーダーを育てる

2009年に神奈川県初となる公立中高一貫校として誕生した神奈川県立平塚中等教育学校。「かながわ次世代教養」や「英語コミュニケーション」などの取り組みをとおして世界へ羽ばたく人材を育てています。

落合《おちあい》　浩一《ひろかず》
校長先生

3つのLで次世代のリーダーを

Q 御校は2009年4月に、神奈川県初の公立中高一貫校として開校されましたが、沿革をお教えください。

【落合先生】 本校は県立大原高等学校の敷地内に開校し、今年で開校12年目を迎えました。2015年の3月に、1期生が初めての卒業生として巣立っていきました。

取り組みの柱のひとつに、「かながわ次世代教養」があります。これは総合的な学習の一貫として次世代のリーダーを育成し、神奈川（平塚）から日本や世界を支えていこうというものです。そこで「表現コミュニケーション力」「科学・論理的思考力」「社会生活実践力」という3つの力の育成・伸長を重視した教科指導を行っています。そのなかでも本校は「表現コミュニケーション力」の育成に力を入れています。

Q 教育理念である3つのLについてお教えください。

【落合先生】 これは創立当初から

学校プロフィール

開　校	2009年4月
所在地	神奈川県平塚市大原1-13
TEL	0463-34-0320
URL	https://www.pen-kanagawa.ed.jp/hiratsuka-chuto-ss/
アクセス	JR東海道本線「平塚」バス10分徒歩7分または徒歩30分、小田急線「伊勢原」バス18分徒歩5分
生徒数	前期課程 男子240名、女子240名 後期課程 男子235名、女子233名
1期生	2015年3月卒業
高校募集	なし
教育課程	2学期制／週5日制／（前期課程）45分授業、（後期課程）50分授業
入学情報	・募集人員　男子80名、女子80名 計160名 ・選抜方法　適性検査（Ⅰ・Ⅱ）、調査書 ※2021年度入学者検査については、グループ活動は実施しません

の学校理念です。次世代のリーダーとなれる人材、人間性豊かで社会貢献ができる人材を育てることをめざし、そのための理念として「生きる（Live）―深い洞察と鋭い感性―」、「慈しむ（Love）―高い志と豊かな人間性―」、「学ぶ（Learn）―幅広い教養と光る知性―」という「3つのL」を掲げました。この教育理念は生徒たちにしっかりと浸透し、クラス写真を撮影するときなど、みんな自然に、指でLの字のポーズをつくっています。

Q 御校の教育カリキュラムについてお教えください。

【落合先生】 2学期制、前期課程は45分授業で1日7時間が基本のスタイルです。後期課程は50分授業で単位制になっています。6年間を3期に分け、一貫した教育を行っています。

1〜2年は基礎基本を充実させる「基礎・観察期」とし、1年のみ1クラス32名の少人数編成です。3〜4年は「充実・発見期」として中高一貫の特徴を大切にし、中学と高校との〝線〟を引かずに学びます。そして、5〜6年は「発展・伸長期」として、将来像を描きながら、つぎの進路をめざした取り組みを行っています。

中学校段階では、学習指導要領に定められている標準時間より、週4〜5時間多くの授業を行っています。その増えた4〜5時間は国語・数学・英語にあて、無理なく発展的な学習を行います。教科によっては、1・2年生で高校カリキュラムの内容を学習することもあります。

しかし、たんに上級の学年の学習範囲を先取りして学習するということではなく、中高一貫の6年間で体系的に学ぶカリキュラムとなっています。5年次段階で高校課程を修了する科目もあり、6年次では、全体的な復習に加えて、さらに深い発展的な学習を行っていきます。

3年生以降の学年では、数学の授業は習熟度別、英語の授業は少人数で行うとともに、ふだんの授業で論理的思考力の育成に力を入れています。さらに5年次では理系、文系に分かれて2クラス3展開の習熟度別授業を行っていることも特徴です。

また、朝のショートホームルームの前に、〝モーニングタイム〟

Pick up!

1 多彩な取り組みが注目の「かながわ次世代教養」

「かながわ次世代教養」は、「伝統文化・歴史」、「地球環境」、「英語コミュニケーション」、「IT活用」の４つの分野を、かながわの地域の特性をいかしながら体系的に学ぶことで、未知の事態や新しい状況に対応できる力を養っていくことを目的としています。

平塚では、この４分野を１～３年生の間、週２時間ずつ学んでいきます。１年生では自分でプログラミングまでするロボットを制作。２年生では地球環境について学ぶ講演会が行われています。また、地元の相模人形芝居を体験したり、２泊３日英語だけを使って過ごすイングリッシュキャンプなど、授業だけではなく、さまざまな行事をとおして、各学年で好奇心を育み、子どもたちの世界を広げていく取り組みが行われています。そして、最終的に６年生（高３）で卒業論文にまとめていくことになります。

こうした取り組みをとおして、「かながわから日本へ　そして日本から世界へ」と、世界に羽ばたいていく新しい時代のリーダーを育てています。

2 「英語コミュニケーション」は充実した行事が目白押し

国際的に活躍できる人材育成というキーワードのもと、「英語コミュニケーション」を１年生から取り入れ、６年間をとおして英語力を磨いていきます。

１年生で自由参加のイングリッシュワークショップが行われ、２年生では全員参加の２泊３日のイングリッシュキャンプがあります。ここでの会話はすべて英語で行われます。そのほか、４・５年生を対象としたエンパワーメントプログラムでは国内において日本に来ている留学生と小グループをつくってディベートを行います。

４・５年生では希望制でイギリス語学研修があります。約２週間ホームステイを行い、現地の人と交流し、日本文化を紹介します。そして、集大成として５年生で海外研修旅行があります。

こうした６年間のさまざまなプログラムにより、英語に慣れ親しみ、英語で発信し受け取れる力を磨いていきます。これらの経験から海外の大学への進学を希望する生徒もでてきています。

という10分間の「朝の読書活動」を行っています。

Q　３つの力の育成というお話がありましたが、どのように学習に取り入れているのでしょうか。

【落合先生】本校の学習活動では、授業や行事などに横断的に組みこみ、〝キャリア教育実践プログラム〟としてしめしています。

たとえば、「表現コミュニケーション力」の学びは、授業や特別活動など、あらゆる場面にあります。本校では1年生からグループや個人で発表する機会を多く設けています。

文化祭での学習成果発表会や、弁論大会、課題研究の発表など、クラスごとに発表があり、優秀者は全校生徒の前で発表します。こうした発表を見聞きし、自分の考えをまとめて表現することの大切さを、それぞれの生徒が受けとめていると感じます。

世界にでるために日本の伝統文化を知る

Q　「かながわから日本へ　そして日本から世界へ」というスローガンがありますが、具体的にどのような活動をされていますか。

【落合先生】国際社会で活躍するためには、英語が使えるようになるのはもちろんですが、世界に生きていく人間にとって、自分の国の伝統文化を知ることは必要不可欠です。そのために、1年生では地域の伝統芸能である相模人形芝居体験、2年生で鎌倉での歴史探訪、3年生で京都・奈良の伝統文化に触れ、百人一首大会なども実施しています。

これらは、「かながわ次世代教養」の時間を使って事前学習を実施し、文集や新聞形式にまとめる振り返り学習を行います。

このように身近なところから日本の伝統文化を知り、4・5年生のイギリス語学研修（希望制）や、5年生全員が参加する海外研修旅行での平和学習などの国際交流活動につなげていきます。

Q　4年生での勉強合宿についてもお教えください。

【落合先生】2泊3日で行うもので、例年、4月に実施します。中高一貫教育では高校受験という大きな山を越えることがないので、人生のひとつの緊張感をつくりだすことが目的のひとつです。〝真の学び〟を体験するために、授業

例年のおもな学校行事

4月	入学式 オリエンテーション合宿（1年）
5月	鎌倉歴史探訪（2年） 東京探訪（3年）
6月	翠星祭体育部門
7月	
8月	
9月	芸術鑑賞
10月	翠星祭文化部門
11月	かながわ探究　地域貢献デー
12月	研修旅行（3年：国内、5年：海外） イングリッシュキャンプ（2年）
1月	百人一首大会　合唱コンクール
2月	
3月	歩行大会 イギリス語学研修（4・5年）

を含めて1日10時間の勉強に挑戦します。ふだんはなかなかこれだけ勉強できませんから、「10時間も勉強できた」という自信と達成感を身につけさせたいという意図があります。

あとは、ひとりではなく、みんなで切磋琢磨するという経験ですね。４年生で実施するのは、高校段階に入り10時間という物量的な勉強時間を乗りきり、自分の進路となる大学進学を意識させるためでもあります。

Q キャリア教育はどのようなことを行っていますか。

【落合先生】 授業を含め、さまざまな行事が生徒一人ひとりのキャリア教育につながっていると考えています。わかりやすい例として、3年生で行う東京探訪では、東京大学や慶應義塾大学などのキャンパスを訪れて、大学のようすを学生さんにたずねたり、調査したりします。

ふつうの中学3年生であれば、高校受験を考えているわけですが、本校は中高一貫ですので、その期間にすでに大学のことを身近に考えるチャンスがあるわけです。もちろん、それがすぐに将来の進路につながるわけではありませんが、大学のようすを知る（学ぶ）ことで憧れの対象となったり、大学を知るきっかけになったりします。多彩な取り組みを随所に配置し、体系的に継続したつながりを持った中高一貫教育を行っています。

Q 今後どのような生徒さんに入学してほしいですか。

【落合先生】 私は日ごろ、「夢をふたつ3つ持ってほしい」と話しています。入学時分は、まだ中学生なので自分でも自分のことがわからないと思いますし、夢が見つからない生徒もいるでしょう。〝夢に向かって生きる〟そのきっかけをここでつかんでほしいのです。

夢はこの学校だけで達成できるものではありませんから、将来に向かってやりたいことを追い求めて挑戦する、チャレンジャーになってほしいですね。

この学校は、成長段階に合わせた夢を見つけるための入り口が、いつでも、どこにでも転がっています。本校には6年間をとおしてそういう仕組みがあり、入学してくれた生徒たちに、そのお手伝いをしたいと思っています。

〔栄養成分表示〕

パン１袋《ふくろ》

ヨーグルト１個

パンの栄養成分表示（100gあたり）	
エネルギー	262 kcal
たんぱく質	9.1 g
脂質《ししつ》	5.3 g
炭水化物	44.4 g
ナトリウム	480 mg

ヨーグルトの栄養成分表示（1個あたり）	
エネルギー	64 kcal
たんぱく質	2.5 g
脂質《ししつ》	1.5 g
炭水化物	10.2 g
ナトリウム	33 mg

・エネルギーの単位 kcal は，キロカロリーと読みます。

・1mg ＝ $\frac{1}{1000}$g です。

・パンは１袋《ふくろ》に６枚入っていて，その６枚をあわせた重さは400gです。ここでは，袋《ふくろ》の重さは考えないものとします。

〔計算式〕

食塩相当量 ＝ ナトリウムの量 × 2.54
・それぞれの量の単位は，gとします。

（1）〔会話文〕の［ア］と［イ］に入る内容として，あてはまるものを［ア］は①～③の中から，［イ］は④～⑦の中からそれぞれ１つ選び，その番号を書きましょう。

ア
① おもにエネルギーのもとになる食品
② おもに体をつくるもとになる食品
③ おもに体の調子を整えるもとになる食品

イ
④ なす ⑤ たまねぎ ⑥ かぼちゃ ⑦ だいこん

（2）〔栄養成分表示〕のパン１枚とヨーグルト１個をあわせた食塩相当量は何gか，書きましょう。ただし，答えは，小数第４位を四捨五入して，小数第３位まで書きましょう。

Point

試されているのは読解力

会話文をよく読み、「旬」の注釈と「食品のグループ分け」を理解すれば解答がそこにあるといってもいいでしょう。

Point

問題を解決するための計算力

「小数第４位を四捨五入して」という問題はなかなかありません。算数の力を試そうとしている姿勢がみえます。

募集区分 一般枠

入学者選抜方法 適性検査Ⅰ（45分）、適性検査Ⅱ（45分）、調査書

2020年度　神奈川県立平塚中等教育学校　適性検査Ⅰより（神奈川県立共通）

問２　かなこさんとたろうさんは，家庭科の授業で朝食について学習しています。次の〔会話文〕を読んで，あとの（１），（２）の各問いに答えましょう。

〔会話文〕

先生　「前回，朝食を食べると，体温が上がり，脳や体が活発にはたらくようになり，生活のリズムが整うことを学びました。また，〔**食品のグループ分け**〕の学習では，食品を組み合わせることで，栄養のバランスがよくなることも学びましたね。みなさんはどのような朝食を考えてきましたか。」

かなこ　「わたしは，ご飯，納豆《なっとう》，とうふと油あげのみそしるという朝食を考えました。このままでは［　ア　］が足りないので，〔**かながわの特産品**〕にある，２月が注）旬《しゅん》の時期の［　イ　］を入れることにします。」

たろう　「わたしは，パン，ヨーグルト，牛乳，ゆで卵，果物の朝食を考えました。また，パンとヨーグルトについては，〔**栄養成分表示**〕にまとめました。」

先生　「食品の栄養成分表示については，エネルギー，たんぱく質，脂質《ししつ》，炭水化物，ナトリウムなどが表示されていることを学習しましたね。」

かなこ　「ナトリウムとは，どんなものですか。」

先生　「ナトリウムは，体内の水分量をいつも適切な状態に調節するなどのはたらきをする重要な栄養素です。わたしたちは，ナトリウムの多くを食塩から吸収しています。ただし，食塩のとり過ぎは体に良くありません。健康を保つために，食塩をとる量には目標とする数値が定められています。その数値は，これまでナトリウムの量で示されていました。表示をよりわかりやすくするために，これからは食塩相当量で表すことになっています。ただ，〔**栄養成分表示**〕のようにナトリウムの量で表示されていても，〔**計算式**〕で食塩相当量を求めることができます。」

注）旬《しゅん》：魚や野菜などの，いちばん味のよいとき。

〔食品のグループ分け〕

○　おもにエネルギーのもとになる食品
- 炭水化物を多くふくむ食品（ご飯，パン，めん，いもなど）
- 脂質《ししつ》を多くふくむ食品（バター，マヨネーズ，油など）

○　おもに体をつくるもとになる食品
- たんぱく質を多くふくむ食品（魚，肉，卵，豆，豆製品など）
- カルシウムを多くふくむ食品（牛乳，乳製品，海そうなど）

○　おもに体の調子を整えるもとになる食品
- ビタミンなどを多くふくむ食品（野菜，果物，きのこなど）

〔かながわの特産品〕食品と旬《しゅん》の時期

なす　　：６月から11月	たまねぎ：５月から７月
かぼちゃ：６月から８月	だいこん：11月から４月

（ＪＡグループ神奈川「かながわ特産品カレンダー」より作成）

解説

神奈川県教育委員会は７月初め、県立中等教育学校２校（平塚中等教育、相模原中等教育）の入試について、毎年実施している「グループ活動による検査」は、新型コロナウイルス肺炎予防の観点から2021年度入試については実施しないことを発表しました。

残る適性検査Ⅰ・Ⅱは各45分で実施され、各300点が配点されますが、2021年度入試では「グループ活動による検査」が実施されないため、どのような配点になるかは未発表です。

適性検査Ⅰ・Ⅱはともに、算数分野を中心に理科、社会など科目を融合した出題となっています。ほとんどの問題で計算力が必要になることや、問題文が長く複雑な条件設定となっていることから長文の内容を考えながらていねいに読みこむ力、集中力が必要になります。いずれの問題でも表現コミュニケーション力、科学的、論理的思考力に加え社会生活での実践力も試されます。

算数分野の出題については、これまで、割合と比、平面・立体図形、速さと時間、距離など、私立中学受験でも重要となる単元が出題されてきました。資料や課題文をふまえて120～150字程度の記述問題や、グラフ作成問題なども出題されています。

川崎市立 川崎《かわさき》高等学校附属中学校

■併設型
■2014年開校

川崎市の未来をリードする人材の育成「かわさきLEADプロジェクト」

2014年、川崎市に新たに誕生した川崎市立川崎高等学校附属中学校は、「体験・探究」「ICT活用」「英語・国際理解」を重視した独自の教育を行い、生徒の夢の実現をサポートします。

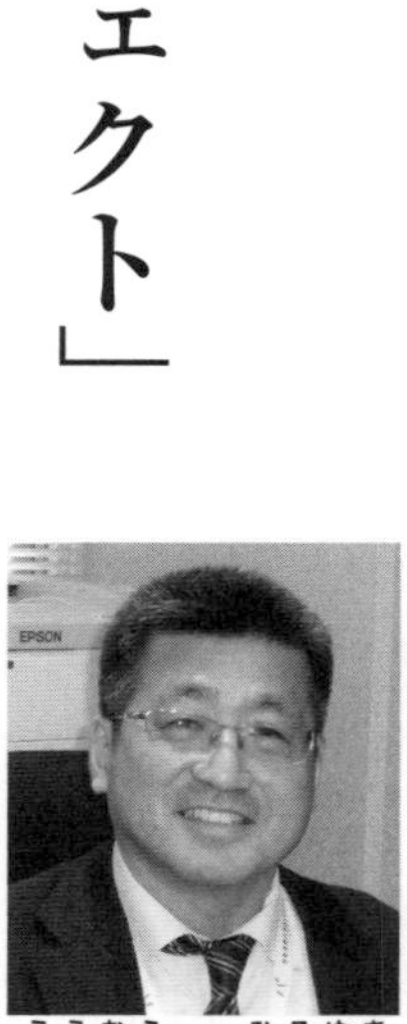

植村《うえむら》 裕之《ひろゆき》
校長先生

併設型だが来年度から高校募集は停止

Q 市立川崎高等学校に附属中学校が設立された経緯をお教えください。

【植村先生】 学校教育法が改正され、1999年度より、中高一貫教育を選択的に導入することが可能となりました。これを機に川崎市でも中高一貫教育についての検討が行われ、2007年度、市立高等学校改革推進計画のなかで中高一貫教育の導入が決定し、川崎市立川崎高等学校に附属中学校が併設されることになりました。

Q 母体である市立川崎高はどのような学校でしょうか。

【植村先生】 市立川崎高は100年を超える歴史ある学校です。普通科だけではなく、生活科学科、福祉科という専門学科を設置し、「こころ豊かな人になろう」を学校教育目標に掲げています。

中学校から入学した生徒は、高校の普通科に進みます。

市立川崎高には、複数の科があることや、6年間のなかで人間関

学校プロフィール

開校	2014年4月
所在地	神奈川県川崎市川崎区中島3-3-1
TEL	044-246-7861
URL	http://www.kaw-s.ed.jp/jh-school/
アクセス	京浜急行大師線「港町」徒歩12分、JR東海道線・京浜東北線・南武線「川崎」徒歩20分またはバス
生徒数	男子122名、女子236名
1期生	2020年3月卒業
高校募集	なし（普通科）
教育課程	2学期制／週5日制／45分授業
入学情報	・募集人員　120名 ・選抜方法　適性検査Ⅰ・Ⅱ・面接

係の活性化をはかるという点から併設型を取り入れています。

　一方で、２０２１年度より普通科の高校募集を停止することから、より体系的・継続的な教育活動を推進していきます。

Q　7期生が入学しました。生徒さんのようすはいかがですか。

【植村先生】本校で学びたいという高い意欲を持った生徒が集まっていると感じています。

　入学してすぐの4月には、人間関係を築くために、長野県・八ヶ岳にある川崎市の施設で「自然教室」を実施しています。大自然のなかでともに過ごすことによって、クラスだけでなく学年全体の親睦が深まり、開校からここまで、とてもいいスタートがきれていると思います。

Q　授業時数やクラス編成についてお教えください。

【植村先生】授業は45分で1日7時間、週に34時間と、じゅうぶんな授業時間数を確保しています。

　1クラスは40人で、各学年3クラス編成で行っています。また、中1では、国語・数学・英語については週5時間行い、数学と英語は1クラスを2分割する少人数授業を毎時間行っています。

　日々の授業では、グループワークを多く実施し、自分の考えをきちんと相手に伝え、相手の話をしっかりと聞く訓練をしています。

生徒を育てる3つのキーワード

Q　御校で行われている特徴ある教育についてお話しください。

【植村先生】本校では、6年間を3つに分け、中1・中2は学ぶ楽しさを見つける「定着期」、中3・高1は学びを広げる「充実期」、そして高2・高3は学びを深める「発展期」と位置づけています。段階に応じた学びにより充実した6年間を過ごすことができます。

　また、本校の最も大きな魅力は「かわさきLEADプロジェクト」と呼ばれる教育です。これは「Learn（学ぶ）」、「Experience（体験する）」、「Action（行動）」、「Dream（夢）」の頭文字を取ったもので、川崎市の未来をリードしていく人材を育てることをめざしています。

　このプロジェクトのキーワードは「体験・探究」、「ICT活用」、「英語・国際理解」の3つであり、こ

Pick up!

1 体験をつうじて学びを掘り下げる

川崎市の未来をリードする人材を育てる「かわさきLEADプロジェクト」。これは「Learn（学ぶ）」、「Experience（体験する）」、「Action（行動）」を大切にした教育をつうじて生徒一人ひとりの「Dream（夢）」の実現をサポートする独自の教育です。

その柱のひとつが「体験・探究」であり、中１では「農業体験」に取り組みます。

「農業体験」では、大豆を育てます。種まきから始まり、大豆になる前の段階である枝豆の収穫や味噌づくりまで体験する、約１年間をかけた取り組みです。

まず、中１の５月に千葉県の君津市から外部講師を招いて枝豆についての話を聞き、７月には実際に君津市へ赴き、種まきをします。君津市の畑のようすはインターネットをつうじて画像がアップされるので、いつでも見ることができます。

また、校内では屋上庭園を使って大豆を育てていきます。

君津市の露地栽培と校内での屋上庭園栽培はどのようにちがうのか、そのちがいはなぜ生まれるのか、生徒は体験をとおして学んでいきます。

秋には収穫のために再び君津市へ行き、その後、さらに３～６カ月ほど大豆を成熟させ、最後に味噌づくりに挑戦します。

このような実際の体験をとおして、生徒は学ぶ力や探究する力を身につけていくのです。

れからの社会で活躍するために必要とされる「学ぶ力」、「探究する力」、「コミュニケーション力」、「実行力」、「体力」を身につけていきます。

Q「体験・探究」、「ICT活用」、「英語・国際理解」とはどのような内容なのでしょうか。

【植村先生】「体験・探究」では、体験をとおして学びを深く掘り下げていきます。中1では農業体験、中2では職場体験、中3では川崎市を外部に発信するという取り組みに挑戦します。大学や企業との連携、研究施設の見学なども今後検討していきます。

「ICT活用」としては、日々の授業でパソコンや電子黒板を活用し、学習の効率化をはかっています。たとえば授業中、生徒が自分の意見を黒板に書くのではなく、パソコンに打ちこみます。すると、それがクラスメイトのパソコン、電子黒板にすぐに反映されるので、時間を有効に使うことができます。

「英語・国際理解」では、中1の7月に、20名以上のALT（外国語指導助手）を招いたイングリッシュキャンプを実施します。生徒6名とALT1名のグループをつくり、英語漬けの3日間を過ごします。中1は通学形式で、宿泊はしませんが、中2では、2月に宿泊形式で行います。

また、生徒全員が英語でパフォーマンスをするイングリッシュチャレンジを実施します。

国際理解教育の要は人権教育です。人に対する思いやりの心や相手を尊重する態度を育てていくことが大切だと考えます。

教科教室型を採用した充実の学習環境

Qどのような環境で生徒さんは学んでいるのですか。

【植村先生】電子黒板機能つきのプロジェクターを各教室に設置し、無線LANを完備しています。中2まではそれぞれのクラスで学び、中3からは各教科専用の教室に移動して、授業を受けるかたちです。

移動することによって気持ちを切り替え、専用の教室で学ぶことにより各教科の授業に集中してのぞむことができます。

ほかにも教員にすぐに質問ができる教科教員ステーションや教科

例年のおもな学校行事

4月	入学式　自然教室
5月	体育祭
6月	
7月	農業フィールドワーク（中1）　イングリッシュキャンプ（中1）　職場体験（中2）
8月	
9月	生徒会選挙　文化祭
10月	合唱コンクール
11月	川崎市学習診断テスト
12月	イングリッシュチャレンジ
1月	
2月	イングリッシュキャンプ（中2） 修学旅行（中3）
3月	フィールドデイ 学習発表会　卒業式

ごとに生徒の作品を掲示したり、資料が置いてある教科メディアスペースなどの環境が整えられています。

　また、バスケットコート３面分の広さを持ち、屋上にはテニスコートを有する体育館もあります。グラウンドは２０１５年７月末に、人工芝の新しいグラウンドが完成しました。

Q 中学生と高校生の交流はありますか。

【植村先生】同じ校舎で生活しているので、高校の掲示物などを中学生も見ることができます。先輩のレベルの高い作品から、いい刺激を受けるでしょう。

　ほかにも行事や部活動は中高合同で行うものがあります。５月に実施される体育祭では、高校の生徒会が中心となって中学生を受け入れる準備をしてくれます。部活動でも高校生が中学生の面倒をよくみてくれているようで、とてもいい関係が築けています。

Q 部活動や行事にはどのようなものがありますか。

【植村先生】部活動は、市立川崎高に元々あった部で、中学生と高校生が合同で活動できるものを設置しています。

　運動部は、サッカー・ソフトテニス・バドミントン・バスケットボール・陸上・女子バレーボールの６つ、文化部は茶道・書道・吹奏楽・美術・放送の５つ、合わせて11の部があり、９割以上の生徒が入部しています。

　行事は９月に文化祭があり、中高合同で行います。10月には合唱コンクールも実施します。修学旅行は２月です。

Q 最後に、御校を志望する生徒さんや保護者へメッセージをお願いします。

【植村先生】受け身ではなく、自ら積極的にものごとに取り組む気持ちを持っている、やる気のある生徒さんを待っています。

　本校では生徒に探究心を求めているので、ふだんから疑問をそのままにしないで、自分のなかで解決していくという姿勢を大切にしてください。学校での授業をしっかりと受けて、こつこつと勉強を積み重ねていくことが大事です。

　われわれ教職員は、使命感を持って、日々の授業を行い、生徒の夢の実現をバックアップしていきます。

学校別
適性検査
分析

川崎市立 川崎高等学校附属中学校

募集区分　一般枠（川崎市内在住）

入学者選抜方法　適性検査Ⅰ（45分）、適性検査Ⅱ（45分）、調査書、面接

はなこさん：５月には、その友だちが川崎に遊びに来ることになったのだけれど、移動手段や経路については、今回の私と同じように戸惑いを感じる場面もあるのでしょうね。行き慣れていない場所の地図を読み取るのは、とても難しいから。

たろうさん：電車やバスで移動するなら、特にそう感じるかもしれないね。そう考えると、カーナビゲーションシステムやスマートフォンを使用した経路検索《けんさく》は、とても便利だよ。複雑に見えるものから必要な情報を取り出して簡略化するという視点は、いろいろと役に立つね。
この地図【 図１ 】は、シドニー市内の観光地となっている場所と場所とのつながりを地図上に点と線で表したものだよ。

はなこさん：すごいわ。複雑に感じる地図が、わかりやすくなるのね。

たろうさん：③場所のつながり方だけに注目した場合、さらに簡単に表せるよ。

【 図１ 】

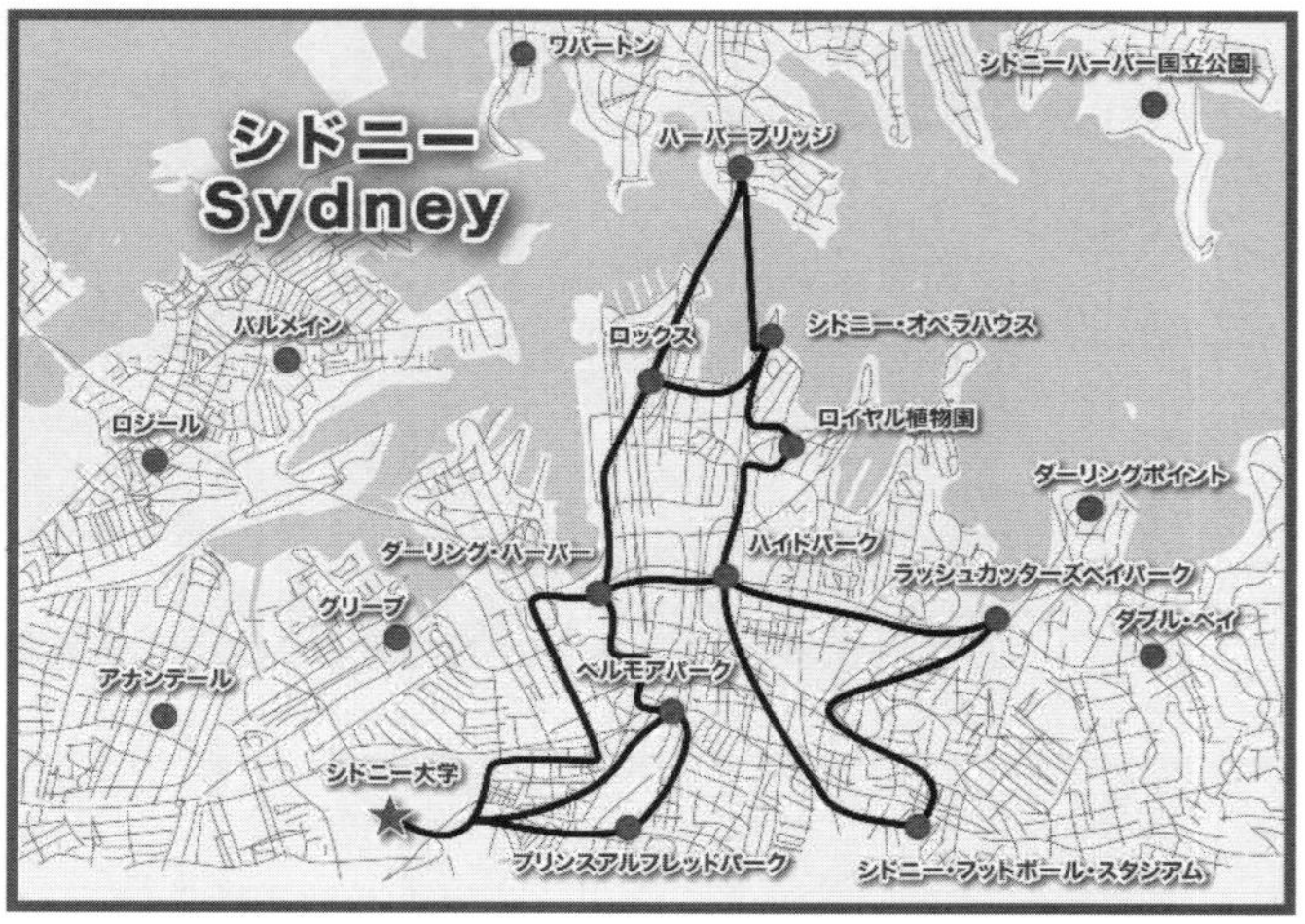

（4） 下線部③について、【 図１ 】をさらに簡略化して表現している図を次のア～カの中から１つ選び、記号で答えましょう。（シドニー大学★を出発点とする。）

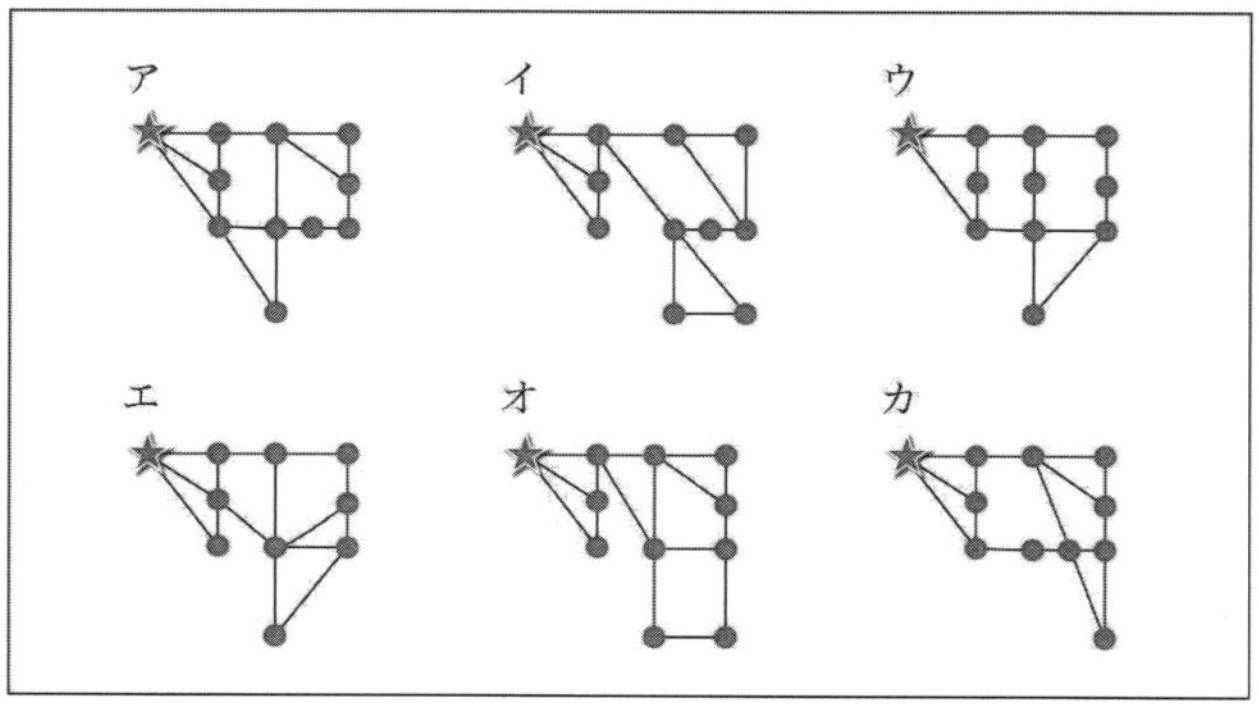

Point

会話文から内容を読み解く

「近道《ちかみち》的」な手法を習得していることよりも、小学校での学習事項を本質的に理解しているかどうかが問われています。

Point

日常的な事象を考察する力をみる

ふだんから身のまわりのいろいろなことに関心と疑問を持っているか、「日常をふまえた考え方」が問われます。

2020年度　川崎市立川崎高等学校附属中学校　適性検査Ⅱ（独自問題）より

問題２　はなこさんとたろうさんが教室で冬休みのことについて話をしています。次の会話文を読んで、あとの（１）～（７）の各問いに答えましょう。

はなこさん：冬休みに、オーストラリアのシドニーに住んでいる友だちに会いに行ったの。飛行機に乗っていた時間は９時間 24 分だったわ。

たろうさん：羽田空港からシドニー国際空港までの距離《きょり》は 7812 km だから、利用した飛行機の平均の速さは、時速 約 （あ） kmだったと言えるね。

（１）（あ） にあてはまる数字を書きましょう。小数第一位を四捨五入し、一の位までのがい数で答えましょう。

はなこさん：初めての海外旅行だったから、戸惑《とまど》うこともたくさんあったわ。日本円をオーストラリアのお金であるオーストラリア・ドルに両替《りょうがえ》する必要があったの。

たろうさん：そうだね。１ドルを両替するとき 80 円の日もあれば、82 円の日もあって、複雑に感じるよね。はなこさんはどのような方法で両替したの。

はなこさん：銀行で両替したわ。その日は 78 円で１ドルに両替できたの。両替には１ドルにつき２円の手数料がかかったから、50000 円分をオーストラリア・ドルに両替したら、50000÷(78+2)=625 なので 625 ドルになったわ。①旅行から帰って、残った 22 ドルを銀行で日本円に両替したの。そのときは、１ドルを 80 円で両替して、手数料が１ドルにつき１円かかったわ。

（２）下線部①について、両替して受け取ったのは、日本円でいくらであったのか書きましょう。

はなこさん：お金の単位もドルとセントの２つあって、１ドルが 100 セントなの。

たろうさん：コインも２ドル、１ドル、50 セント、20 セント、10 セント、５セントの６種類あるよね。

はなこさん：現地でジュースを買った時には、びっくりしたわ。ジュース１本の金額表示が１ドル 99 セントとなっていたので、２ドルコインで払《はら》ったのに、おつりがもらえなかったの。「１セントコインはもう存在しないんだ。」と店員さんに言われたの。

たろうさん：金額の最後の１ケタが１セントか２セントの場合は切り捨てて０セントに、３セントか４セントの場合は切り上げて５セントに、６セントか７セントの場合は切り捨てて５セントに、８セントか９セントの場合は切り上げて 10 セントにしているんだよね。

はなこさん：そうなの。だから、②同じジュースを３本買った友だちは６ドル払っておつりをもらっていたの。この仕組みは、後から友だちに聞いたのだけれど、とても不思議だったわ。

（３）下線部②について、友だちがもらったおつりの金額を書きましょう。単位も書きましょう。

解説

川崎市立川崎高等学校附属中学校の入学者選抜では、適性検査ⅠとⅡが行われます。適性検査Ⅰでは､「文章や図･表･データの内容を的確にとらえ情報を読み解き、分析し表現する力をみる。また、作文も含む」ことを、適性検査Ⅱでは「自然科学的な問題や数理的な問題を分析し考察する力や、解決に向けて思考・判断し､的確に表現する力をみる｣ことを出題の基本方針としています。

このほかコミュニケーション能力などを探る面接（集団、７名）も行われます。初めに質問に挙手してひとりずつ答え、つぎに７人のディスカッションになります。

この春の出題をみると、適性検査Ⅰは国語的要素の問題で作文（「論理的発表」について、「これまでの経験」にふれながら、文字数300字以上400字以内で記述）があり、この作文表現では３段落の構成を求められました。

適性検査Ⅱは算数、社会、理科の融合問題で、データや表を読み取る力が試されました。また、ここでも記述式で答える問題が多くでています。答えがでればいいというわけではなく、長い説明を含んだ問題文の読解力が求められています。問題量が多いため処理のスピードも試されます。

横浜市立 南《みなみ》高等学校附属中学校

■併設型
■２０１２年開校

ラウンド制やEGGなど 独自のプログラムを多数実施

「豊かな人間性」「高い学力」「グローバルな視野」を育てるために、さまざまなプログラムを用意している横浜市立南高等学校附属中学校。多様な経験で生徒を大きく成長させています。

三浦《みうら》 昌彦《まさひこ》
校長先生

カリキュラムの特色は「深掘り」を行うこと

Q 御校の教育理念についてお話しください。

【三浦先生】 本校は、１９５４年創立の横浜市立南高等学校の附属中学校として２０１２年に開校しました。教育理念には中高共通の「知性・自主自立・創造」を掲げています。この教育理念のもと、「高い学力」「豊かな人間性」「グローバルな視野」を育てるために、中高６年間のなかで本校ならではの教育を行っています。

Q カリキュラムの特色はどのようなものでしょうか。

【三浦先生】 ９教科すべてをバランスよく学ぶことが基本です。また、高校の学習内容を先取りするのではなく、中学での内容をしっかりと定着させるために、深く学ぶ「深掘り」をしています。

国語・数学・英語は標準時間数よりも多く設定し、中1から高1までは毎日授業があります。高校受験がない分、落ちついて学ぶことができるので、新しい指導法な

学校プロフィール

開　校	2012年４月
所在地	神奈川県横浜市港南区東永谷2-1-1
TEL	045-822-9300
URL	https://www.edu.city.yokohama.lg.jp/school/jhs/hs-minami/
アクセス	横浜市営地下鉄ブルーライン「上永谷」徒歩15分、京浜急行・横浜市営地下鉄ブルーライン「上大岡」・横浜市営地下鉄ブルーライン「港南中央」バス
生徒数	男子223名、女子257名
１期生	2018年３月卒業
高校募集	あり
教育課程	３学期制／週５日制（月２回程度土曜授業実施）／50分授業
入学情報	・募集人員　160名（男女各80名） ・選抜方法　調査書、適性検査（Ⅰ・Ⅱ）

ども積極的に取り入れつつ授業を行っています。

特徴は、グループワークや議論などを行いながら、読む、書く、話す、聞く、説明するなどの言語能力、コミュニケーション能力を高めていることです。総合的な学習の時間に行う本校独自の取り組み「EGG」（124ページ「Pick up!」参照）もそのひとつです。こうした活動をつうじて、課題を発見する力、自分の考えを持ち、それを人に伝える力も養っていきます。

Q 具体的にはどのような授業が行われているのでしょうか。

【三浦先生】 国語では学校紹介のスピーチをしたり、パンフレットやポスターなどのキャッチコピーをつくったりします。また、古典では教科書には一部分しか載っていない文章を副教材で全文読むなど「深掘り」をします。数学では副教材として中高一貫教材「体系数学」を使用し、2クラス3展開の少人数授業を実施しています。

ほかにも中学校と高校の教員でチームティーチングを行ったり、理科の地学分野は、専門性をいかして高校の地学の教員が中学生に教えたりと、中高一貫校ならではの授業もあります。

生徒には、授業中にわからないことがあれば「わからない」と素直に言うように伝えています。答えにたどり着く過程、答えを知りたいと思うことが大切だからです。

「ラウンド制」で理解を深める英語の授業

Q 英語では「ラウンド制」を取り入れていますね。どのようなものなのでしょうか。

【三浦先生】 教科書を繰り返し学ぶシステムです。ただし、同じことを繰り返すのではなく、取り組み方を変えつつ、また単元ごとに区切るのではなく、最初から最後まで一気に進めていきます。

たとえば教科書に10のユニットがある場合、すべてのユニットについて、まずはイラストを見ながら英語を聞いて耳を慣らします。つぎにまたユニット1に戻り実際に発音してみるといったかたちで教科書を5周します。4技能が自然に身につくとともに、最終的には内容をほぼ覚えてしまうので、その内容について自分の言葉で話せるほどに理解が深まります。こ

Pick up!

1 「EGG」と呼ばれる「総合的な学習の時間」

市立南では総合的な学習の時間を「EGG」と呼んでいます。「EGG」とは「Explore…さがす（学びの追究、課題さがし）」、「Grasp…つかむ（自己の可能性の発見、他者との学びによる確かな理解）」、「Grow…のびる（継続的な人間性の成長）」の頭文字をとったものです。そこには、市立南での３年間を、卵が孵化《ふか》するまでの過程に見立て、身につけた力を高校で発揮し、卒業後に大空に羽ばたいてほしいという学校の思いがこめられています。

「EGG」でめざされているのは、『豊かな心』『高い学力』を育成し、自分の力で将来を切り拓く力を育てる」ことです。そのために「EGG体験」「EGGゼミ」「EGG講座」という３つのプログラムが用意されています。

「EGG体験」には、プロジェクトあしがらアドベンチャー21（PAA21）、構成的グループエンカウンター研修、コミュニケーション研修といったプログラムがあります。これらは、人間関係づくりやコミュニケーション能力の育成を目的としたものです。クラスメイトや同学年の仲間と協力しながら課題のクリアをめざしていくなかで、コミュニケーション能力が養われます。イングリッシュキャンプやカナダ研修旅行などの国際交流活動もEGG体験の一環です。

「EGGゼミ」では、「課題発見・解決能力」「論理的思考力」を育成する多様な言語活動（調査、研究、発表活動）が行われます。中３での卒業研究に向け、中１は資料収集、インタビュー、ポスターセッションなど論理的思考力を養う基礎的な学習をし、中２ではテーマ別にグループに分かれ、調査、研究、発表をします。そして中３では一人ひとりが卒業研究を行います。

「EGG講座」は、幅広い教養と社会性を身につけ、将来の進路への興味・関心を引き出すための多様な講座です。「必修講座」と「選択講座」が用意され、「必修講座」には「JAXA宇宙開発講座」「弁護士による法教育講座」「未来ロボット講座」、「選択講座」には「JICA横浜国際協力講座」「NCN（米国大学機構）海外留学講座」など独自の講座が多数開講されています。

EGGで培われた力は、高校進学後、総合的な探究の時間「TRY&ACT」でさらに高められていきます。

うした取り組みができるのも、高校受験がなく、6年間で生徒を育てていけるからこそです。英語の授業は数学同様、2クラス3展開の少人数で行っています。

Q 授業以外にも英語関連のプログラムはありますか。

【三浦先生】 全学年を対象にした夏季英語集中研修（3日間もしくは4日間）や中2対象のイングリッシュキャンプ（2泊3日）などがあります。どちらも国内で行いますが、多数の外国人インストラクターが参加してくれます。中3にはカナダ研修旅行（4泊6日）も用意しています。ホームステイをしながら姉妹校であるポイント・グレイ・セカンダリー・スクールの生徒と交流します。これらは「EGG」の一環です。

ただし、英語はあくまでツールですから、めざしているのは、いろいろな経験をして、人間としての中身を充実させたうえで、英語を使ってコミュニケーションできるようにすることです。

学習習慣と基礎力を確実に身につけて高校へ

Q 学習習慣を身につけるための「私の週プラン」とはどのようなものでしょうか。

【三浦先生】 授業の予習、復習、宿題に加え、英語のリスニングマラソンや国語の読書マラソンなど、週ごとにやらなければならないことをリストにし、それらをいつ、どのくらいの時間をかけて取り組むのかといった家庭学習の計画を立てるものです。

担任が毎週チェックし、学期末の面談でも活用して、つぎにいかせるようにしています。

家庭での学習習慣、そして基礎力を確実に身につけたうえで高校へ進学させます。

Q 高校に進級する際のクラス編成を教えてください。

【三浦先生】 本校は、併設型の中高一貫教育校ですから、高校で1クラス分の生徒を募集しています。高入生38名は各クラスに均等に配置され、高1から中入生と同じクラスで学んでいます。

高入生は、ほかの中学校で中入生とは異なる経験をしていますから、そのことがお互いに刺激となっています。

Q 高校との連携や交流はありますか。

例年のおもな学校行事

4月	入学式　校外体験学習 （プロジェクトアドベンチャー）（中1） 構成的グループエンカウンター研修（中1）
5月	生徒総会 コミュニケーション研修（中1）　体育祭
6月	合唱コンクール
7月	英語集中研修（中1・中2）
8月	英語集中研修（中3）
9月	南高祭（舞台・展示の部）
10月	イングリッシュキャンプ（中2） カナダ研修旅行（中3）
11月	コミュニケーション研修（中1）
12月	
1月	百人一首大会
2月	構成的グループエンカウンター研修（中1）
3月	卒業式

【三浦先生】前述したように、高校の教員が中学生を教える授業もあります。また、理科の実験室や実験器具などは、高校の高度なものを使えますし、図書館も共有です。

行事も、体育祭の部、舞台の部、展示の部で構成される南高祭や合唱コンクールなど、中学生と高校生がいっしょに行うものがあります。部活動も基本はすべて中高合同です。

中1と高3では子どもとおとなというほどにちがいます。しかし、自分の将来の姿を感じられる存在が近くにいることは、中学生にとって非常にいいことだと思っています。

Q　2020年春に3期生が卒業されました。中高一貫教育の手応えは感じられますか。

【三浦先生】東京大学に、2018年度は5名、2019年度は8名、2020年度は7名合格しました。英語のラウンド制やEGGなど、思考力や判断力、表現力、コミュニケーション能力を養成する本校の教育がまちがっていなかったことの表れだと感じています。勉強だけをすればいいのではなく、多様な経験をすることが、こうした実績につながるのだと思います。

Q　御校を志望する生徒さんへメッセージをお願いします。

【三浦先生】異なる環境で過ごしてきた中入生と高入生が同じクラスでともに学び、切磋琢磨することに大きな意義を感じています。そのことをこれからも大切にしていきたいです。

本校はさまざまなチャンスが転がっている学校です。ただし、チャンスは与えられるものではなく、自ら勝ち取るものです。積極的にチャンスを拾っていってください。夢が語れて、夢がかなえられるのが市立南です。

チャンスを拾い、夢をかなえた1期生、2期生、3期生はすでに自らの経験を後輩に伝えにきてくれています。卒業生の成功体験を聞くことで、生徒たちはどんどん変わっていくでしょう。

教職員たちも、中高にかかわらず、一丸となって学校をつくっていこうとしています。3期生が2020年春に卒業し、本校の歴史はまだ始まったばかりです。今後さらに発展していくと思います。

横浜市立 南高等学校附属中学校

募集区分　一般枠（横浜市内在住、県内生で市外在住者は30％以内）

入学者選抜方法　適性検査Ⅰ（45分）、適性検査Ⅱ（45分）、調査書

東京
神奈川
千葉
埼玉

（2）みなみさんは【図2】のようなパズルで**分割の仕方の違《ちが》う**7つのタイルを使って、【図3】のような図形をつくりました。タイルの中に書かれている数字は面積（cm^2）を示しています。【図3】の図形をつくるには、どのように分割すればよいか、分割した図をかきなさい。ただし、じょうぎは使わず、解答用紙の点線を利用してかきなさい。

【図3】

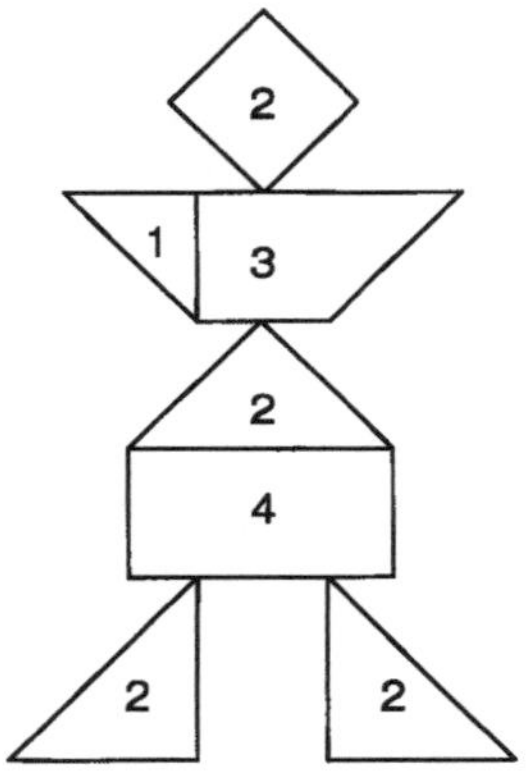

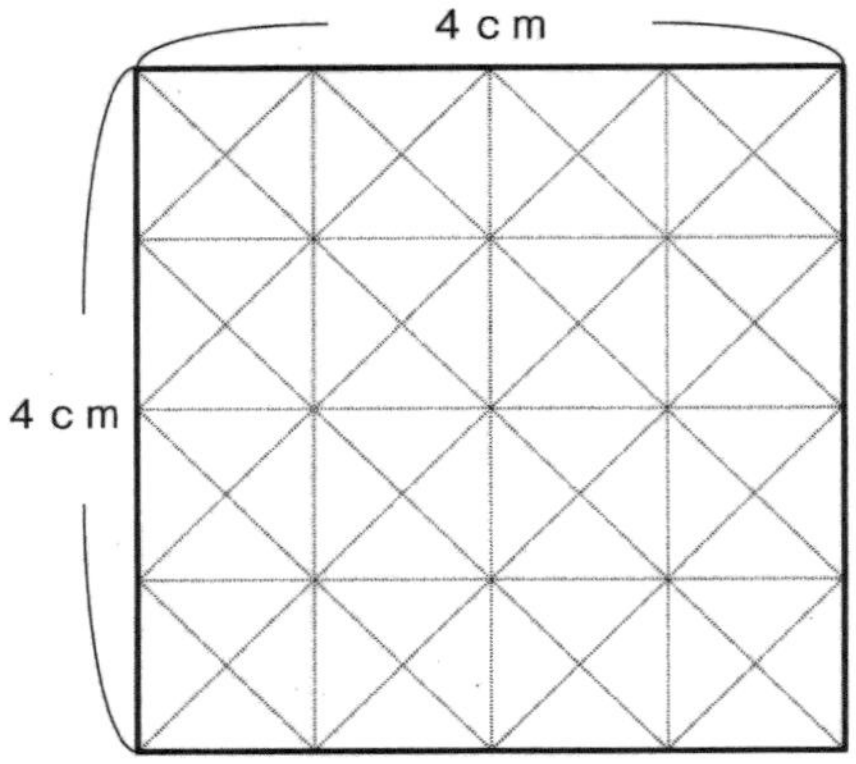

Point

課題や条件を正しく分析する

数理的な問題について資料を分析し考察する力や、解決に向けて思考、判断し、的確に理解する力をみます。

Point

情報を素早く理解する力をみる

この前のページには、面積2倍の図形の組みあわせがあり、うしろのページには派生した立体の問題がつづいています。

2020年度　横浜市立南高等学校附属中学校　適性検査Ⅱ（独自問題）より

問題２　みなみさんは【図２】のような、**清少《せいしょう》納《な》言《ごん》知《ち》恵《え》の板**というパズルを見つけました。そのパズルは、１辺が４ｃｍの正方形を３つの三角形と４つの四角形に分割《ぶんかつ》したタイルでつくられているものでした。あとの問いに答えなさい。

【図２】清少納言知恵の板

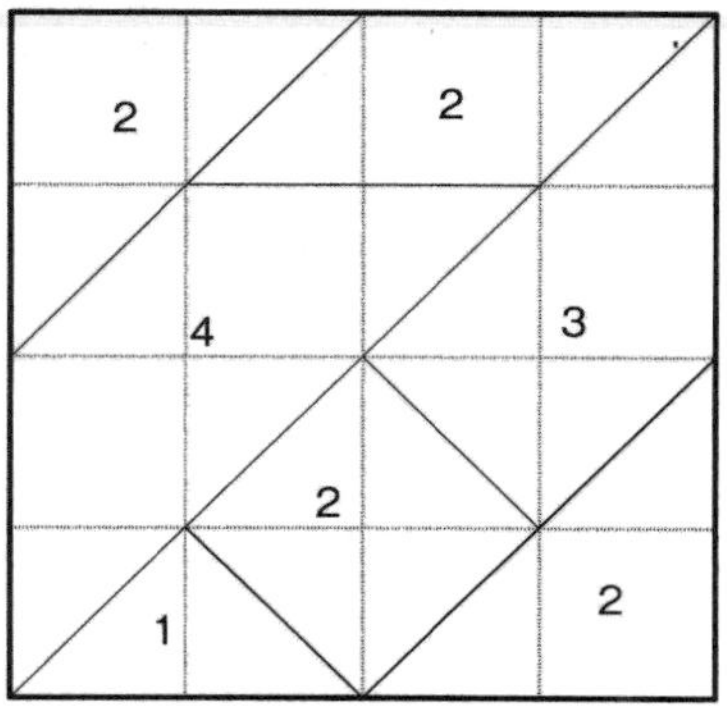

・タイルの中に書かれている数字は分割したタイルのそれぞれの面積（cm^2）を示している。

（１）【図２】のパズルを使っていくつかの図形をつくることにしました。図の線はタイルの切れ目を示していて、中に書かれている数字はその囲まれている部分の面積を示しています。７つのタイルを折ったり切ったり重ねたりせず、すべて使ってつくることのできるものを、次の**ア～オ**から**すべて**選び、記号を書きなさい。

ア

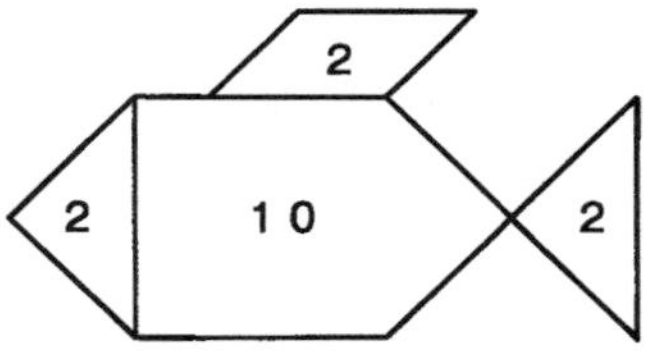

イ

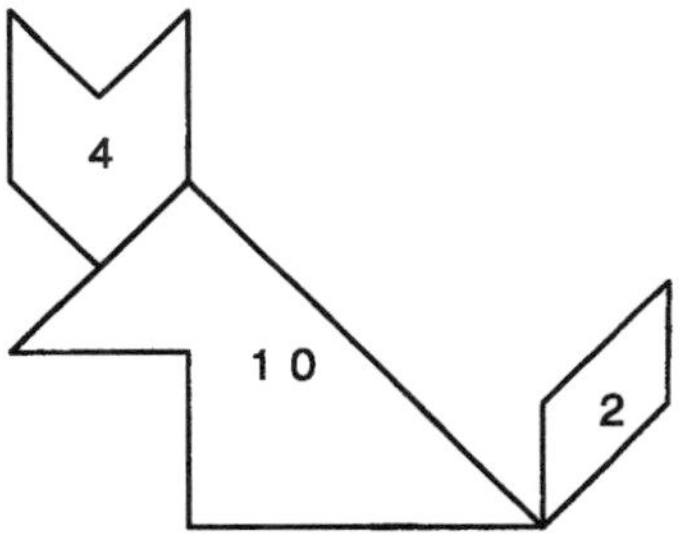

ウ

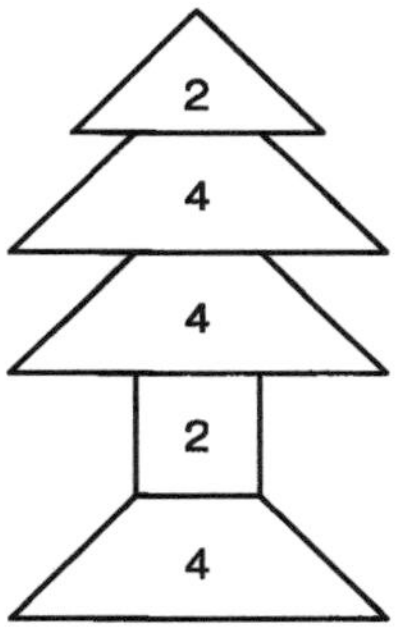

エ

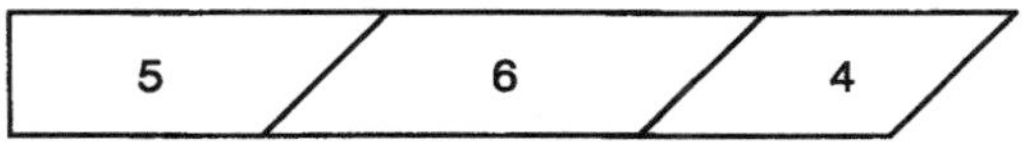

オ

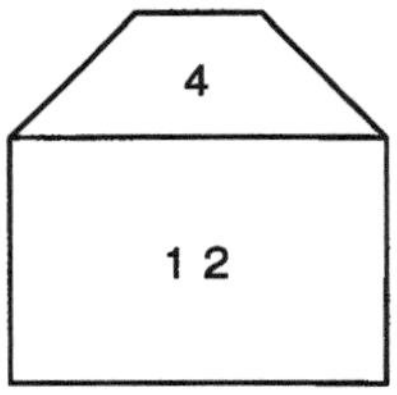

解説

横浜市立南高等学校附属中学校の入学者選抜は、適性検査ⅠとⅡ（各45分）で実施されています。今春の入試から適性検査Ⅰは、同じ横浜市立の横浜サイエンスフロンティアと共通問題になりました。

共通問題となった適性検査Ⅰは、会話文で展開される内容について、図・表・地図やデータの情報を読み解き、分析して表現する力を試しました。文章読解問題とはいえ、会話文の空欄に当てはまる数字や言葉を、図・表などの資料から読み取り、理解したうえで選ぶといった出題です。

作文では約4500字の文章を350字以内に要約するという時間を要する出題でした。また、ふたつの文章の共通点をまとめる課題も出題されています。

適性検査Ⅱは、算数の問題と自然科学的な問題の融合で、分析し考察する力や、解決に向けて思考・判断し的確に表現する力が試されました。

算数、理科の問題が半々に出題されている印象ですが、問題が冊子の約18ページ分を占めるほど、非常に多いのが特徴で、時間内に全問解くのはむずかしいでしょう。解ける問題、解くべき問題を見極めることが大切です。

横浜市立 横浜《よこはま》サイエンスフロンティア高等学校附属中学校

■併設型
■2017年開校

未来の「サイエンスエリート」を育てる 新しい中高一貫教育がスタート

永瀬《ながせ》 哲《あきら》 校長先生

2017年4月、「サイエンス」を武器に活躍する人びとを輩出する横浜市立横浜サイエンスフロンティア高等学校に附属中学校が開校。未来の「サイエンスエリート」を育てる新しい中高一貫教育がスタートしています。

"ほんもの"を体験し「驚きと感動」を得る

Q 中学校設立の背景についてお聞かせください。

【永瀬先生】 横浜市立横浜サイエンスフロンティア高等学校は2009年に開校し、今年12年目を迎えました。教育理念は、「先端的な科学の知識・智恵・技術、技能を活用して、世界で幅広く活躍する人間の育成」です。サイエンスの考え方や、グローバルリーダーの素養を身につけさせ、それらを武器に世界中の人たちとコミュニケーションを取りながら活躍できる人材を育てています。生徒たちは恵まれた環境のなかで伸びのびと成長し、良好な大学進学実績だけでなく、卒業後もサイエンス分野の研究を中心にさまざまな成果を生みだしています。

こうした順調な歩みを早期から進めることが、中学校設立のねらいのひとつです。また、中学3年間でベースを築いた生徒たちが高校へあがり、高校から入ってくる生徒たちと融合することで生まれ

学校プロフィール

開　校	2017年4月
所在地	神奈川県横浜市鶴見区小野町6
TEL	045-511-3654
URL	http://www.edu.city.yokohama.lg.jp/school/jhs/hs-sf/
アクセス	JR鶴見線「鶴見小野」徒歩3分
生徒数	男子120名、女子120名
1期生	高校1年生
高校募集	あり
教育課程	3学期制／週5日制／50分授業 （一部95分授業あり）
入学情報	・募集人員　男子40名、女子40名 計80名 ・選抜方法　適性検査Ⅰ・Ⅱ、調査書

る効果にも期待しています。

Q 御校がめざす教育についてお教えください。

【永瀬先生】本校がめざすのは、「サイエンスエリート」の育成です。ここでいう「サイエンス」とは、幅広い分野においてものごとを論理的に考えることを意味します。文・理を超え、政治、経済、医学、薬学などあらゆる分野で役立てられる力です。一方、「エリート」とは、社会に貢献したり、自分がお世話になったかたがたへの恩を返したりする意識をもつことを意味します。それらをサイエンスの力によってかなえられる人を、「サイエンスエリート」と呼ぶのです。

　その実現には、「驚きと感動による知の探究」が必要であると考えています。「驚きと感動」と「知の探究」のサイクルにより、生徒の成長をうながします。野球の練習をイメージしてみてください。基礎として素振りの練習（＝知の探究）はとても大事です。しかしながら、そればかりでは伸びません。試合にでたり、プロのプレーを観たりして得られる「驚きと感動」により成長できるのです。

　本校には、この「驚きと感動」が得られる〝ほんもの〟を体験できる機会がたくさんあります。高校の課題探究型授業「サイエンスリテラシー」では、大学教員や企業の研究部門のかたのサポートのもと、生命科学をはじめとした先端科学5分野が学べます。また、全員参加のマレーシア海外研修をはじめとした国際交流プログラムも充実しています。〝ほんもの〟に触れることで「驚きと感動」と「知の探究」のサイクルが回る。そんな教育を展開しています。

学びを深く掘り下げ知識を智恵に変える

Q カリキュラムにはどんな特色がありますか。

【永瀬先生】最大の特色は、授業時間数が多いことです。標準と比べ、中学3年間で国語・数学は１４０時間、理科は35時間、英語は１０５時間多く学べます。時間数が多い分は、新しい知識を先取りするのではなく、学んだ内容を深く掘り下げるのにいかします。なぜなら、本校は知識量を増やすことより、知識を智恵に変えるサイクルを重視しているからです。

　また、その手法のひとつとし

Pick up!

1 自由に自分を開拓する時間「フロンティアタイム」

「フロンティアタイム」は、教科の授業ではなく行事でもありません。生徒一人ひとりが主体的に自分自身を開拓する時間です。生徒自身が興味・関心のあるテーマを選択し、「フロンティア手帳」に記入した計画をもとに進めます。たとえば、プログラミングを勉強する生徒もいれば、生物や植物を育てる生徒、図書館で調べものをする生徒もいる、といった時間です。なかには、「フグを２匹捕まえてきて、環境のちがいによりどんな成長のちがいが見られるか」というユニークな実験を行う生徒も。テーマ決めから進行まで、自ら積極的に取り組みます。担任は面談をとおして相談に応じますが、指示・指導などは行いません。この時間の最大の目的は、生徒の自立をうながすことです。ゆっくり時間をかけて自分と向きあったり、周囲を見渡したりすることで、多様な社会を知り、多様な価値観に気づくことができます。また、自分を開拓することは、キャリア形成にもつながります。生徒各々がこの時間を自由に活用し、未来の自己実現へとつなげていくのです。

2 ５つの力を段階的に高める「サイエンススタディーズ」

「サイエンススタディーズ」は、いま世の中から求められている読解力・情報活用力・課題設定力・課題解決力・発表力の５つの育成を目的とした、課題探究型の学習です。「日本を知る」を共通テーマに、校外研修を交えながら段階的に進めます。

まず、中学１年生は科学館、博物館、近隣工場の見学や城ヶ島地層観察のフィールドワークを体験し、それらをとおして発見した課題に基づいて、個人研究のテーマを検討します。

つぎに、２年生になると、「エコアイランド」をめざす宮古島での宿泊研修をとおして、課題意識を高めたり、視野を広げたりしたうえで、本格的な個人研究にとりかかります。ここで研究の基礎を身につけるのです。

最後に、３年生になると、チームで協働研究を行います。国内研修旅行においては、研修先の学校で研究内容を発表。その後、高校で行われる「サイエンスリテラシー」へいかしていきます。

て、「DEEP学習」を取り入れています。「DEEP」とは、ものごとを正確にとらえて考察し討議する「Discussion（考察・討議）」、仮説を立てて論理的に実証する「Experiment（実験）」、フィールドワークなど実体験から学ぶ「Experience（体験）」、自分の考えや意見を正確に相手に伝える「Presentation（発表）」の頭文字を取ったもの。基礎基本の知識をもとに思考を働かせ、自らの考えを発表し、仲間と協働する力、改革が進む大学入試に耐えうる力を身につけていける授業が展開されています。

さらに、生徒が自らを開拓する時間「フロンティアタイム」や、課題探究型の学習「サイエンススタディーズ」（上記参照）も大きな特色となっています。

Q カリキュラム以外に特徴的なこと、御校で学ぶ魅力について教えてください。

【永瀬先生】 特色あるカリキュラムを展開するのに欠かせない、充実した施設・設備です。天体観測ドームや生命科学実験室、環境生命実験室など、〝ほんもの〟が体験できる、大学にも劣らない恵まれた学習環境が整っています。顕微鏡やタブレットはひとり1台用意されており、パソコンも各階のPCラウンジなどで自由に使えます。

また、中学生と高校生との交流機会が多いことも本校の魅力のひとつです。生徒会活動や体育祭などを中高合同で行うほか、教室も同じフロアに配置しています。ふだんから同じ授業時間で動き、日常的にコミュニケーションを取りやすい環境です。部活動については、高校の部活動のなかから、中学生を受け入れられるものを選出し、可能なかぎりいっしょに活動できるようにしています。

世界で大切にされるサイエンスエリートに

Q 生徒さんの雰囲気はいかがですか。

【永瀬先生】 今春も非常に多くのかたに受検してもらいました。結果として、本校に魅力を感じ、「この学校で学びたい」と強く望んでいる生徒たちが入ってきてくれた印象を持っています。とくに、サイエンスを学ぶための施設・設備の充実、専門家の支援があることに魅力を感じている生徒が多いよ

例年のおもな学校行事

4月	入学式　新入生オリエンテーション 宿泊研修（中1）　宮古島研修（中2）
5月	
6月	体育祭
7月	三者面談　夏季英語集中研修
8月	夏季講座
9月	蒼煌祭（文化祭）
10月	城ヶ島地層観察（中1） 東京散策（中2）　研修旅行（中3）
11月	
12月	三者面談
1月	
2月	
3月	卒業式

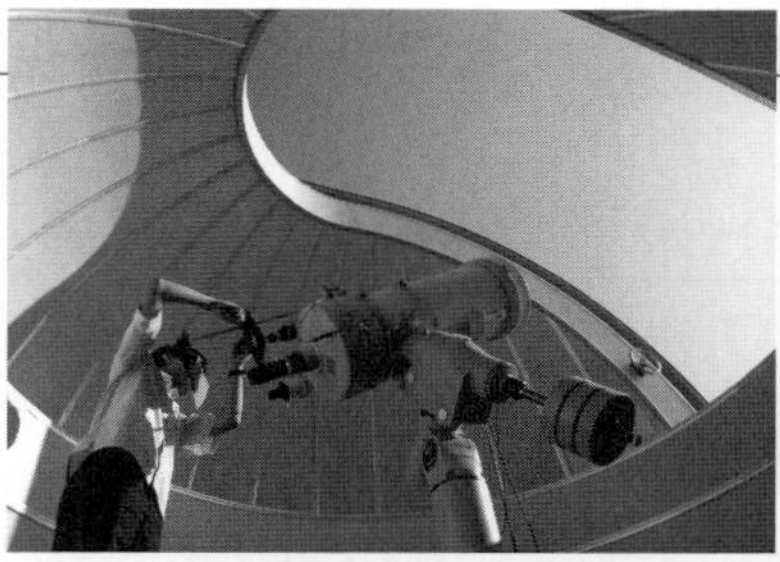

うです。なにごとにも積極性をもち、いきいきと生活しているようすがうかがえます。基本的に高校生と同じ授業時間で動くため、実験・実習などは1コマ95分と長時間になるのですが、集中力を切らすことなくタフに取り組んでくれています。

また、保護者のかたからは、「こういう学校があるなら、自分が通いたかった」という声をいただいています。受検を検討されるにあたっては、大学進学実績をみて安心して選んでくださった面もあると思いますが、なにより本校の掲げる理念に共感されたことが大きかったようです。

Q 中高合同の体育祭の雰囲気はとてもいいそうですね。

【永瀬先生】 高校生は各学年6クラスを縦割りし、6チーム編成に。中学生は全員を6グループに分け、高校生の各チームに入れてもらいました。じつは、初年度は中高合同実施に戸惑う高校生もいたのですが、「新しい体育祭をつくる」という発想に変え、応援団やパフォーマンスにも快く中学生を受け入れてくれました。中学生も一生懸命取り組み、後日、「先輩がたが私たちを応援してくれてうれしかった」「来年、後輩たちに同じように接したい」などの感想を寄せています。本校には、目標となるすばらしい先輩たちとであえる場も用意されています。

Q 最後に受検生へのメッセージをお願いします。

【永瀬先生】 現在、本校にはさまざまなことに興味を抱き、チャレンジできる生徒たちが集まっています。つねに視野を広く、視点を高く保つことのできる教育環境も整っています。ですから、みなさんにも、「やりたいことを仲間といっしょにやろう」という高い意識をもって入ってきていただきたいです。先輩・後輩も含め、いっしょに学べる仲間にであう学校だと思います。

組織とは、上に立つリーダーだけでは成り立ちません。仲間とともに行動することを意識し、状況によって立場を変え、リーダーを支える経験も大事です。グローバルに活躍するための自己主張と、日本人特有の調和の双方を持ちあわせてほしい。そうして、世界で大切にされるサイエンスエリートをめざしてほしいと思います。

横浜市立
横浜サイエンスフロンティア高等学校附属中学校

募集区分　一般枠（横浜市内在住）

入学者選抜方法　適性検査Ⅰ（45分）、適性検査Ⅱ（45分）、調査書

【図3】

前から見た図

1	×
5	3

上から見た図

1	1
5	6

右から見た図

3	×
2	5

【図4】

2の目	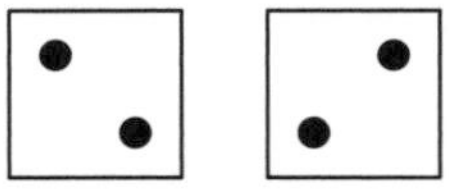
3の目	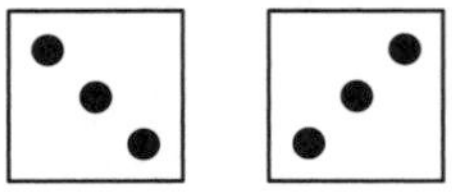
6の目	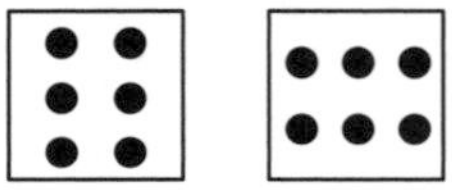

問題1　【図2】のさいころ体を、図の中の矢印で表した左から見た図として考えられるものはどれですか。最も適切なものを、次の1～6から一つ選び、番号を書きなさい。

1

6	×
6	4

2

4	×
4	3

3

3	×
2	1

4

×	6
5	4

5

×	4
3	4

6

×	3
2	1

Point

課題や条件を正しく分析する

これから始まる問題の導入部であり、まだむずかしくはありません。思考、判断し、的確に理解する必要があります。

Point

情報を素早く理解する力が必要

簡単な問いですが、つづくこのあとの問題がハイレベルとなりますので、ここでの理解を誤ると得点できなくなります。

2020年度　横浜市立横浜サイエンスフロンティア高等学校附属中学校　適性検査Ⅱ（独自問題）より

2　**はなこさん**は立体を平面に表そうとして、立体をある方向から見て平面に表す方法を考えました。**はなこさん**は【図１】のような、向かい合った面の目の和が7となるさいころをいくつか用意しました。次に用意したさいころを組み合わせて、【図２】のような立体をつくりました。この立体を、図の中の矢印で表した、前、上、右の３つの方向から見た図をそれぞれかいたところ【図３】のようになりました。**はなこさん**は【図３】をかくとき、さいころの目が見えるところは数字で書いて、さいころの目が見えないところは×を書いています。あとの問題に答えなさい。ただし、問題に答えるとき、次のことに注意しなさい。

- 【図２】のように「いくつかのさいころを組み合わせてつくった立体」のことを、**さいころ体**と呼《よ》ぶこととします。
- **さいころ体をある方向から見た図**をかくとき、【図３】のように、さいころの目は数字で書きます。
- **さいころ体をある方向から見た図**に目の数字を書くとき、２、３、６の目について【図４】にそれぞれある２つの見え方は同じものとして考え、区別はしません。

【図１】

【図２】

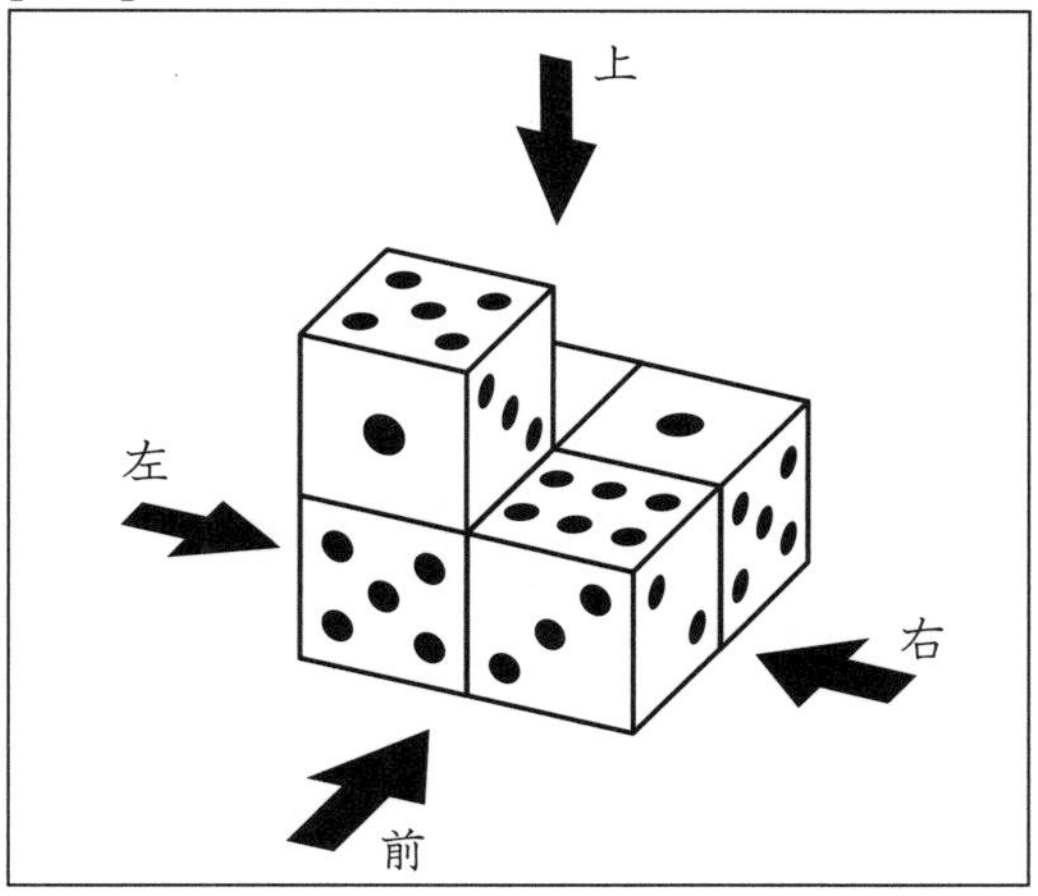

解説

横浜市立横浜サイエンスフロンティア高等学校附属中学校は、2017年度に開校した学校で、今春、１期生が高校１年生になりました。調査書の小学校５、６年生の８教科の評定を160点満点でのA値とし、適性検査Ⅰ、Ⅱの評価をB値（200点満点）とし、B値重視のS値を導き選抜します（※S値＝A値÷160×100×1＋B値÷200×100×3）。

まず第１次選考では、S値で募集定員全体の90％が合格します。S値は400点満点で、内申のA値は100点満点に、適性検査のB値は300点満点に換算しますから、適性検査ⅠとⅡに75％が配点されているという高い割合です。

適性検査Ⅰは、同じ横浜市立の南高校附属と共通の問題です。その適性検査Ⅰは地図や文章の分析能力が問われました。その内容については、127ページの下に記してあります。

適性検査Ⅱも問題量、質ともに高い内容となっています。今春の問題は理科的な「考える力」を問うものでした。初めて見る語句も多いため、問題を読むだけでも根気が必要でした。なお、ここに掲げた問題は導入部であり、やさしい部分といっていいでしょう。

千葉市立 稲毛《いなげ》高等学校附属中学校

■併設型
■2007年開校

日本人としての自覚を持ち 世界で活躍できるグローバル・リーダーを育成

2007年の開校から14年。1～8期生が難関大学、国際系大学をはじめとしたそれぞれの進路に旅立ちました。すべての教育活動をとおして、「グローバル・リーダー」の育成をめざします。

佐藤《さとう》　啓之《けいじ》
校長先生

独自の学校設定科目と充実の英語教育が特徴

Q 御校の沿革と教育方針についてお教えください。

【佐藤先生】 本校の設立母体である千葉市立稲毛高等学校の創立は、1979年です。中学校は2007年4月に千葉県内初となる公立の併設型中高一貫校としてスタートしました。今年（2020年）で開校から14年目です。1～8期生が卒業し、大学進学実績も着実に成果を上げています。

「真摯《しんし》」「明朗」「高潔」の校訓のもと、「確かな学力」「豊かな心」「調和のとれた体力」を身につけた「グローバル・リーダーの育成」を教育目標に掲げています。

教育のいちばんの特徴は、常日頃から、「グローバル・リーダーとはなにか」を生徒にも先生がたにも問いかけていることです。グローバル・リーダーは英語教育だけでは育ちません。まず、日本をよく知り、日本人としての自覚を持ったうえで世界で活躍できる人材を育てていくことが、本校の役

学校プロフィール

開　校	2007年４月
所在地	千葉県千葉市美浜区高浜3-1-1
ＴＥＬ	043-270-2055
ＵＲＬ	http://www.inage-h.ed.jp/infjuniorhigh/
アクセス	JR京葉線「稲毛海岸」徒歩15分、JR総武線「稲毛」バス
生徒数	男子120名、女子120名
１期生	2013年３月卒業
高校募集	あり（2022年度より順次停止）
教育課程	２学期制／週５日制／ 50分授業
入学情報	・募集人員　男子40名、女子40名 計80名 ・選抜方法　報告書、適性検査（Ⅰ・Ⅱ）、面接、志願理由書

割だと思っています。

Q 独自の学校設定科目、活動を取り入れることで、よりその特徴がいきていますね。

【佐藤先生】 中1から中3にかけて、独自の学校設定科目である「総合科学」「英語コミュニケーション」「世界と日本」を設けています。

「総合科学」では、中学校理科の内容より発展的な実験や学習活動を行います。「英語コミュニケーション」では、ネイティブスピーカーの講師による実践的な英語の授業を展開しています。そして、「世界と日本」では、世界の国々と日本をさまざまな観点から比較して、異文化理解を深めます。

また、「国際人プロジェクト」という、校外学習などで積極的に外国人に話しかける活動も実施しています。それにより、海外のかたとも自信を持ってコミュニケーションがとれる生徒が育っています。

このように、本校独自の学校設定科目や活動は、教育目標である「確かな学力」「豊かな心」を持つグローバル・リーダーの育成につながっているのです。

Q 英語教育についてお教えください。

【佐藤先生】 中学校では、CALL教室でコンピューターを活用し、個人のレベルに合わせたリスニング教材で、「聴く・話す」力を強化しています。中・高合わせて5名のネイティブ講師が常駐しているので、ティームティーチングや英語のプレゼンテーション授業に参加してもらっています。中3の京都・奈良修学旅行では、訪れている外国人にかならずインタビューする活動を行っています。

高校では2年次、オーストラリア語学研修に行きます。昨年度も4班に分かれ、14日間のホームステイをしながら、クイーンズランド州にある4つの高校に通いました。研修中は現地の先生や生徒たち、帰国後は保護者や近隣のかた、後輩たちの前で、英語によるプレゼンテーションを披露し、思考力・判断力・表現力をきたえています。

目標は、中3終了段階で、全員が英検準2級の取得を達成することです。

1～8期生は、基本的にほぼ全員がその目標を達成し、高1へと進級していきました。

このように、「グローバル・リ

Pick up!

1 実践的なコミュニケーション能力の育成をめざす英語教育

設置母体校の稲毛高校は、2003年より２期６年間にわたり、スーパーイングリッシュランゲージハイスクール（SELHi）に指定されていました。

その際に得られた先進的な英語教育の研究成果が、中学校のカリキュラムや学習法にもいかされています。コンピューターを使用した最新の音声指導や、ネイティブスピーカーの講師による実践的なコミュニケーション授業などがその例です。

また、留学生を積極的に受け入れており、日常的にふれあうことによって、さらに英語能力は高められます。身についた英語力は、高２で実施されるオーストラリアでの海外語学研修で発揮することができます。それをきっかけに生徒はまた新たな目標を持って学習にのぞんでいくのです。

2 グローバル・リーダーを育成する「国際人プロジェクト」

総合的な学習の時間「国際人プロジェクト」では、国際理解のための考え方や表現力を身につけ、自国・地域の文化を積極的に発信し、意欲的に交流することができる「グローバル・リーダー」になることをめざします。

たとえば、中１は「iちばn（いちばん）PROJECT」と称し、生徒が千葉県の市町村について調べ、日本語でプレゼンテーションをするところからスタート。中２では、成田空港で海外から来た一般人に英語でインタビューする「成田PROJECT」、中３では、外国人への東京案内ツアーを企画して発表する「東京ABC PROJECT」などを実施します。生徒はこうした活動によって自信をつけ、たとえ失敗してもそこからまた学んでいくことができるのです。

大切なのは、世界を知る前にまず、自分の身のまわりを知ることです。有志の生徒が集まり、千葉市内のお祭りなどで沖縄芸能のエイサーを踊るなど、千葉市の取り組みにも貢献しています。

ーダーの育成」へつながるものとして、さまざまなプログラムが計画、実施されています。

一貫教育で育てるバランスのとれた学力

Q 中高一貫教育のカリキュラムについてお話しください。

【佐藤先生】 50分授業の２学期制で、月曜日・火曜日・木曜日は７時限、水曜日・金曜日は６時限まで授業を行い、土曜日は部活動などに活用しています。併設型中高一貫校の特色をいかした編成で、週33時間の授業を設定し、一般の公立中学校より週あたり４時間ほど多く授業時間数を確保しています。そして、中高の学習内容を継ぎ目なく実施しています。

カリキュラムの特徴としては、6年間を発達段階に応じて、「基礎学力定着期」（中1～中2）、「応用発展期」（中3～高2）、「充実期」（高3）の3期に分け、一貫した教育を行っていることです。このカリキュラムは、「基礎学力定着期」の中学生に、まず学習方法を身につけてもらい、そのうえで基礎学力を養成していく仕組みになっています。

そして「充実期」には、高校入試がない分、授業時間数をほかの公立中学校より多く確保して学習しています。「応用発展期」には、文系と理系に分かれて、それぞれの目標に向けた学力の向上をめざします。

Q 具体的にはどのような教育を展開されていますか。

【佐藤先生】 一部の科目で、少人数制授業を取り入れています。その特徴はジュニア・セミナールームという少人数用の教室を使用できることです。大教室ではなく、専用の教室で授業を行うため、すべての生徒に目が届くというメリットが最大限にいかされます。

中学校は、1学年2クラスで、1クラスの生徒数は男女半々の40名です。英語と中1・中2の数学は1クラスを半分に分け、中3の数学は2クラスを3展開にした習熟度別授業で指導しています。

高校は、1学年8クラスで、普通科7クラスと国際教養科1クラスで構成されています。中学からの内進生は全員が普通科へ進学し、高校から入学した外進生とは高2まで別クラス編成となります。また、高1と高2で数学と英

例年のおもな学校行事

4月	入学式　スタートアップセミナー（中1） 交通安全教室　校外学習（中2・中3）
5月	
6月	
7月	飛翔祭（文化祭）　夏期講習
8月	夏期講習
9月	生徒会役員選挙
10月	修学旅行（中3）　自然教室（中2）
11月	体育祭　職場体験（中2）
12月	異文化理解講座
1月	百人一首大会
2月	マラソン大会
3月	茶道・合気道講座（中1）　卒業式

語を2クラス3展開にし、数学は習熟度別授業にしています。

　本校は、中高合わせた110人を超える教職員が一体となって、6年間の一貫教育の利点をいかし、継続的な指導で一人ひとりの力を最大限に伸ばしていきます。文系・理系に偏らないバランスのとれた学びで「確かな学力」を養い、職場体験や海外語学研修などのさまざまな体験学習活動をとおして、個人の価値を尊重し異文化を受容できる「豊かな心」を持った生徒を育てていきます。

　また、生徒にはよく「ゴールを定めなさい」と言っています。大学に入るということだけではなく、そのさきの目標を立て、そのためにはなにをすべきか、ということを自覚して学習に取り組んでいってほしいです。

Q 学校行事や施設についてお教えください。

【佐藤先生】 入学してすぐの中1には、スタートアップセミナーを用意しています。ここでグループワークなどを行い、生徒同士の親交を深めます。

　体育祭や飛翔祭（文化祭）、マラソン大会などは中高合同で行われます。

　施設・設備面においては、蔵書数4万冊を超える図書館、国際交流の場としても利用している第2特別教室棟、部活動の合宿に利用している朋友館のほか、すべての教室に空調設備を設置するなど、学習環境も充実しています。

Q 御校を志望する生徒さんへメッセージをお願いします。

【佐藤先生】 生徒のみなさんは、入学後、課題や体験活動、学校生活の忙しさにとまどうかもしれません。しかし、安心してください。本校の先生がたは、みなさん一人ひとりを尊重し、とてもよく面倒を見ます。ですから、期待に応え、忙しいなかでもがんばれる生徒さんにぜひ入学してほしいです。

　また、本校はグローバル・リーダーの育成に力を入れており、在校生の先輩は、ネイティブスピーカーのかたと自然なコミュニケーションがとれるように成長しています。海外から来た留学生ともほんの数時間で仲良くなれる姿を見て、私も驚くほどです。世界に飛びだしたい、世界で活躍したい、というかたにはとても合う学校です。

千花さんは、水にとけている物質の量や水よう液の濃度に興味をもったので、夏休みの自由研究で、もののとけ方についてさらにくわしく調べました。下の文は、そのときの千花さんの自由研究を簡単《かんたん》にまとめたものです。

＜千花さんの自由研究①＞

【実験１】

＜目的＞　20℃の水に物質Ａがどのくらいとけるのかを調べる。

＜方法＞　①　ビーカーを６つ用意し、ビーカー１～ビーカー６とする。

②　水と物質Ａの重さを変えて、物質Ａを少しずつ水に入れ、よくかき混ぜる。そして、物質Ａがとけるのかを観察する。

③　結果を表にまとめる。

＜結果＞

ビーカー１	ビーカー２	ビーカー３
水 50 g 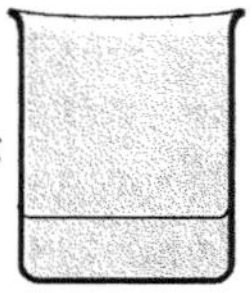	水 50 g 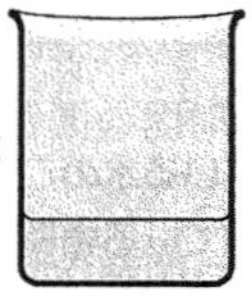	水 75 g 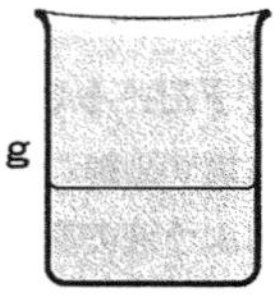
入れた物質Ａ：10 g とけずに残った物質Ａ：０ g	入れた物質Ａ：25 g とけずに残った物質Ａ：７ g	入れた物質Ａ：25 g とけずに残った物質Ａ：０ g
ビーカー４	**ビーカー５**	**ビーカー６**
水 100 g 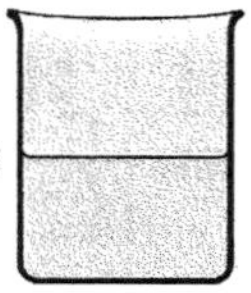	水 100 g 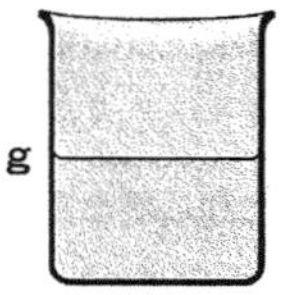	水 150 g 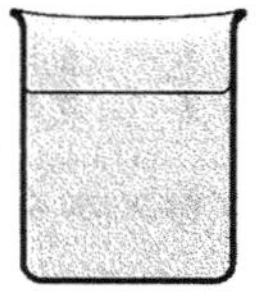
入れた物質Ａ：40 g とけずに残った物質Ａ：４ g	入れた物質Ａ：25 g とけずに残った物質Ａ：０ g	入れた物質Ａ：50 g とけずに残った物質Ａ：０ g

(2)　千花さんがおこなった**実験１**において、水よう液の濃度が同じものはどれとどれだと考えられるか。ビーカー１～６から２組選び、記号で書きなさい。

Point

与えられた課題の理解度をみる

問いについて、与えられた会話や課題への理解がなければ答えられません。読解力、想像力、検証力も試されます。

Point

表やデータを的確に読み取る

問題の意図に合わせて、求められていることを会話や図表から的確に読み取って解を導く力が求められます。

千葉市立 稲毛高等学校附属中学校

募集区分　一般枠（千葉市在住）

入学者選抜方法　適性検査Ⅰ（45分）、適性検査Ⅱ（45分）、集団面接、報告書、志願理由書

2020年度　千葉市立稲毛高等学校附属中学校　適性検査Ⅱより

問２　千花さんと良夫さんは、理科の授業で、同じ温度の水に砂糖《さとう》をとかして、それぞれ砂糖水を作りました。下の会話文を読んで、次の(1)～(3)の問いに答えなさい。

千花：わたしのビーカーに入れた砂糖は全部とけたよ。良夫さんはどうかな？
良夫：ぼくのビーカーに入れた砂糖も全部とけたよ。
千花：あっ、本当に全部とけたね。わたしよりもたくさんの砂糖を入れたのに、とけているね。すごいね。
良夫：でも、ぼくは千花さんとくらべて、ビーカーに砂糖もたくさん入れたけど、水もたくさん入れたから、よくとけたのだと思うよ。
千花：わたしは、水 42ｇに砂糖 18ｇとかしたよ。良夫さんは？
良夫：ぼくは、水 70ｇに砂糖 30ｇとかしたよ。
千花：ビーカーに入っている砂糖水は、両方ともとう明《めい》だけど、どちらが濃《こ》いのかな？
良夫：ぼくの方がたくさんの砂糖をとかしたから、きっと濃いと思うよ。
千花：本当かなあ・・・。図書室で調べてノートにまとめてみよう。

<千花さんのノート>

食塩や砂糖など、ある物質がとけている水のことを水よう液といいます。
水よう液の重さは、水の重さととけている物質の重さの和になります。
水よう液の濃さを比べるためには、水よう液の量に対するとけている物質の量の割合《わりあい》で比べます。
水よう液の濃さは、次の式で求められます。

水よう液の濃度《のうど》（％）＝ $\dfrac{\text{とけている物質の重さ（g）}}{\text{水よう液の重さ（g）}} \times 100$

<例> 水40ｇに、食塩10ｇをとかしたときの 水よう液の濃度

水よう液の濃度（％）＝ $\dfrac{10\text{（g）}}{40+10\text{（g）}} \times 100 = 20$（％）

☆ただし、とけずに残った物質がある場合、その重さは、とけている物質の重さや、水よう液の重さには加えません。

(1)　千花さんの砂糖水の濃さと良夫さんの砂糖水の濃さは、どのような関係だと考えられるか。次の**ア**～**ウ**の中から１つ選び、記号で書きなさい。

ア　千花さんの砂糖水よりも良夫さんの砂糖水の方が濃い。
イ　良夫さんの砂糖水よりも千花さんの砂糖水の方が濃い。
ウ　千花さんの砂糖水と良夫さんの砂糖水の濃さは同じ。

解説

千葉市立稲毛高等学校附属中学校の適性検査の内容が改められてから３年目の検査となった2020年度入試でした。

改められた点は、適性検査Ⅰ（45分）が、「社会科」的な題材について「国語の力」を用いて作文で表現する問題に、適性検査Ⅱ（45分）が「算数・理科」の問題で「自然科学的、数理的」なものの考え方を問う問題となり、この春の出題も試される内容は踏襲されました。

適性検査Ⅰではグラフ、地図、表のデータと文章読解が組みあわされていました。

適性検査Ⅱも、表、グラフの読み取り、水溶液の濃度の知識などを駆使して解く問題がだされました。どちらも難問ではないのですが、問題量が多いので処理の手際のよさが求められました。

稲毛では、適性検査のあと、昼食をはさんで面接（面接官２人、受検生５人、約10分）も行われます。面接では「将来の進路に対する目的意識、学ぼうとする意欲、聞く力・話す力」を中心にリーダーシップ度などをみます。

今春の受検状況は、募集定員男女各40人に対し男子267人、女子359人が受検、男子6.7倍、女子9.0倍と高い受検倍率でした。

千葉県立 千《ち》葉《ば》中学校

■併設型
■2008年開校

日本、そして世界へ羽ばたく 心豊かな次代のリーダーを育成

千葉県内トップの進学校・県立千葉高等学校に併設され、県内初の県立中学校として開校した千葉中学校。多くの人材を輩出してきた高校の伝統ある「自主・自律」の精神を受け継ぎ、真のリーダーへの教育が行われています。

加藤《かとう》 俊文《としふみ》
校長先生

学校プロフィール

開　　校	2008年４月
所 在 地	千葉県千葉市中央区葛城1-5-2
T　E　L	043-202-7778
U　R　L	https://cms1.chiba-c.ed.jp/chiba-j/
アクセス	JR外房線・内房線「本千葉」徒歩10分、京成千葉線「千葉中央」徒歩15分
生 徒 数	男子120名、女子119名
1 期 生	2014年３月卒業
高校募集	あり
教育課程	３学期制／週５日制／ 50分授業
入学情報	・募集人員　男子40名、女子40名 計80名 ・選抜方法　（一次検査）適性検査（1-1・1-2）（二次検査）適性検査（2-1・2-2）、集団面接、報告書

県立高校再編の一環として誕生

Q 御校が創立された経緯をお教えください。

【加藤先生】 千葉中学校は、千葉県の県立高等学校の再編計画の一環でつくられました。

最近の子どもたちの傾向として、「考えることが苦手になっている」「指示を待つ子どもが多くなっている」ということがあげられ、お互いに教えあい、学びあうといった力が劣ってきているといわれています。こうした課題に対し、県として取り組んだ学校づくりの一環として、２００８年に千葉県立千葉高等学校を母体に、併設型中高一貫校として中学校が開校しました。今年の春には7期生が卒業しました。

中学校では、千葉高の培ってきた伝統をいかしつつ、教育課程上の先取りをせず、6年間の一貫教育のなかで質の高い体験をたくさん行うことにより、「豊かな人間力」を育み、千葉高の目標である「重厚な教養主義」をふまえなが

ら、「心豊かな、人の痛みのわかるリーダーの育成」をめざしています。

　これまでも本校は、千葉県の高校教育のリーダーとしての自負と誇りを持ちながら教育活動に取り組んできました。今後さらに本校からの進学者と、ほかの中学校からの進学者との切磋琢磨が行われることによって、よりいっそう活性化することを期待しています。

Q 御校の校風はどのようなものですか。

【加藤先生】 本校の全活動の精神的基盤となっているのは千葉高の校訓でもある「自主・自律」です。実際、厳しい生徒指導はなく「自由な学校」というイメージが強いですが、生徒は千葉中生としての自覚を持って行動しています。

　この「自主・自律」の精神に裏打ちされた教育は、次代に生きるみなさんに必要不可欠な力をつけていきます。なにが問題になっているのか、なにが原因なのか、なにをすべきなのか、どうしたらみんなと協力できるのかなど、すべて自分たちの頭で主体的に考えながら3年間を過ごします。教師もそのような指導をしていますから、本校に入学すれば自然と「自主・自律」の精神が身につくことになります。

　この精神をもとに、中学校では新しく「篤学《とくがく》・協同・自律」という校訓を掲げています。「篤学」は、熱心に学問に励むこと。「協同」は互いに力を合わせてものごとを行うこと。そして「自律」は自分自身で立てた規範に従って行動することです。

　また、高等学校の伝統として、「重厚な教養主義」が教育方針の柱として確立しています。これは日々の授業を大学受験に特化するのではなく、すべての教科で基礎・基本を大切にしながらも、教科書を超えた発展的な授業を展開することで、広く深く学習するというものです。中学校でも、先取りではなく、深く、多角的に課題について考えるよう、ていねいに指導しています。

豊かな人間力を育成するさまざまな教育課程

Q 県内トップ校である千葉高に進学するわけですが、ハイレベルな授業を行ううえで、中学校段階でどのような工夫が行われている

Pick up!

1 人間力育成のための総合的学習の時間「学びのリテラシー」「ゼミ」「プロジェクト」

千葉中学校では、県内トップレベルの千葉高の伝統をいかした「学びのリテラシー」、「ゼミ」、「プロジェクト」という人間力育成のための独自のプログラムが展開されています。

「学びのリテラシー」とは、探究的な学びの基礎となる力を育てる学習です。「ゼミ」や「プロジェクト」で必要となる話しあう力や発表の技術を学んでいきます。具体的には、レポート・論文の書き方や調査時のアポイントメントの取り方、相手への接し方などを学びます。

「ゼミ」はいわゆる大学のゼミナールと同じ形式で、個人研究を進めていきます。それぞれのテーマで中１～中２まで縦割りで所属し、研究を行っていきます。年度末に発表が行われ、中３は論文にまとめ、卒論発表会が実施されます。

「プロジェクト」は社会に参加する力をつけるためのプログラムです。各学年ごとに社会人講演会（中１）、職場体験学習（中２）、夏季ボランティア（中３）を行います。これらは生徒が企画・運営を任されます。そのため、講演者や企業へのアポイントも生徒が行います。

こうした経験が企画力を育み、社会でどんなことができるのか、社会からどのような力が受け入れられるのかということがわかってきます。

そして、これら３つのプログラムが、千葉高へ進学したのちの「千葉高ノーベル賞」へとつながっていくのです。

この「千葉高ノーベル賞」とは、総合的な学習の時間から生まれたもので、４つの分野（人文科学・社会科学・自然科学・芸術）に分かれて、個別に調査・研究をし、まとめたもののなかから最もすぐれた作品に与えられる賞です。

千葉高入学後、高１から約２年間かけて研究したものを高３の９月に発表します。各分野で優秀作品に選ばれたものは「千葉高ノーベル賞論叢《ろんそう》」として冊子にまとめられ、全校生徒に配られます。

こうして中学校で研究に関する基礎を学び、高校でのハイレベルな研究にすぐにつなげていくことができるのです。県立のトップ校である千葉高の教育と密接に結びついた総合的な学習の時間となっています。

のでしょうか。

【加藤先生】スパイラル学習と呼んでいますが、螺旋《らせん》階段を登るように段階的に繰り返し学習しています。学年があがるにつれ、より高度な内容で学び、少しずつ理解を深めていきます。

また、数学と英語では、20名の少人数クラスで授業を行っていますが、習熟度別で分けているわけではありません。中学校では家庭科、技術科の一部でも少人数で授業を行っています。習熟度でクラスを分けるより、いろいろな生徒がいた方がおもしろいのです。生徒それぞれの自然な発想を大切にしたいですし、同じような成績の生徒だけ集めてしまうと発想が豊かになりません。そういうところを大切にしたいと考えています。

Q 補習や講習は行われていますか。

【加藤先生】夏休み中や休日に「勉強会」を設定しています。基本的に参加は自由ですが、進度が遅れた生徒については義務づけている場合もあります。それ以外には制度的なものではなく、臨機応変に個別対応するという方法でフォローしています。

また高校では、夏休みに、教科によってさまざまなかたちで夏期講習を行っています。

ただ、きちんと講座を決めてスケジュールを固めるのではなく、先生がたが自由に行っています。

協同することで養う豊かな人間性

Q 「人間力を培う３つの協同」についてお教えください。

【加藤先生】「学びの協同」、「社会との協同」、「家族との協同」として、本校では「協同」という言葉を意識した行事を行っています。今年度は実施できませんでしたが、例年、中1は4月にオリエンテーション合宿を実施します。鴨川青年の家で3日間、生徒による自主運営でさまざまな活動を行います。活動ごとにリーダーを替えていくのもこの合宿の特徴です。

生徒たちは、テレビも電話もゲームもない生活のなかで、友だちと会話し、協力しながら課題を解決していきます。そういう体験をすることによって、人間と人間のコミュニケーションがより深くなります。生徒はなかなかたくましくなって合宿から戻ってきます。

例年のおもな学校行事

4月	入学式　オリエンテーション合宿（中1）
5月	全校防災避難訓練
6月	体育祭
7月	
8月	職場体験（中2） 夏季ボランティア（中3）
9月	文化祭
10月	国内語学研修（中3） 伝統文化学習（中2）
11月	合唱祭
12月	
1月	
2月	マラソン大会 卒業論文発表会（中3）
3月	総合学習発表会（中1・中2） 卒業式　海外異文化学習（中3希望者）

　また、文化祭では、クラス全員で協力して、毎年演劇などの発表を行っています。

　これらの行事には、昨今の家庭教育においてなんでも用意されすぎている子どもたちの自立をうながす意味もありますが、自分たちで一生懸命いろいろな工夫をして生活していくために協同することを学びます。友だち同士がなにもないなかで協同してつくりあげていくのです。それは教員もそうですし、家庭にもいっしょにお願いしています。また、社会のかたとも協同する必要があるのです。

Q 高校ではすばらしい進学実績を残されていますが、進学指導はどのように行っていますか。

【加藤先生】キャリア教育は充実させていきたいと思っています。世の中のことをよく知ってもらって、少なくとも高校を卒業するときには、「この大学のこの学部に行きたい」「この先生に学びたい」といった自分のこれからの学びに対する明確な目標を持ってもらいたいです。とくに大学でなくてもいいのですが、「こういうことをやりたい」と自分自身でわかったうえで進路選択をしてほしいのです。ただ慶應義塾大学に行きたいからちがう学部を3つ受験するとか、東京大学がむずかしいからほかの大学にしてしまおう、ということにはならないように、しっかりとした進路選択をしてもらいたいですね。そして大学に入って、すぐに研究活動に入れるような生徒を育てたいです。

Q では最後に、どのような生徒さんに入学してほしいかをお教えください。

【加藤先生】本校の開校の理念は、「千葉から、日本でそして世界で活躍する心豊かな次代のリーダーの育成」です。そのためには、将来、社会に貢献しようとする志のある生徒さん、いろいろなことに興味や関心を持ち勉強したい、とことん考えてみたいという強い学習意欲のある生徒さん、そして、友だちと協力してものごとに取り組むことができる生徒さんに入学してほしいです。

　また、将来、有名大学に入るだけが目的ではなく、本校の教育方針を理解して第1希望で来ていただける生徒さんを、学校と家庭で連携し、可能性を引き出したいと思います。

千葉県立 千葉中学校

募集区分　一般枠

入学者選抜方法　【一次検査】適性検査1・1（45分）、適性検査1・2（45分）、【二次検査】適性検査2・1（45分）、適性検査2・2（45分）、集団面接、報告書、志願理由書

けんさんとはなさんは，先生と数の表し方について話をしています。

先生：ところで，なぜ「千二百三十四」は「1000200304」と書かないのでしょうか。

けん：そう言われるとなぜでしょう。教えてください。

先生：実は，1234 とは，下の□の中の数字を，左から順に並べたものなのです。

$$1000\times\boxed{1}+100\times\boxed{2}+10\times\boxed{3}+1\times\boxed{4}$$

1000 は 10 × 10 × 10，100 は 10 × 10 とも表せます。10 ×10 × 10 を 10[3]，10 × 10 を 10[2]というように，10 を☆回かけたものを 10[☆]と表すことにすると，1234 は 10[3] × $\boxed{1}$ + 10[2] × $\boxed{2}$ + 10[1]× $\boxed{3}$ + 1 × $\boxed{4}$ となり，10[☆]のかけ算とそれらの足し算で表されています。

はな：だから□の中には 10 は入らず，0 ～ 9 までの 10 個の数字しか入らないのですね。

先生：そのとおりです。0 ～ 9 までの 10 個の数字を使った数の表し方を**【表記 1】**とします。□の中に 0 と 1 の 2 個の数字しか入らない数の表し方**【表記 2】**もあります。**表 1** を見てください。例えば**【表記 1】**の 13 は**【表記 2】**では 1101 となっています。これは下の□の中の数字を，左から順に並べたもので，2[☆]のかけ算とそれらの足し算で表されています。

2[3] × $\boxed{1}$ + 2[2] × $\boxed{1}$ + 2[1] × $\boxed{0}$ + 1 × $\boxed{1}$

表 1

【表記 1】	1	2	3	4	5	6	7	8	9	10	11	12	13	14	15	…
【表記 2】	1	10	11	100	101	110	111	1000	1001	1010	1011	1100	1101	1110	1111	…
【1 の個数※】	1	1	2	1	2	2	3	1	2	2	3	2	3	3	4	…

※ 1 の個数：【表記 2】における，それぞれの数に含《ふく》まれる 1 の個数。

先生：**表 1** の**【1 の個数】**に 1 が現れるのは，**【表記 1】**を見ると，1 回目は 1，2 回目は 2，3 回目は 4，4 回目は 8 のときです。そこで，**【1 の個数】**に 10 回目の 1 が現れるのは**【表記 1】**ではいくつのときですか。

けん：［　エ　］です。

先生：正解です。では，**表 1** の**【1 の個数】**に，初めて 7 が現れるのは，**【表記 1】**ではいくつのときですか。きまりを見つけて考えてみましょう。

はな：**【1 の個数】**に 1 が現れるたびに区切ると，きまりがわかるので［　オ　］です。

先生：すばらしいですね。正解です。

⑵ ［　エ　］，［　オ　］にあてはまる数を書きなさい。

Point

資料を読み解く力を試す

与えられた資料と会話文を読み解き、なにを求められているかについて、整理する力と計算力が求められます。

Point

与えられた課題への理解をみる

分析、整理した情報から、本質を見極める力が試されています。検査全体の問題量が多いのでスピード感も必要です。

2020年度　千葉県立千葉中学校　適性検査1－2より（千葉県立共通）

2　けんさんとはなさんは，身の回りにある数について先生と話をしています。あとの(1)～(3)の問いに答えなさい。

先生：けんさんは，いつも朝何時に家を出ますか。

けん：ぼくは，7時20分に出ます。

先生：7時20分を長針《ちょうしん》と短針のある図1の時計で表してみました。図1のような時計は，1～12までの数字で時刻《じこく》を表しますね。他にも限られた数字の組み合わせで表されているものはありませんか。

はな：カレンダーの日付はどうですか。

先生：いいですね。1～12の数字で月を，1～31の数字で日を表しています。ところで，今日は土曜日です。令和元年(2019年5月1日～12月31日)には土曜日が何回ありますか。図2を参考に求めてみましょう。

はな：5～12月の中で，6，9，11月は30日あり，それ以外の月は31日あるので，［ア］回となります。

図1

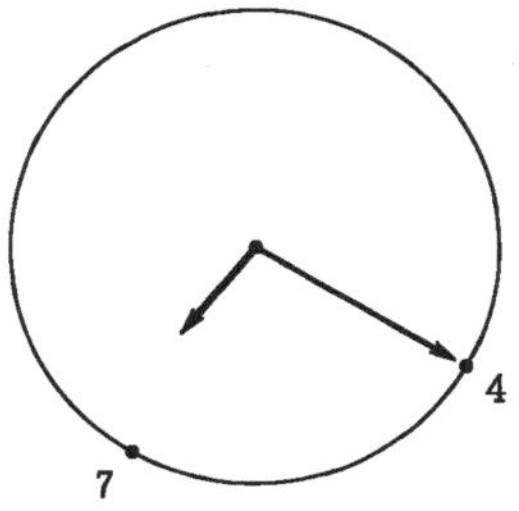

図2

2019年5月

日	月	火	水	木	金	土
			1	2	3	4
5	6	7	8	9	10	11
12	13	14	15	16	17	18
19	20	21	22	23	24	25
26	27	28	29	30	31	

先生：よくできましたね。「曜日」は日・月・火・水・木・金・土を繰《く》り返しています。他にも「年」を表す「干支《えと》」も繰り返しているのは知っていますよね。

けん：はい。順に言うと，子《ね》・丑《うし》・寅《とら》・卯《う》・辰《たつ》・巳《み》・午《うま》・未《ひつじ》・申《さる》・酉《とり》・戌《いぬ》・亥《い》です。今年(2019年)の干支は亥ですが，先生の干支はなんですか。

先生：巳です。ここでクイズです。私《わたし》の年齢《ねんれい》は40代，10月生まれです。私は，西暦《せいれき》何年生まれで，2019年12月7日現在，何歳《なんさい》でしょう。

けん：干支の並《なら》び方のきまりを考えれば，西暦［イ］年生まれの［ウ］歳です。

先生：けんさん，正解です。歳《とし》がわかってしまいましたね。

(1)　次の①，②の問いに答えなさい。

①　図1で，点「•」はそれぞれ円の時計の中心，4時，7時の位置を表しています。このとき，2時と11時の位置を表す「•」を，解答らんの図の円周上にかき，作図の方法を説明しなさい。ただし，1～12の数字は円の周りに等間隔《とうかんかく》にあるとします。なお，作図に用いた線などは，そのまま残しておくこと。

②　［ア］～［ウ］にあてはまる数を書きなさい。

解説

千葉県立千葉中学校は一次検査と二次検査を行います。一次で倍率が4倍程度まで下がるように選抜し、二次で80人（男女40人ずつ）を選抜します。一次の段階で、倍率が30倍を超えると抽選があります。

ただし、なるべく抽選を行わないように「受検希望者を減らす努力をする」ことになっています。2011年度から、受検者数は少し落ちつきをみせ、抽選は行われていません。

2020年度の一次では712人が受検し、二次には311人がのぞみました。

千葉県立中学校（県立中は東葛飾と2校）共通の適性検査は、いずれもよく練られた問題でなかなかの厳しさですが、小学校で学習する内容からの出題にかぎられており、私立中学校入試で求められる学力とは異なります。

その内容は、与えられた文章や資料などを読み取り、課題を発見し、自然科学的な問題、数理的な問題等を理解し、解決に向けて筋道立てて考え、表現する力をみることになっています。

二次の適性検査【2－2】では「聞き取り」をして作文をする問題があります。面接は集団面接です。

千葉県立 東葛飾《ひがしかつしか》中学校

■併設型
■2016年開校

豊かな人間力と揺るぎない学力を育み よりよい社会の実現をめざす人材へ

2016年4月、千葉県で3校目となる公立中高一貫校が開校し、今年第5期生が入学。「確かな学力」・「豊かな心」・「健やかな体」を育み、「未来への志」につなぐ。そんな学校生活を展開しています。

平賀《ひらが》　洋一《よういち》
校長先生

中高一貫生の姿に未来への期待がふくらむ

Q 御校が設立された経緯をお聞かせください。

【平賀先生】本校の設立母体となる千葉県立東葛飾高等学校は、1924年に創立されて以来、90年以上にわたり歴史と伝統を築いてきました。「自主自律」を校是に掲げており、学力・人間力・教養を高め、グローバル社会をリードして活躍できる有為な人材の育成をめざしています。2014年には「医歯薬コース」を新設し、将来の地域医療を担う人材育成にも注力し始めるなど、さらなる進化をつづけています。

そして2016年、併設型中学校として本校を新設し、中高一貫教育をスタートさせました。きっかけは、千葉県教育委員会の取り組みで、「社会の変化に対応し、活力があり、生徒それぞれの豊かな学びを支え、地域のニーズに応える魅力ある学校づくり」をするなかで、中高一貫教育校の開設が決まったことです。

学校プロフィール

開　校	2016年4月
所在地	千葉県柏市旭町3-2-1
TEL	04-7143-8651
URL	https://cms1.chiba-c.ed.jp/tohkatsu-jh/
アクセス	JR常磐線・東武野田線「柏」徒歩８分
生徒数	男子120名、女子120名
1期生	高校２年生
高校募集	あり
教育課程	２学期制／週５日制／ 50分授業
入学情報	・募集人員　男子40名、女子40名（計80名） ・決定方法　（一次検査）適性検査（1-1・1-2） （二次検査）適性検査（2-1・2-2） 面接等、報告書

２００８年に開校した千葉県立千葉中学校につづく県立中学校の2校目として、伝統と実績があり、地域的なバランスにも恵まれた本校が選ばれました。

Q 開校理念と教育目標を教えてください。

【平賀先生】 開校理念は、「世界で活躍する心豊かな次代のリーダーの育成」です。「豊かな人間力」を培い、「揺るぎない学力」を育むことを教育方針として、理念達成をめざします。

本校独自の教育目標は、「確かな学力」「豊かな心」「健やかな体」の育成に重点をおき、「未来への志」につなげていくことです。未来を見据え、よりよい社会の実現をめざすあくなき向上心や探究心を育成します。今年度、1期生は高2、2期生は高1となりました。高校から入学してくる仲間たちと切磋琢磨しながら、各学年で相乗効果を生みだしてくれています。

Q 入学した生徒のようすはいかがですか。

【平賀先生】 どの生徒も知的好奇心に満ちています。授業はもちろん、ほかのいろいろなことにも興味を持ち、積極的に調べて究めています。とくに総合的な学習の時間で行う調べ学習では、その本領を発揮しています。3年生になると、1年をかけて「自由研究」に取り組み、「研究レポート集」を作成します。それぞれ個性豊かなテーマ設定で、「その道のプロ」ともいえるようなレポートを仕上げます。生徒たちは、個々の得意分野が異なることを理解し、互いを認めあいながら、中学校の3年間をともに学んでいます。

また、本校では3年間で数多くのプレゼンテーションをする機会があるのですが、回数を重ねてきたえたおかげで、どの生徒も人前で物怖じせず、堂々と発表できるようになっています。生徒たちは、世界で活躍するリーダーになる素地を、自分たちで日々磨いているのです。

生徒全員を底上げする工夫のつまった授業

Q カリキュラムの特徴を教えてください。

【平賀先生】 中学校は週31時間、授業を行っています。放課後は曜日により部活動、委員会活動、学習指導の時間にあてています。

Pick up!

1 教養を高める講座が中学校で開講「東葛リベラルアーツ講座」

東葛飾がめざしていることのひとつは、教養を高めること。その一助となっているのが、これまで高校で開講されてきた「東葛リベラルアーツ講座」です。同講座では、土日を中心に、大学教授や各分野のスペシャリストを招いたり、教員による特別授業を行ったりしてきました。

内容は、「一般教養講座」と「医療系関係講座」の２構成で、半期だけで約35講座の開講が予定されています。過去のテーマは、「iPS細胞を用いた網膜の再生医療」「流星と流星群」「アフガニスタンの人と暮らし」など、さまざま。生徒たちは、幅広い分野から受けたい講座を選びます。興味ある内容に触れることができ、ふだん体験できない真の学び・教養を得ています。その一部を、中学生も受講できるのです。テーマは、「ロケットを飛ばす」「情報を整理する」「身体をつくる」など、リベラルかつ身のまわりにあることを題材としたものとなっています。

また、平日放課後の「学習指導」の一環として、中学校版の講座も用意されています。

2 「揺るぎない学力」を育成する「ハードルクリア型学習」

東葛飾は、教育方針にある「揺るぎない学力」を育むため、「ハードルクリア型学習」を導入しています。これは、基礎的基本的な知識・技能をしっかり身につけさせる学習法のひとつです。各授業で小テストなどのハードルを設定し、生徒にクリアできるまで繰り返し取り組ませます。また、テスト前には放課後の「学習指導」の時間を活用し、補充的学習や個別対応によるバックアップを行います。「ハードルクリア型学習」導入の背景には、「勉強についていけない生徒を残さず、全生徒に基礎基本をかならず身につけさせる」という強い想いがあります。全生徒の幸せを願う、東葛飾ならではの取り組みです。

学校の描く「揺るぎない学力」とは、たんなる暗記や問題を解くための小手先のテクニックではありません。「ものごとの本質を研究し真の教養を身につけ、未知の課題に対応できる能力」です。こうした学力を育成するとともに、身につけた知識・技能を高めあい、よりよい社会の実現に向けて活用しようとする「豊かな人間力」を培います。

「学習指導」の時間は、「ハードルクリア型学習」の一環として、勉強でわからないところがある生徒が質問できる「補充的学習」や、力を伸ばしたい生徒が参加する「発展的学習」に活用されています。また、本校の特色である「東葛リベラルアーツ講座」と呼ぶ教養講座にも参加できます。これは参加希望制ですが、昨年はほとんどの生徒がいずれかの講座に参加しており、生徒たちの強いやる気と向上心が感じられます。

Q 授業にはどんな工夫をされていますか。

【平賀先生】 教員一同が心がけているのは、生徒自らが頭をフル回転させられるような授業を行うことです。各教科において、「授業で勝負」を合言葉に特色ある授業が展開されています。たとえば、英語はオールイングリッシュ、理科は観察・実験重視の授業が行われます。また、それぞれの教科に合ったアクティブラーニング（生徒主体の学習方法）が導入されているのも特徴です。

授業のほとんどは、中学棟で行われます。各フロアに広いフリースペース、各教室に大きなホワイトボードが完備されるなど、あちらこちらに生徒の学ぶ意欲を高める工夫が施されています。本校では、あえて電子黒板を使用していません。大きなホワイトボードにプロジェクターで投影する方が、本校の授業に適しているからです。ICT機器の活用については、これまで使用してきたノートパソコンに加え、タブレット端末も導入しています。

Q そのほか、新たに検討されていることはありますか。

【平賀先生】 ２０１４年から高校に新設された「医歯薬コース」に関連する内容を中学生向けにも展開できないか、ということです。このコースは、柏市の医師会に、プランニングやアドバイスなど、全面的なバックアップをいただいています。その一端に、早期から触れられるようにすることで、生徒たちの意識がさらに高まるのではないかと期待しています。

大事な「人間力」を磨く東葛飾生ならではの行事

Q 学校生活についても教えてください。

【平賀先生】 行事や部活動では、

例年のおもな学校行事

4月	入学式 オリエンテーション合宿（1年）
5月	授業参観
6月	伝統文化学習旅行（2年）
7月	合唱祭
8月	夏季講座（夏季学習会）
9月	文化祭
10月	
11月	授業参観
12月	
1月	社会科見学（1年）
2月	自由研究発表会
3月	卒業式　海外研修（3年）

可能なかぎり中高が交流する機会を設けたいと考えています。たとえば、7月初めに行われる合唱祭には中学生も参加し、2年生は学年合唱、3年生はクラス合唱を行います。イチからパフォーマンスを考え、衣装をつくったり、練習を重ねたりする先輩の姿を見て、いい刺激を受けています。

また、中学生と高校生が合同で取り組む「コラボ授業」を国語で実施したり、夏季学習会で高校生が中学生の数学の勉強を指導したりする機会を設けました。

中学校独自の行事としては、入学当初に1泊2日のオリエンテーション合宿があります。飯盒《はんごう》炊さんをして友人との交流を深めるほか、これからの学校生活について考え、自分の言葉でまとめたポスターを作成するなど、仲間づくりをしています。

また、キャリア教育として、1年生は社会科見学で地域を、2年生は伝統文化学習旅行で自国を、3年生は海外研修で世界を学びます。この段階的な取り組みで、グローバルな視点を養い、キャリアイメージを明確にしていきます。

Q 今後、どのような生徒さんに入学してもらいたいですか。また、御校を志望する生徒さんにメッセージをお願いします。

【平賀先生】 あいさつができ、ルールを大切にする、他者への思いやりのある生徒さんに来ていただきたいですね。当たり前のことをおろそかにせず「自律」できることが肝心です。

いま、社会でいちばん大事な力は、「人間力」です。これを磨かないかぎり、世界で認められることはありません。私は、学校生活において、人間力が磨かれる大きな機会のひとつは行事であると考えています。生徒たちの人間力は、行事を成功させるためにクラスをまとめたり、仲間と討論しあったりする経験をとおして、どんどん輝いていくと思うのです。

多くの進学校は、学習時間の確保のため、行事の時間を削ぎ落としています。しかし本校は、スポーツ祭を3日間開催したり、文化祭を2部構成にするなど、学校行事にもじゅうぶんに時間を割いて「自主」性を伸ばしています。

こうした〝土壌〟をいかし、本校で人間力をさらに磨いていってほしいと思います。

先生：そうです。空気の重さによって，大気圧の大きさは決まります。**図 4** を見てください。底面の面積が等しい円柱の形をした空気の層《そう》と接する，海面と山《さん》頂《ちょう》は，すべて平行な面と考えます。山頂など高いところでは海面に比べて空気の層がうすいため，空気の重さが軽く，大気圧は，海面に比べて山頂の方が低くなります。大気圧の単位は気圧とし，a <u>1 m^2 の面に，10トンの空気がのっているときの大気圧を 1 気圧</u>とします。標高※ 0 m の大気圧が 1 気圧で，100 m 上るごとに 0.01 気圧低くなるとすると，標高 3776 m の富士山山頂での大気圧の大きさはわかりますか。

※標高：海面から測った土地の高さ。

図 4

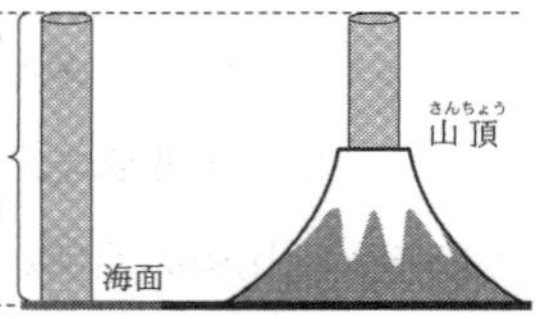

ひろ：大気圧は［ウ］気圧です。

先生：正解です。大気圧と水の沸点の関係は，**図 5** のとおりです。これらのことから，標高の高い山の上で，ご飯がかたかった理由を考えられますか。

ひろ：［エ］ので，ご飯がかたかったのですね。

先生：そのとおりです。

図 5

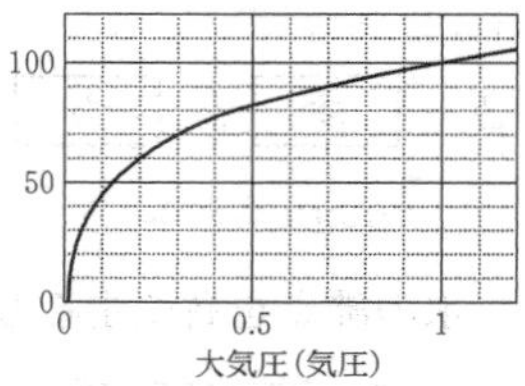

(1) 次の①～④の問いに答えなさい。

① ［ア］，［イ］にあてはまる数を書きなさい。ただし，［イ］にあてはまる数は，四捨五入《ししゃごにゅう》して，小数第 2 位まで書きなさい。

② 下線部 a について，1 気圧の場所に海面と平行に置いた，縦《たて》 15 cm，横 10 cm のハガキ 1 枚《まい》の上にある空気の重さは何 kg になるか，書きなさい。

③ ［ウ］にあてはまる数を四捨五入して，小数第 2 位まで書きなさい。

④ ［エ］にあてはまる説明を，「標高」という言葉を使い，**図 5** からわかることにもふれながら書きなさい。

Point

数理的な文章を読む力をみる

会話文ですが先生の発言は数理的な長い文章です。読解力とともに初めて見る課題に対する思考力も試されます。

Point

筋道立てて考える力を試す

全体の問題量が多く、それぞれに時間はかけられません。大気圧と標高について筋道を立て素早く解答できるかがカギです。

千葉県立 東葛飾中学校

募集区分

一般枠

入学者選抜方法

【一次検査】適性検査1・1（45分）、適性検査1・2（45分）、
【二次検査】適性検査2・1（45分）、適性検査2・2（45分）、集団面接、報告書、志願理由書

2020年度　千葉県立東葛飾中学校　適性検査２－１より（千葉県立共通）

2　ひろさんは，登山をしたときの経験について先生と話をしています。会話文をふまえながら，あとの(1)～(4)の問いに答えなさい。ただし，計算で使う円周率は 3.14 とします。

ひろ：家の近くのキャンプ場でお米を炊《た》いたときと同じように，山でお米を炊いたら，ご飯がかたかったです。なぜですか。

先生：十分な熱がお米に伝わらなかったからだと思いますよ。

ひろ：でも，お米を炊くときに入れた水はぶくぶく沸《わ》いていました。

先生：水の沸《ふっ》とうする温度（沸点《ふってん》）は，常に 100 ℃とは限りません。**図 1** のように，水の沸点は，空気の重さによってはたらく圧力（大気圧《たいきあつ》）と，水が蒸発《じょうはつ》するときにはたらく圧力（蒸気圧《じょうきあつ》）の関係で決まります。圧力とは，一定の面積あたりの面を垂直《すいちょく》に押《お》す力のことです。蒸気圧の大きさと大気圧の大きさが等しくなったとき，水面からだけでなく水の内部からも水蒸気になる現象が沸とうです。このときの蒸気圧から沸点が決まります。

図 1

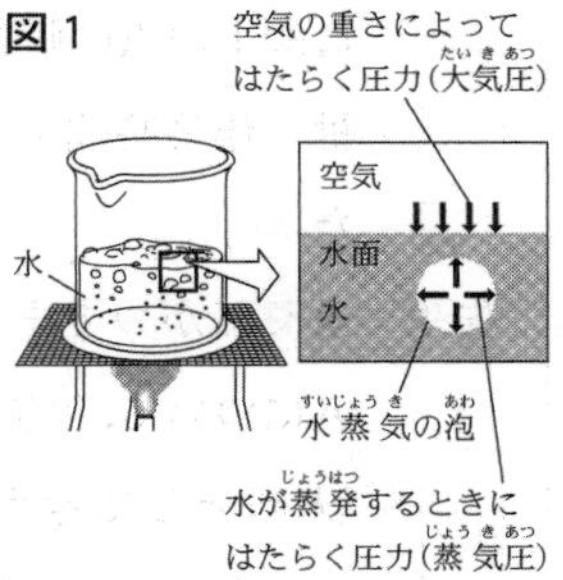

ひろ：空気に重さがあるのですか。

先生：実験で確かめてみましょう。**図 2** のように，空気入れで，空《から》のスプレー缶《かん》に空気を押しこみ，重さをはかります。次に，**図 3** のように，水を満たしたメスシリンダーに，スプレー缶の中の空気を出した後，もう一度スプレー缶の重さをはかります。**図 3** と**表 1** が実験の結果です。空気 1 L の重さはわかりますか。

ひろ：**図 3** のメスシリンダーの目もりをよむと，スプレー缶から出した空気の体積は［ア］mL なので，空気 1 L では，［イ］g の重さがあるのですね。

図 2

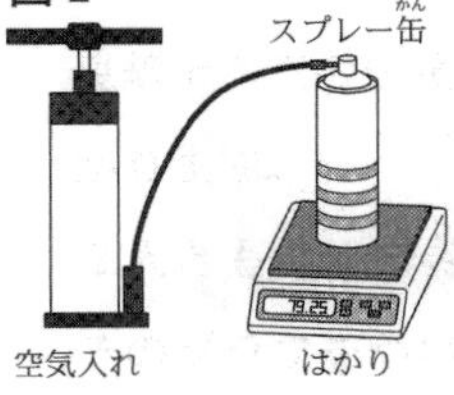

図 3

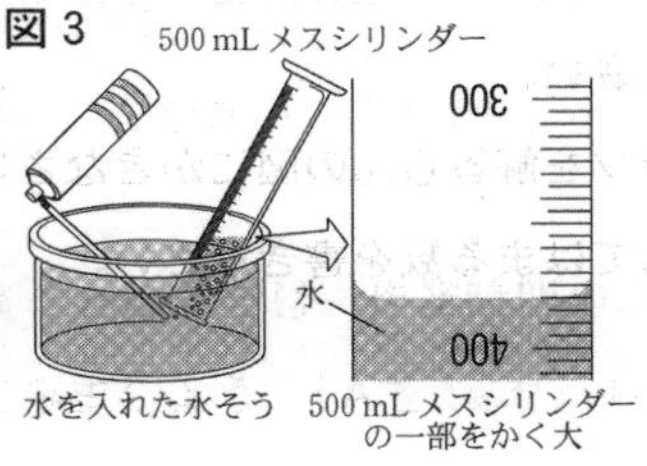

表 1

空の スプレー缶の重さ	79.25 g
空気を押しこんだ スプレー缶の重さ	84.16 g
空気を出した後の スプレー缶の重さ	83.72 g

解 説

千葉県立東葛飾中学校は、県立千葉と共通問題で一次検査と二次検査を行います。一次で倍率が４倍程度にまで落ちつくように選抜し、二次で80人（男女各40人）を選抜し合格とします。一次で倍率が30倍を超えるときは抽選もあります。ただ、県立千葉と同様に、なるべく抽選は行わないようにする方針です。

2020年度は859人が一次検査を受け、二次は316人が受けました。

出題の基本方針は「①文章や資料等の内容を読み取る力をみる。②課題を明確にし、解決に向けて論理的に思考する力をみる。③自分の考えをまとめ、筋道立てて的確に表現する力をみる」とされています。

一次検査の適性検査では【1－1】と【1－2】がそれぞれ45分、二次検査も【2－1】と【2－2】がそれぞれ45分で行われます。

【2－2】では「聞き取り」が実施され、聞き取った内容と読み取った内容から、課題を明確にし、経験に基づいて、自分の考えや意見を筋道立てて表現します。

集団面接（約５人ずつ）では、ひとり３分ほどのプレゼンテーションをすることになっています。

埼玉県立 伊《い》奈《な》学《がく》園《えん》中学校

■併設型
■2003年開校

一人ひとりの個性や才能を伸ばす 特色あるシステムが魅力

普通科ながら、「学系」と呼ばれる特殊なシステムを持つ埼玉県立伊奈学園総合高等学校。この高校を母体に生まれた伊奈学園中学校は、幅広く確かな学力を身につけ、生涯にわたり自ら学びつづける人間を育成します。

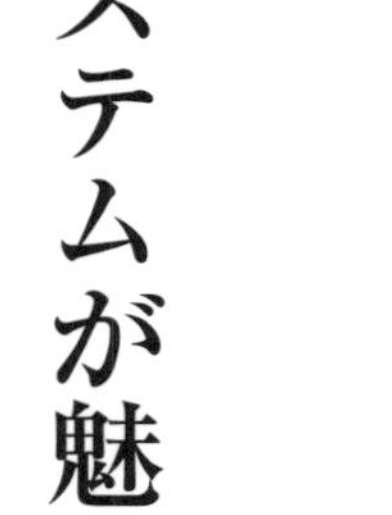

衛藤《えとう》 一憲《かずのり》
校長先生

学校プロフィール

開　校	2003年4月
所在地	埼玉県北足立郡伊奈町学園4-1-1
TEL	048-729-2882
URL	https://inagakuen.spec.ed.jp/
アクセス	埼玉新都市交通ニューシャトル「羽貫」徒歩10分、JR高崎線「上尾」「桶川」・JR宇都宮線「蓮田」バス
生徒数	男子76名、女子164名
1期生	2009年３月卒業
高校募集	あり
教育課程	３学期制/週５日制/50分授業
入学情報	・募集人員　男女計80名 ・選抜方法　第一次選考　作文（Ⅰ・Ⅱ） 第二次選考　面接

超大規模校につくられた併設型中高一貫校

Q　２００３年に埼玉県内初の併設型公立中高一貫校として開校されました。設置母体である埼玉県立伊奈学園総合高等学校はどのような学校なのでしょうか。

【衛藤先生】 伊奈学園総合高等学校は、１９８４年に創立され、現在は在籍生徒数が２４００人にものぼる超大規模校です。

普通科ですが総合選択制をとっており、専門学科に近いようなかたちで7つの学系（人文・理数・語学・スポーツ科学・芸術・生活科学・情報経営）に分かれて学びます。

1学年８００名のうち、本校から80名の生徒が一般的な普通科にあたる人文系と理数系に進学します。なお、伊奈学園中学校から進学した生徒は、高校から入学した生徒とは3年間別クラスを編成します。

総合選択制では、大幅な選択科目を導入しており、大学のように講義を選んで受講することをイメ

ージしていただけるとわかりやすいと思います。

Q 中学校においても高等学校の校訓「自彊創生《じきょうそうせい》」を継承していますが、この意味についてお教えください。

【衛藤先生】 意味は、「自ら努め励み、自らをも新しく創り生み出すこと」です。わかりやすく言うと、努力を積み重ねることで個性を開花させ、新しい自分を発見し、育てるという意味になります。そうして、高い志を持ち、将来社会のさまざまな分野でリーダーとなる生徒を育てていきたいと思っています。

本校は高校入試がありません。6年後の大学進学を到達点とするのではなく通過点と考え、社会にでてからの自分の理想の姿を思い描き、つねに将来を見据えて努力をしようと生徒たちには伝えています。

Q 教育のカリキュラムで特徴的なところをお教えください。

【衛藤先生】 一般の中学校の授業は週29時間標準で行われていますが、本校では独自の教育課程により、2時間多い31時間で実施しています。

増加分の2時間（3年間で6時間）は、1年生は英語と数学で各1時間、2年生は数学2時間、3年生は国語と学校独自の設定科目で各1時間です。

英語の授業では、すべての学年で1クラスをふたつに分けた少人数指導を取り入れているほか、週1時間はコンピューター教室で授業を行っています。また、ALTと日本人教師とのチームティーチングを実施し、「聞くこと」「話すこと」を重視した授業も展開しています。

数学では、1・3年生は2クラス3展開の習熟度別授業を、2年生は1クラスをふたつに分けた少人数指導を実施しています。高校でも、必修教科の数学では2クラス3展開をそのまま継承しています。また中高一貫校のメリットをいかし、数学では中3の2学期から高校の内容を先取りして学習しています。

Q 中3で行われる「総合的な学習の時間」の「表現」「国際」「科学」とはどのような授業なのでしょうか。

【衛藤先生】 3年生で行う「表現」「国際」「科学」は、ふたつの教科

Pick up!

1 学校のなかに存在する小さな学校「ハウス」で生まれるアットホームな雰囲気

中高合わせて2600名以上もの生徒を擁する大規模校の伊奈学園は、生徒の生活の場が６つの「ハウス」に分かれて構成されています。

ハウスは、建物自体が独立し、生徒は学系などの区別なくいずれかのハウスに所属します。同様に、180名を超える先生がたも教科・専門の区別なくいずれかのハウスに所属します。ひとつのハウスにそれぞれ職員室が設けられており、ハウス長（教頭先生）以下30名程度の教員が所属しています。

中学生は６つのハウスのひとつである第１ハウスにおいて生活することになります。

高校生は第２～第６ハウスで、伊奈学園中学校卒業生は高校段階で第２ハウスに入ります。ハウスはそれぞれ１～３年生の各学年４クラスずつ、計12クラスで構成されます。卒業まで同じハウスで、同じ担任の指導のもと、自主的な活動を展開しています。

また、学園祭、体育祭、修学旅行などの行事や生徒会活動なども、すべてハウスが基本単位で行われます。ハウスごとにカラーが決まっており、体育祭や学園祭、校章などにもシンボルカラーとして使われています。

６つのハウスは、それぞれが「小さな学校」であり、毎日の「生活の場」としての親しみやすいアットホームな雰囲気が生みだされています。

2 国際性を育てる語学教育と国際交流

ALT（外国人英語講師）とのチームティーチングによる充実した語学研修と積極的な国際交流が行われています。

NHKの基礎英語の講師が伊奈学園に勤務していたことから、授業では、NHKラジオ講座を取り入れた英語の学習を行っています。

１～３年生のすべての生徒が「基礎英語」を毎日家でリスニングすることを前提として、英語の授業が進められています。

また、夏休みには、オーストラリア・ケアンズの現地校において、中学３年生の希望者30名が２週間のホームステイをしながら、語学研修と異文化交流会を行います。

を融合させた学習の時間です。3年次にこの3つのなかからひとつを選択して学習します。

「表現」は、国語と英語の融合科目です。ビブリオバトルの実践や英文物語の翻訳などをとおして、コミュニケーション能力やプレゼン能力を身につけます。

「国際」は社会と英語の融合科目です。国際社会の問題を多面的・多角的にとらえ、英語表現によるプレゼン能力を高め、国際理解を進めます。

「科学」は、理科と数学の融合科目です。理科で行った実験について、数学の知識を使って分析をして結果をだします。科学技術振興機構、JAXAなどの外部機関と連携して高度な内容を学びます。

「表現」「国際」「科学」のいずれも、複数の教科の教員によるチームティーチングで授業を進めます。

また、総合的な学習の時間では企業と連携した探究型授業を実践しており、2019年度は博報堂、丸紅等と実施しました。答えのない問いに対して考えることで、社会で活躍するために必要な「思考力」「感性や創造力」を高めます。

Q 授業以外での学習の取り組みについてお教えください。

【衛藤先生】 朝の10分間をスキルアップタイムとして、新聞記事の読みこみと各種検定（漢検、数検、英検）受験に向けた学習を実施しています。各検定は毎学期1回、学校で受験できます。生徒は目標を設定し、年間をとおして計画的に学習を進めています。

定期考査の前後1週間は、全校で「学び合いタイム」を実施しています。放課後を利用し、学習室での友人同士での学びあい・教えあいや教員への質問を行います。学校全体が一丸となって学びに向かう体制をつくっています。

9月から2月の期間には土曜日の学習講座「サタデーセミナー」を開講しています。基礎から応用、また教科の枠を超えた探究まで幅広い講座のなかから生徒が希望する講座を選択して参加します。

生涯学びつづけることができる資質・能力を育成するためにさまざまな取り組みを行っています。

Q 体験学習を重視されていますが、どのようなことをされているのでしょうか。

【衛藤先生】 まず、1年生は入学

例年のおもな学校行事

4月	入学式　対面式　宿泊研修
5月	授業参観　修学旅行　実力テスト
6月	三者面談　各種検定試験
7月	自然体験研修　夏季補習
8月	オーストラリア交流事業 （ホームステイ／3年生30名）
9月	学園祭　体育祭　実力テスト サタデーセミナー開始
10月	
11月	体験授業　ミニコンサート 各種検定試験　実力テスト
12月	
1月	百人一首大会　各種検定試験
2月	実力テスト
3月	3年生を送る会　校外学習　卒業式 イングリッシュセミナー（3年）

直後に2泊3日の日程で長野県に行き、体験研修を行います。本校は埼玉県全域から生徒が集まっており、最初はだれも友だちがいないという状況ですので、この研修は仲間づくりという意味も兼ねています。

　1年生ではこのほかに社会体験チャレンジとして、飲食店、美容院、保育所、消防署などで職業体験を行います。

　2年生では、夏休み期間中に群馬県みなかみ町にでかけ、農家に泊めていただきながら、農業体験や自然体験を積む取り組みを実施しています。農と食について考えたり、環境を守ることの大切さを深く認識してほしいと思っています。

　3年生では、修学旅行で広島県と京都府へでかけています。平和と日本の伝統および文化を学習することを主たる目的としています。広島における平和学習と京都における日本の伝統文化学習をとおして、人間的成長をうながす取り組みです。

　これからも生徒の興味や、そのときどきの社会の趨勢《すうせい》をみながら、体験的な学習を創意・工夫していきたいと考えています。

努力する姿勢を身につけ6年間をかけて伸ばす

Q 作文試験ではどのようなところを見られるのでしょうか。

【衛藤先生】学力試験ではないので、ただ数字ではかれる知識ばかりを見るわけではありません。これまでに習得してきたものをいかに組みあわせて解答につなげるか、それを自分なりに表現することができるかという総合力を見ています。みなさんが持っている可能性や得意分野などを多面的に見られるような問題にしています。

Q どのような生徒さんに入学してもらいたいですか。

【衛藤先生】自分でなにかをがんばってみようという意欲があり、これからの伸びしろを感じさせるみなさん、困難なことにぶつかってもそれに臆することなく、つねに前向きに考えられるみなさんに来ていただきたいです。

　伊奈学園の特徴は自ら進んで学ぶ生徒をきっちり支えるシステムにあります。本校でがんばることによってどんどん成長してほしいと願っています。

ゆうきさん「富士山は高いけど、地球の大きさをもとに考えるとあまり高いとはいえないのかな。」

ひかるさん「きっとそんなことはないよ。たとえば、テーマパークにあるような大きな地《ち》球《きゅう》儀《ぎ》に粘土《ねんど》で富士山の模型《もけい》をつけたら、目立つような高さになると思うよ。」

ゆうきさん「立体地球儀か。それはおもしろいね。」

ひかるさん「あるテーマパークに置いてある地球儀は、直径が６ｍ５０ｃｍだそうだよ。富士山の高さを４０００ｍと考えると、どれくらいの高さで富士山の模型をつくったらよいかな。」

（２）２人はこのあと立体地球儀につける富士山の模型の高さを計算して、「富士山は、地球の大きさをもとにして考えてみると、高い山だといえない。」と判断しました。このように判断した理由を、地球の直径と富士山の高さの関係に注目して書きましょう。（字数の制限はありません。）

Point

状況に応じた見方、考え方をみる

日常のさまざまな場面で現れる課題に対して算数・理科で学んだことの理解度と、具体的な解決能力が試されています。

Point

学校で学んだことの理解度をみる

これらの答えを求めるための考え方は小学校で学んでいます。その理解の深さをはかり他者に説明する表現力もみています。

埼玉県立 伊奈学園中学校

募集区分

一般枠

入学者選抜方法

【第一次選考】作文Ⅰ（50分）、作文Ⅱ（50分）

【第二次選考】面接（10分程度）、調査書

2020年度　埼玉県立伊奈学園中学校　作文Ⅱ（独自問題）　より

［問２］　ゆうきさんとひかるさんは、富士山の高さについて話しています。

ゆうきさん「先月、家族で富士山に登ってきたよ。標高は３７７６ｍもあるんだね。」
ひかるさん「すごい高さだね。富士山って、地球の大きさをもとに考えても高い山といえるのかな。」
ゆうきさん「地球の大きさと比べるとイメージできそうだね。そもそも地球はどれだけ大きいのかな。なにか調べられるものはないかな。」
ひかるさん「社会科で使っている世界地図を使って、地球の大きさを求められないかな。」

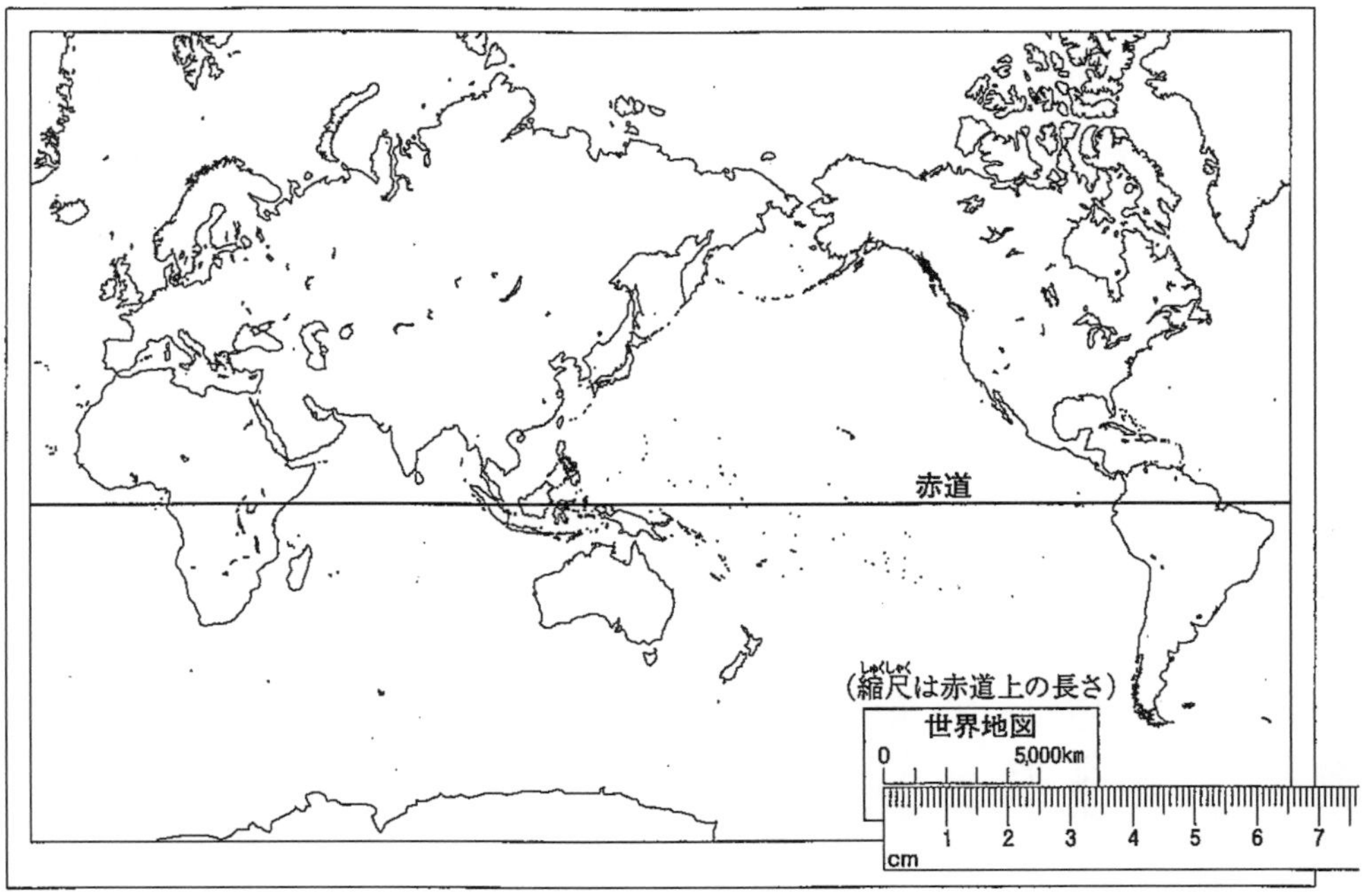

（１）ゆうきさんは、上の図のように、世界地図の一部にものさしをあてています。また、この世界地図は、右はしと左はしがちょうど同じ位置を表すようにできていて、この世界地図上で赤道の長さをはかると２０．５ｃｍありました。この世界地図をもとにして考えると、実際の地球の直径はおよそ何ｋｍですか。千の位までのがい数で求めましょう。ただし、世界地図上の縮《しゅく》尺《しゃく》は赤道上の縮尺であるものとし、円周率は３．１４とします。

解説

埼玉県立伊奈学園中学校の入学者選抜では、作文Ⅰと Ⅱ（第一次選考)、面接、調査書（第二次選考）によって入学候補者を決めます。

第二次選考の面接は10分程度の個人面接です。

第一次選考の作文は２種類ありますが、首都圏の他都県でいう適性検査の内容をすべて記述式で答えるものという理解でよいでしょう。そのためか他の都県のものより５分多い検査時間（50分）が設けられています。出題にあたって、作文Ⅰは思考力や表現力をみる作文を、作文Ⅱでは課題を発見し解決する力をみる作文を求めています。

2020年度の出題をみると、作文Ⅰは国語と社会の力を試しながら資料の読み取りや、歴史的事実の理解度も確認しています。作文Ⅰでは、「江戸時代の生活からの問題」や「環境問題への関心」のほか、単語をローマ字で記述することも求められました。

作文Ⅱでは算数と理科の力をみる問題が柱となっていて、課題を発見し、その課題解決の力もみています。むずかしくはありませんが、そのすべてを理由を含めた記述で答えなければなりませんので、表現力、文章力もおおいに問われることになります。

さいたま市立 浦和《うらわ》中学校

■併設型
■2007年開校

6年一貫教育の強みを存分に発揮する さまざまな教育活動

8期生が卒業した今春も、すばらしい大学合格実績を残したさいたま市立浦和中学校。高校進学後を意識し、併設校の強みを存分にいかした、高校とのさまざまな連携教育が特色です。

吉野《よしの》 浩一《こういち》
校長先生

8期生が2020年春に卒業

Q 御校の教育目標についてお話しください。

【吉野先生】「高い知性と豊かな感性・表現力を備えた国際社会に貢献できる生徒の育成」を掲げています。

Q 開校から14年を迎え、卒業した1～8期生は見事な大学合格実績を残しました。

【吉野先生】そうですね。立派な結果だと思います。これは内進生だけではなく、高入生も一丸となってがんばった結果ですが、内進生の目標に向かって粘り強く努力する姿勢に高入生も刺激を受ける好循環がありました。

Q さいたま市の掲げる日本一の教育都市実現に向けた御校への期待も大きいと思います。

【吉野先生】私がめざす市立浦和のイメージは、「楽しい『スーパー進学校』」です。学校行事や部活動など仲間とともに楽しい学校生活を送りながら、しっかりと勉強し、高い志をもって志望大学に

学校プロフィール

開　　校	2007年４月
所 在 地	埼玉県さいたま市浦和区元町1-28-17
Ｔ Ｅ Ｌ	048-886-8008
Ｕ Ｒ Ｌ	http://www.m-urawa.ed.jp/
アクセス	JR京浜東北線「北浦和」徒歩12分
生 徒 数	男子120名、女子120名
１ 期 生	2013年３月卒業
高校募集	あり
教育課程	３学期制／週５日制（年12回土曜授業あり）／50分授業
入学情報	・募集人員　男子40名、女子40名 ・選抜方法　（第１次選抜）適性検査Ⅰ・Ⅱ（第２次選抜）適性検査Ⅲ〈作文〉、個人面接・集団面接

合格する生徒が集う学校です。現在も、そんな力を持った生徒がたくさんいますから、市民の期待を上回る成長が見られると考えています。

ますます充実する「つなぎ学習」

Q 6年一貫教育の流れについてお教えください。

【吉野先生】 前期課程の中1・中2は「基礎」、中期課程の中3・高1は「充実」、後期課程の高2・高3は「発展」とそれぞれ位置づけ、3期に分けた中高一貫教育を行っています。

Q なかでも中期課程の「つなぎ学習」が特徴的です。

【吉野先生】 中高一貫校の強みをいかして、中学校から高校への移行をスムーズにするための学習です。年々実施科目を増やしながら、いろいろなかたちで充実させてきています。

1期生のときは、まだしっかりと方式が定まっておらず、うまく機能していない部分も多かったようです。こうした反省をふまえて改良を重ね、進化をつづけてきました。

中学は少人数授業やチームティーチング（TT）、双方向の授業も多いですが、高校になれば講義形式が増えます。

また、中学では受け身の生徒が多く、学習進度が遅れていたり、未提出の課題がある生徒には教員側からすぐ声をかけますが、高校では生徒が自分から積極的に学んでいくことが求められます。こうした中高でのちがいに対しても、「つなぎ学習」を実施することで、無理なく対応できます。「つなぎ学習」では、中3の数学、英語など、毎週かならず1時間、高校の先生が授業を受け持ちます。

理科では高校の生物と物理の先生が成績をだすところまで行われていますし、社会科では歴史分野を中心に、実技教科でも家庭科、美術などは高校の先生です。

とはいえ、いたずらに先取り授業を進めているわけではありません。高校の先生による授業は、さらに深く学ぶなど、補充的な部分を担っています。

Q より専門的な授業内容となるので、生徒の知的好奇心も喚起されそうですね。

【吉野先生】 高校の先生による授

Pick up!

1　独自の教育活動「Morning Skill Up Unit」（MSU）の展開

生徒ひとりにつき１台のノート型パソコンを活用し、週３日、１時限目に60分の時間を設けて国語・数学・英語の各教科を20分ずつ学習するものです。

国語（Japanese Plusの学習）は、すべての学習の基礎となる「国語力」の育成がはかられます。短作文、暗唱、書写、漢字の書き取りなどに取り組み、基礎・基本を徹底する授業です。

数学（Mathematics Drillの学習）は、日常生活に結びついた「数学的リテラシー」の向上をめざします。四則計算や式の計算といった基礎的な学習、数量や図形に対する感覚を豊かにする学習です。

英語（English Communicationの学習）は、英語での「コミュニケーション能力」の育成が目標です。日常会話やスピーチなどの生きた英語を聞く活動、洋書を使った多読活動、英語教師との英語によるインタビュー活動や音読活動を行うなど、バリエーションに富んだ多彩なプログラムが用意されています。

2　ICT（Information and Communication Technology）教育の充実

生徒それぞれのパソコンは無線LANで結ばれており、いつでもどこでも情報を共有しながら活用できます。調べたものをパソコンでまとめたり、インターネットを使って情報を自分のパソコンに取りこむことができます。

図書室は「メディアセンター」と呼ばれていて、生徒は「メディアセンター」でインターネットを使いながら、必要な情報を探しだしています。

また、このパソコンがより高度なものになり、タブレット端末としても活用ができるようになったことで、情報の共有や生徒間のコミュニケーションがより活発になり、アクティブラーニングの視点に立った授業も展開できるようになりました。さらにさいたま市の嘱託を受けた教育プログラム開発のために、さまざまな学習ソフトを利用して、主要教科だけではなく、実技教科も含めていろいろな場面でパソコンをいかした授業が展開されています。その成果が市にフィードバックされ、さいたま市立中学校全体の教育の質向上にも貢献しています。

業は中学校とはスタイルも変わるので、刺激になり、生徒の学習意欲にもつながっています。

また、夏休みには中高とも夏季講習があります。中学は夏休みの初めに復習的な内容を多く取り入れていますが、発展的な内容の講座も開講しています。さらに、希望者は高1の夏季講習にも参加できるようにしています。

本校では、中高一貫教育を行うメリットが学校全体で認識できています。先生がたも「あれもできる」「これもやってみたらいいんじゃないか」とアイディアをだしあいながら取り組んでいます。つぎの段階に進んできていることが感じられます。

少人数制授業と特徴的な学習プログラム

Q 少人数制授業も中学の大きな特色ですね。

【吉野先生】 数学、英語で中1から1クラスをふたつに分ける少人数制授業を行っています。

クラスを分けられない教科でも、高校の先生といっしょにＴＴを実施することで、手厚い指導を展開できます。

さらに、中1～中3の英語授業では高校のネイティブ教員に加え、高校のＡＬＴが受け持つ授業を週に1回実施しており、ときには中学校のＡＬＴも加わります。これらをとおして英語力の向上をはかっています。

Q 自分の言葉で表現する活動が充実していますね。

【吉野先生】 国語や社会では、討論やスピーチ、ディベート、パネルディスカッションなどの学習を計画的に取り入れています。また、こういった積み重ねの集大成は、中3で実施する海外フィールドワークでの日本文化の紹介などにつながります。

英語では、校内で英語のスピーチコンテストを行います。上位の生徒は市や県の大会に参加し、毎年、優秀な成績を残しています。

このスピーチコンテストは、英語の知識や表現力を養うことにつながるのですが、なんといっても、本校では高校でその力をさらに伸ばす場が多く用意されているところが大きいと思います。

もともと高校は英語教育や国際交流に力を入れている学校ですから、中学で得た英語力や興味を高

例年のおもな学校行事

4月	入学式　実力テスト　新入生歓迎会
5月	部活動本入部　管弦楽鑑賞教室（2年）
6月	英語Recitation Contest　文化祭
7月	球技大会　自然の教室（1年） 夏季講習
8月	課題テスト サマーイングリッシュセミナー
9月	体育祭　写生大会　実力テスト
10月	プラネタリウム学習（2年）
11月	科学館実習　修学旅行（2年） 芸術鑑賞教室　人権教育講演会
12月	博物館実習
1月	
2月	ロードレース大会 海外フィールドワーク（3年） 未来くるワーク体験（1年）
3月	卒業式　球技大会（1・2年）

校でさらに育てていくことができます。

交換留学も毎年実施しており、内進生で高校入学後に留学する生徒もいます。

大学進学の面で結果がでるのももちろんすばらしいことですが、こういった面でもがんばっている子がいるのも、本校の中高一貫教育の成果だと思います。

学校生活全体で中高一貫教育を実践

Q 学校行事や部活動も中高いっしょに行われていますね。

【吉野先生】 たとえば、体育祭は中高6学年を縦割りにします。別々に行っていた時期もありましたが、現在は高校が8クラスと、中学の各学年2クラス80名ずつを、8つに分けるかたちで実施しています。

お互いを応援し、席を隣にすることは、中学生、高校生ともに貴重な経験になっているようです。

部活動も中高いっしょに行う部も多いですし、現在は運動系の部活動を中心に、中3が公式戦がなくなったあとに、早めに高校の活動に参加できるようになっています。

このように勉強の面だけではなく、学校生活全体で中高生がいっしょに活動する場面を増やしています。

Q 施設も立派で、教育環境が充実していますね。

【吉野先生】 校舎は中学校開校時に新築していて、窓が大きく、明るめの色調できれいです。

図書室が高校にあり、さらに中学用にメディアセンターというものもあり、両方とも使えます。高校側にある理科系の実験室も利用できますし、学習環境は整っています。

Q 最後に、受検生に向けたメッセージをお願いします。

【吉野先生】 しっかりとした目標を持ち、粘り強くがんばる生徒が、本校の学びにマッチし、さまざまな能力を伸ばしています。ですから、高い志を持って、努力しつづけられる生徒さんに入学してもらいたいですね。

そして、高校に進学したあとは、高入生と励まし支えあいながら切磋琢磨し、たくましくがんばっている先輩たちにつづいてくれるような生徒さんを待っています。

さいたま市立 浦和中学校

募集区分　一般枠（さいたま市在住）

入学者選抜方法　【第1次選抜】適性検査Ⅰ（45分）、適性検査Ⅱ（45分）、調査書
【第2次選抜】適性検査Ⅲ（45分）、面接（個人＋集団）

⑤　3段目も同じように、縦の列の数と横の列の数が2段目より1つずつ少なくなるようにし、真ん中が2段目の真ん中と重なるようにする。

図3　2段目まで重ねたときの真正面から見た図

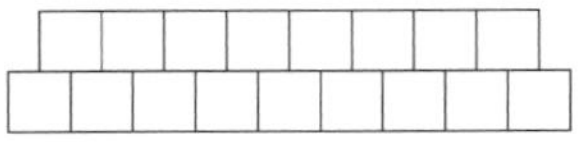

花子さんは作った積み木の模型を見て、画用紙で作った模型のほうが実物に近くなると考え、次の**【模型の作り方のメモ】**で円墳の模型を作ろうとしました。

問2　**【模型の作り方のメモ】**の①の「側面になる部分を平面に広げた形」として適切なものを、下のア～エの中から1つ選び、記号で答えなさい。

【模型の作り方のメモ】

①　画用紙から「側面になる部分を平面に広げた形」を切り取る。

②　①をもとに画用紙から「小さい円」「大きい円」を1つずつ切り取る。

③　切り取った3つのものをセロハンテープで**図4**のようにはり合わせる。

図4　できあがる模型

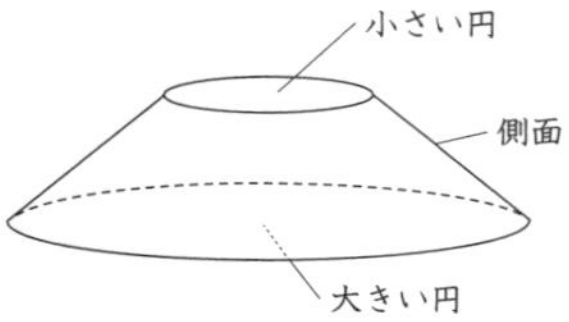

ア

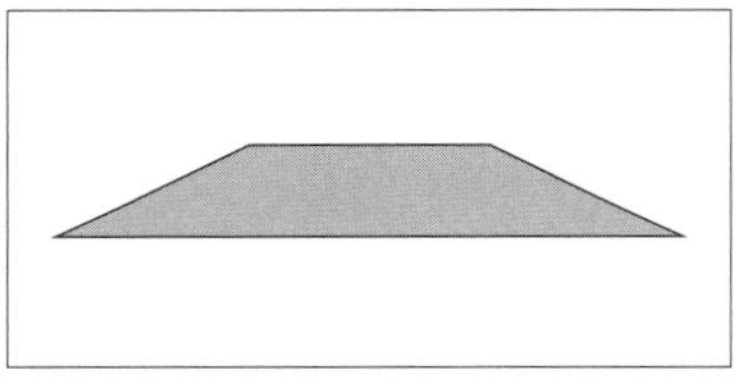

イ

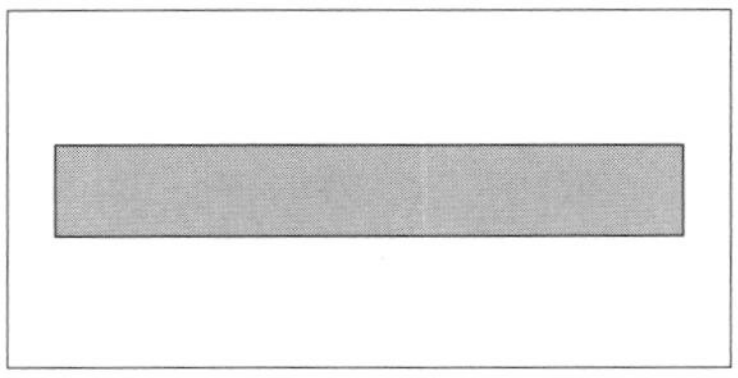

ウ

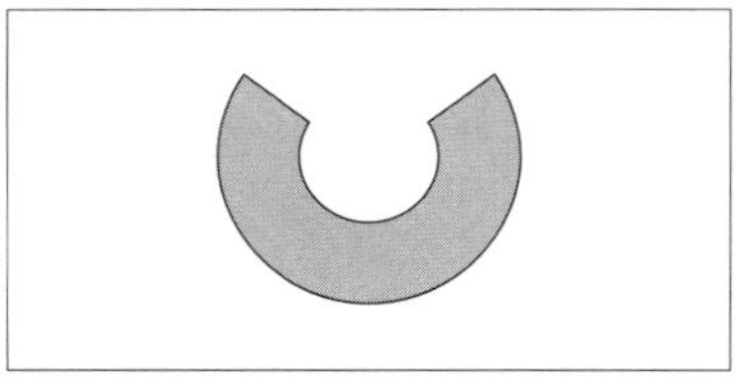

エ

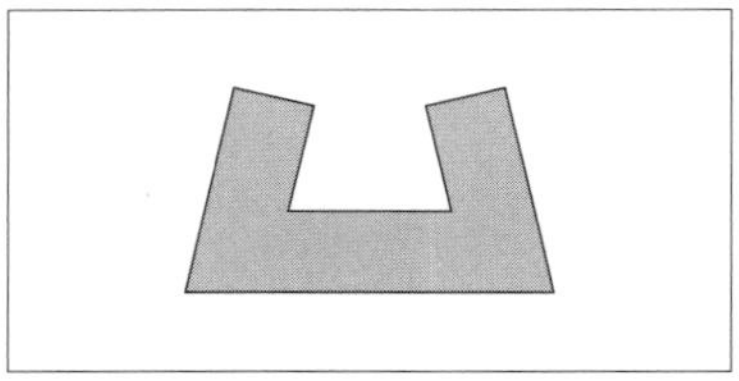

Point

数理的なものの考え方を試す

問題文から必要な要素を正確に読み取る力が必要です。立体の特徴をとらえ、知識を活用して考察、処理する力をみます。

Point

条件を理解し考える力をみる

市立浦和では立体の問題は頻出です。与えられた条件をふまえて想像力、推理力を駆使して課題を解決します。

2020年度　さいたま市立浦和中学校　適性検査Ⅱ（独自問題）より

1

花子さんは円墳《えんふん》や前方後円墳《ぜんぽうこうえんふん》などの古墳《こふん》に興味を持ち、社会の学習発表会で古墳の形について発表することにしました。そして、その発表会でわかりやすく伝えるために模型《もけい》を作って説明しようとしています。

次の問１～問３に答えなさい。

花子さんは**資料１**、**資料２**のような上の面が水平な古墳の形を模型で作ることを考えました。そこで、まず立方体の積み木を使って円墳の模型を作ることにしました。

資料１　上の面が水平な円墳の形

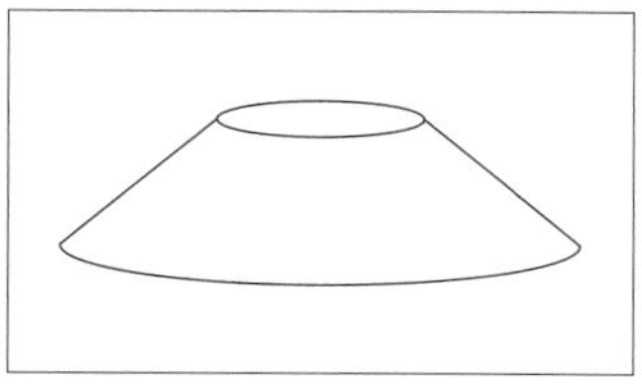

資料２　上の面が水平な前方後円墳の形

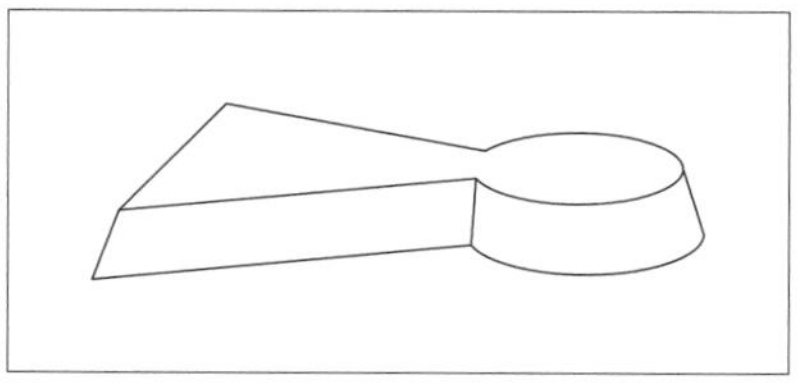

問１　立方体の積み木を次の**【花子さんの決めたルール】**にしたがって積むことにしました。３段目《だんめ》まで積み終わったとき、積んだ積み木の数は何個ですか。

【花子さんの決めたルール】

①　積み木はすき間なく並《なら》べる。

②　１段目は**図１**のように縦《たて》の列と横の列にそれぞれ９個ずつ並べたあと、４すみから３個ずつ積み木を取る。

③　２段目は**図２**のように１段目より縦の列の数と横の列の数が１つずつ少なくなるようにする。

④　１段目の真《ま》ん中《なか》と２段目の真ん中が重なるようにする。

図１　１段目を並べたときの真上から見た図

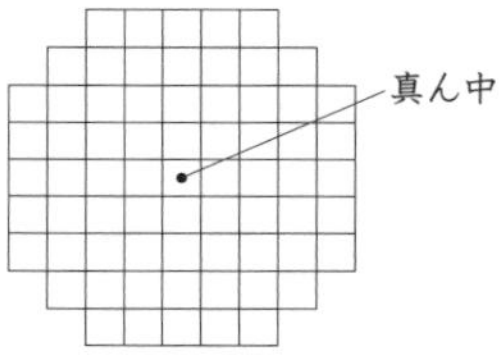

図２　２段目までを重ねたときの真上から見た図

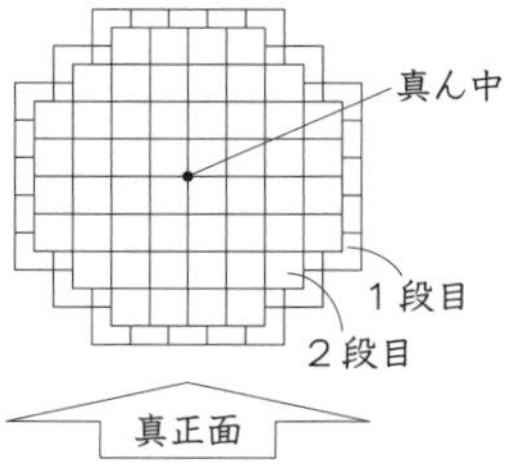

解説

さいたま市立浦和中学校の入学者選抜には第１次と第２次があります。2020年度では、第１次に609名が受検しました。第２次は166名が受検して、募集人員男女各40名の入学候補者を選んでいます。

第１次では、適性検査Ⅰ（45分）と適性検査Ⅱ（45分）、調査書で検査を行います。第２次は約１週間後に適性検査Ⅲ（45分）と個人面接（10分程度）、集団面接（５～６名程度、約30分）を行います。

適性検査はⅠ、Ⅱ、Ⅲとも課題の問題点を整理し、論理的に筋道を立てて考え解決する過程を試し、さらに多様な方法で表現する力をみます。とくに第２次の適性検査Ⅲでは作文の字数が多く、文章や図表などを読み取り、課題にしたがって250字以内の作文１題と300字以内の文章にまとめる作文が２題でました。作文をとおして適切な表現力をみます。

2020年度の集団面接は、５～６名の児童で構成するグループに、「さいたま市のまちづくり」について課題を与え、自己紹介後、解決に向けて一人ひとりがどのようにリーダー性、協調性を持ち、コミュニケーション能力等を発揮できているかをみました。

さいたま市立

大《おお》宮《みや》国《こく》際《さい》中等教育学校

■中等教育学校
■2019年開校

未来社会を生き抜く力を身につける 新しい学びを「大宮国際」で

2019年4月、さいたま市にふたつ目の公立中高一貫校が誕生しました。未来社会で生き抜いていくための力を養う最先端の教育を提供することをめざす学校です。

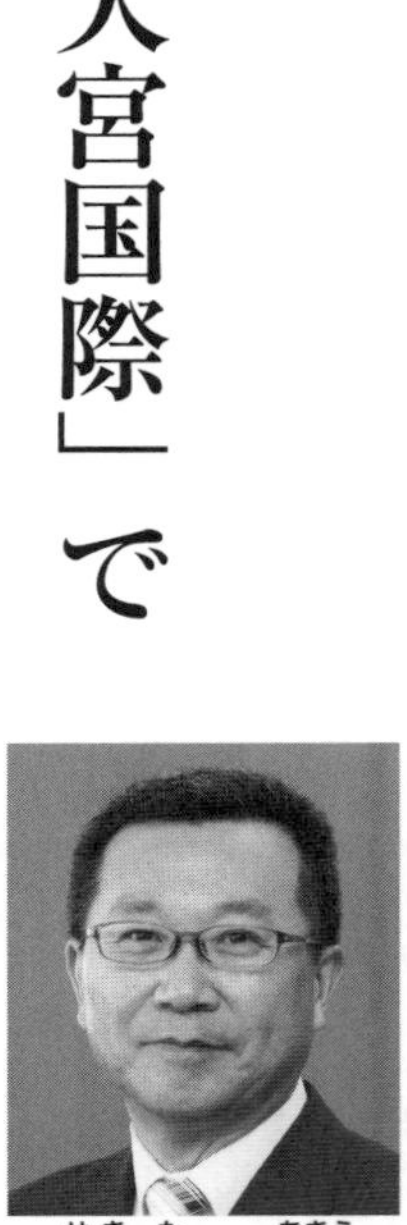

関田《せきた》 晃《あきら》 校長先生

英語を「道具」として使いこなして世界へ

Q 御校ではどのような生徒を育てたいと考えているのでしょうか。

【関田先生】「誰も見たことのない世界で通用する『真の学力』を持った生徒を育てたいと考えています。

いまは未来社会の予測がむずかしくなっています。そうした社会を生きていく子どもたちにつけてあげたい力とは、「なぜだろう」というテーマ設定をして、それをいろいろなかたちで考えて議論し、そこから多くの人たちが納得できる解をだすことができる力です。「正解」をだすというのはむずかしくても、多くの人たちから「それがいいね」というコンセンサス（合意）を得られて、新しい価値を生みだすことができる力ですね。

それをさらに具体的に、めざす学習者像として「未来の学力が備わった人」、「国際的な視野を持った人」、「よりよい世界を築くことに貢献する人」と定めました。

学校プロフィール

開　校　2019年４月

所在地　埼玉県さいたま市大宮区三橋4-96

ＴＥＬ　048-622-8200

ＵＲＬ　https://www.city-saitama.ed.jp/ohmiyakokusai-h/

アクセス　JR各線・東武野田線・埼玉新都市交通伊奈線「大宮」バス

生徒数　男子160名、女子159名

１期生　２年生

高校募集　なし

入学情報
・募集人員
（特別選抜）全体の１割程度
（一般選抜）男子80名程度、女子80名程度
計160名

・選抜方法
（特別選抜）〈第１次選抜〉適性検査Ｄ・Ｅ
〈第２次選抜〉適性検査Ｆ、集団活動
（一般選抜）〈第１次選抜〉適性検査Ａ・Ｂ
〈第２次選抜〉適性検査Ｃ、集団活動

Q 校名からも「英語教育」に特化するようなイメージも持ちますが、それだけではないということでしょうか。

【関田先生】 そう思われてしまいがちですが、英語はあくまでも「道具」です。たとえば私たちはいま、日本語でコミュニケーションを取っていますが、お互いに日本語がわかるから簡単に意思疎通ができて、考えがまとまるわけです。ですが、少し世界に目を向けると、最も便利なコミュニケーションの手段というと、現時点では英語になります。母語である日本語に加えて、英語でも同じように意思疎通ができるようになると、意見交換が可能になる人は爆発的に増えますよね。そうすると、これまではあるテーマについて意見を求められたのが5人だったのが、10人になって、さらに豊かな考えが展開できるようにもなります。

　ですから、もちろんさまざまなカリキュラムによって英語教育は充実させます。ただ、それはあくまでも道具としての英語を磨くための手段であって、最終的にめざしているのは、ここまでお話ししてきたように、その道具を使ってより多くの人と意見をすりあわせて、新しい価値を生みだせる力をつけるということです。

5年生からの特徴的なコース設定

Q 6年間の教育課程はどのようなかたちになるのでしょうか。

【関田先生】 学習ステージをふたつに分けていきます。ひとつ目は「Empowerment Stage（力をつけるステージ）」として、1年（中1）から4年（高1）までの4年間、IBの教育プログラムであるミドル・イヤーズ・プログラム（MYP）の理念をもとにした授業を行います。5年（高2）、6年（高3）の2年間は「Achievement Stage（力を発揮するステージ）」として、3つのコースに分かれて生徒それぞれの希望進路に沿った学習を展開します。

　3つのコースには「Global Course（グローバル・コース）」、「Liberal Arts Course（リベラルアーツ・コース）」、「STEM Course（ステム・コース）」があります。

　「グローバル・コース」は、IBのディプロマ・プログラム（※）

※国際バカロレア機構が提供する、16～19歳の生徒が大学やその他の高等教育機関に備えるための、２年間の国際教育プログラム

Pick up!

1 主体的に学びつづける姿勢を養う「３Ｇ Project」と「LDT」

これからの社会で活躍できる人になるためには、主体的に学びつづける姿勢を養うことが欠かせません。そうした姿勢を身につけるための教育プログラムとして用意されているものに「３Ｇ Project」と「LDT（Learner Directed Time）」があります。

「３Ｇ Project」は「Grit（やり抜く力）」、「Growth（成長し続ける力）」、「Global（世界に視野を広げる力）」という３つの「G」を育てる探究活動で、週に２時間、さまざまな課題について、日本語、または英語でその課題の解決に向けて個人やグループでの話しあいや研究を行い、そのつど発表の機会を設けます。あるものごとについて問題意識を持つことからスタートし、６年間つづけることで、視野が広がり、多種多様なテーマについて問題意識を持つことの大切さを知り、学びの技法などを養うことができます。

「LDT」は、土曜日に隔週で設けられる「自分で自分の学習をプロデュースする時間」です。生徒それぞれが自分で学びたいことを考え、そのテーマについて深く学ぶための時間です。ときには教室の外に飛びだして、あるときは大学、あるときは研究機関、あるときは企業を訪問するということも可能です。

2 英語を使いこなせるようになるためのさまざまな教育プログラム

世界中の人びとと深いコミュニケーションをはかるための手段として、英語を使いこなせるようになることをめざす大宮国際では、中１の段階から積極的に英語を使う機会を設けます。まず、毎朝、始業前の時間帯は生徒、教職員すべての人びとがオールイングリッシュでさまざまな活動に取り組む時間が設定されています。

教育プログラムのなかで特徴的なのは、複数いるネイティブスピーカーの教員が主体となる週２時間のプログラム「English Inquiry（イングリッシュ・インクワィアリー）」です。いわゆるイマージョン教育ですが、いきなり数学を英語で学ぶということではなく、日本語で学んだ教科や単元を、さらに英語で深く学ぶというものです。すでに基礎知識がしっかりと定着していることで、無理なく理解を深め、かつ、英語力も身につく構成になっています。

を導入して、授業はかなりの部分が英語になるコースです。ＩＢのディプロマが実際に取れるように、着々と準備も進めています。

「リベラルアーツ・コース」はその名のとおり、文系・理系の区別なく、幅広く深い知識を身につけていくコースです。

そして、「ステム・コース」は文系、理系でいうと理系よりで、S（Science、サイエンス）、T（Technology、テクノロジー）、E（Engineering、エンジニアリング）、M（Mathematics、数学）の領域にまたがる、学際的な学びを行っていくコースです。

Q 学校行事や部活動はどのように進められていますか。

【関田先生】 まず、本校の特徴として、グローバルな視点を育むための校外行事を準備しています。

1年次に国内異文化体験として福島のブリティッシュヒルズで2泊3日の宿泊を行います。3年次にはオセアニア地域での海外語学研修、4年次は国内でプロジェクトベース型の修学旅行を実施し、5年次にアメリカでの海外フィールドワークを行う予定です。

また、本校はアウトプットする機会を大切にしています。そこで、各教科の学びの特徴を探究し、その成果を発表する探究発表会、英語で学んだことを演劇で発表したり、音楽で学んだ曲を演奏したりする文化発表会を行い、学びと表現のサイクルを意識しています。

部活動などの放課後活動は、「After School Activities」として、これまでとはちがったあり方になります。Club Activityは、シーズン制で行い、さまざまなクラブを経験できるように工夫しています。もちろん強制ではなく、これまで習いごとをつづけてきた生徒や研究活動をしたい生徒はそれをすればいいですし、1年間や3年間をとおしてこのスポーツがやりたいという生徒はそうできます。このように放課後活動についても、既成概念にとらわれずに未来志向をめざしています。

新しい学校で新しい学びを

Q 4月に入学された2期生のようすをお教えください。

【関田先生】 新型コロナウイルス肺炎感染拡大防止にともない、4月は入学式だけは行うことができ

例年のおもな学校行事

4月	入学式
5月	２者面談
6月	NPOフェア　外国語学研修
7月	３者面談
8月	探究発表会
9月	国内異文化体験
10月	体育祭
11月	３者面談
12月	
1月	
2月	
3月	卒業式　文化発表会

ましたが、その後４・５月中は臨時休校となってしまいました。

　この期間中も本校ではすべての生徒が平常の時間割にのっとった学習が進められるよう、全教員がYouTubeを活用して、独自の動画教材などを作成し、生徒の自律的な家庭学習を支援しました。本校ではひとり1台のタブレットPCを無償で貸与してサポートするなど、個別最適化した学びの機会を提供してきました。

　さらに、「まなＢＯＸ」というソフトを使って、オンライン上で成果物の提出を行ったり、チャット機能を使って意見交換をしたり、動画配信をしたりするなど、ＩＣＴを活用して探究学習を行いました。ほかにも、「Classi」を使って、教員と生徒、生徒同士でコメントのやり取りを行い、人とのつながりを大切にすることも心がけました。

　また、クラスの生徒がＺｏｏｍを使った自己紹介などを行い、マスクをとってお互いの顔が見られる活動を行いました。2期生はまだ新しい友だちがなかなかできない状況でしたので、新しい友だちとの会話は彼ら彼女らの安心感につながったものと思っています。

Q 受検生に向けてのメッセージをお願いします。

【関田先生】 本校の適性検査は、特別な訓練は必要ありません。ふだんからしっかりと小学校で学ぶべきものを学んでもらえれば解けるような問題を出題しています。英語の検査もありますが、英語の能力が高くなければ入学できない、というような学校でもありません。それよりも、本校ではさまざまな人と、さまざまな場面で「コミュニケーションを取ること」が求められます。ですから、人と積極的にコミュニケートする気持ちを持っていることの方が大切かもしれません。

　入学すると、新しいプログラムに基づき、新しいスタイルの学習に取り組むことで「真の学力」、「未来の学力」を身につけていくことになります。それは、みなさん自身がよりよく生きるための学力であり、よりよい世界の未来を築くことに貢献できる学力です。

　本校で、中高一貫の6年間を過ごし、新しい仲間とともに、高い志を抱き、それを実現するために必要な力を身につけませんか。

さいたま市立 大宮国際中等教育学校

募集区分
一般枠（さいたま市在住）

入学者選抜方法
【第1次選抜】適性検査A（50分）、適性検査B（40分）、調査書
【第2次選抜】適性検査C（45分）、集団活動（30分）

【太郎さんたちの会話】

先　　生：みなさんに男子の部屋割《へやわり》を考えてもらいたいと思います。６年生の男子は全部で３１人です。５人まで泊《と》まることのできる部屋を９部屋使うことができます。

太郎さん：すべての部屋を５人部屋にしたら45人まで泊まれるのですね。

花子さん：９部屋すべてを使ってよいのですか。

先　　生：病気やけが人が出たときのために、予備の部屋を１部屋だけ取っておいてください。残りの部屋は、１部屋に泊まる人数の差ができるだけ少なくなるように使いましょう。

問３　先生の話のとおりに男子の部屋割を決めるとき、１部屋に泊まる人数が最も多い部屋は何人部屋か答えなさい。また、その部屋はいくつあるか答えなさい。

修学旅行が始まりました。見学を終え、旅館に着きました。旅館では夕食に湯豆腐《ゆどうふ》が出されました。

【太郎さんと先生の会話】

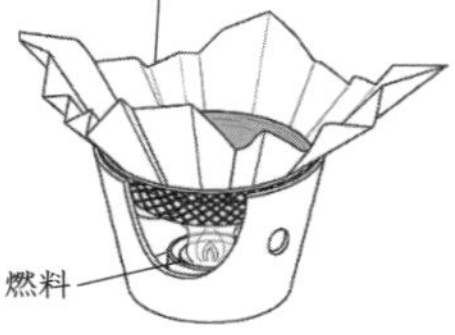

太郎さん：これは何ですか。

先　　生：これは紙のなべです。下にある燃料に火をつけて、紙のなべに入った水や豆腐をあたためます。この炎《ほのお》の温度は約１０００℃になります。

太郎さん：紙のなべだと、燃えてしまいませんか。

先　　生：ものが燃え始める温度を発火点といいます。紙の発火点は約３００℃なので、何も入っていない紙のなべにこの炎がつくと燃えてしまいます。しかし、この紙のなべの中には水が入っています。水と接している部分にこの炎を当てても、紙のなべの温度は［　　　A　　　］ので、燃えないのです。

太郎さん：そうなのですね。あ、紙のなべの底からぐつぐつと大きなあわが出てきました。早く食べたいですね。

問４　**【太郎さんと先生の会話】**の［　　A　　］では、紙のなべが燃えない理由を説明しています。あてはまる内容を「ふっとう」と「発火点」という２つの言葉を使って、書きなさい。

Point 英語と算・社・理の力が試される

多角度から小学校での学習知識（算・社・理）が試されます。また、適性検査Aには英語によるリスニング問題があります。

Point 条件を理解し考える力をみる

数学的、理科的課題に対して基礎的な力で解決できるか、考え方を正しく理解し、科学的に説明する力があるかをみます。

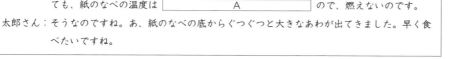

2020年度　さいたま市立大宮国際中等教育学校 適性検査A（独自問題） より

2

太郎《たろう》さんと花子さんは修学旅行委員として、修学旅行の計画を先生といっしょに立てています。

次の問１～問４に答えなさい。

太郎さんたちは、次の【条件】にしたがって「Ａ神社、Ｂ寺、Ｃ城《じょう》」の３つの見学地をどのような順番でまわるか、考えています。

【条件】

・計画の出発地点は駅とします。駅を出発する時刻《じこく》は１３時３０分とします。
・駅から駅のバス停までは歩いて２分かかります。
・バスの出発時刻は、すべてのバス停で、毎時００分から等間隔《とうかんかく》になっています。例えば、２０分間隔でバスが出ている場合、１３時台だと、１３時００分、１３時２０分、１３時４０分にバスが出ていることをさします。
・駅のバス停とＡ神社間、駅のバス停とＢ寺間、駅のバス停とＣ城間は、行きも帰りも６分間隔でバスが出ています。
・駅のバス停とＡ神社間はバスで２８分、駅のバス停とＢ寺間はバスで１８分、駅のバス停とＣ城間はバスで２０分かかります。
・Ａ神社とＢ寺間は、行きも帰りも１０分間隔でバスが出ており、３１分かかります。
・Ｂ寺とＣ城間は、行きも帰りも１２分間隔でバスが出ており、３２分かかります。

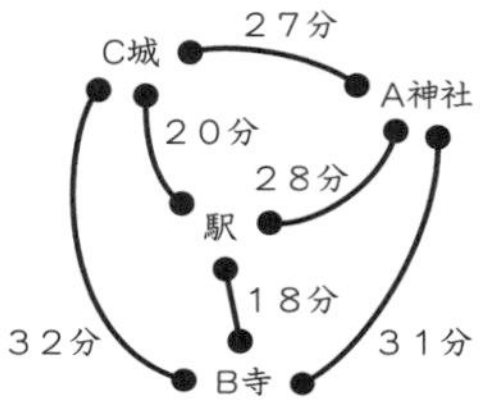

・Ｃ城とＡ神社間は、行きも帰りも１５分間隔でバスが出ており、２７分かかります。
・それぞれの見学にかかる時間は以下のとおりとします。見学時間は必ず確保しなければなりません。なお、バス停と見学地の移動時間も見学にかかる時間に含《ふく》むものとします。
　Ａ神社　５０分間　　Ｂ寺　３０分間　　Ｃ城　４５分間
・Ａ神社、Ｂ寺、Ｃ城とも、見学ができる時刻は１８時００分までです。
・見学が終わった時刻が、ちょうどバスの出発時刻にあたる場合は次のバスに乗るものとします。
・一度乗った区間のバスには再び乗らないものとします。
・３つの見学地をまわったあと、駅にもどることとします。駅のバス停から駅までは歩いて２分かかります。

問１　太郎さんたちが「Ａ神社、Ｂ寺、Ｃ城」のすべてをまわるまわり方は、全部で何とおりあるか答えなさい。

問２　太郎さんたちは、Ａ神社を最後に見学して駅にもどる計画を立てました。このとき、最も早く駅に到着する時刻を答えなさい。

解説

選抜方法は、第１次選抜と第２次選抜の２段階で行います。第１次選抜はすべての志願者に対して「適性検査A」と「適性検査B」を実施、第２次選抜は、第１次選抜合格者に対して「適性検査C」と「集団活動」を実施します。適性検査、集団活動と調査書を総合的に判断して選抜します。今春は男女計160人の募集に692人が受検し（第1次選抜）、4.32倍の狭き門でした。

各適性検査のねらいは以下のように発表されています。<第１次選抜>【適性検査Ａ】小学校で身につけた基礎的・基本的な知識を活用する力をみる。グローバル・スタディ（さいたま市立小学校で行われている英語教育）の授業で身につけた知識を活用し、適切に判断する力をみる。【適性検査Ｂ】発展的な課題に取り組み、自らの知識を活用して考え、課題を解決する力をみる。自然現象などを科学的に理解し、合理的に説明する力や、数理的な事象を分析する力をみる。<第２次選抜>【適性検査Ｃ】文章や資料から課題の意図を読み取り、自分の考えをある程度まとまった文章で表現する力をみる。【集団活動】小学校のグローバル・スタディで得た英語でコミュニケーションをとるために必要な力をみる。

川口《かわぐち》市立高等学校附属中学校

■併設型
■2021年開校

独自のプログラムで育む
未来を創る　しなやかでたくましい人材

2021年4月、埼玉県川口市に初の公立中高一貫校が誕生します。恵まれた教育環境のもと、「Global Issues」や「サイエンスフィールドワーク」といった独自のプログラムを実施し、さまざまな力を育みます。

学校プロフィール

開　校	2021年4月
所在地	埼玉県川口市上青木3-1-40
URL	https://kawaguchicity-jh.edumap.jp
アクセス	埼玉高速鉄道「鳩ヶ谷」徒歩20分またはバス、JR京浜東北線「西川口」徒歩25分またはバス、JR京浜東北線「川口」「蕨」・JR武蔵野線「東川口」バス
高校募集	あり
教育課程	3学期制／週5日制／45分授業
入学情報	・募集人員…80名（男女各40名） ・選考方法…適性検査Ⅰ・Ⅱ・Ⅲ、集団面接、調査書

川口市初の公立中高一貫校

2018年4月に開校した川口市立高等学校は、「未来を創るしなやかでたくましい人材の育成」を教育目標に掲げています。

川口市立高は、市立川口高校、県陽高校、川口総合高校の3校が統合して誕生しました。まだ校史は浅いといえますが、新設以来、新しい、施設がきれい、公立人気の三拍子がそろうことで、非常に人気のある高校となっています。

近年の高校入試でも埼玉県内で5本の指に入る高倍率校となり、注目度はまだまだ伸びそうです。

その川口市立高に、2021年度、新たに附属の中学校が誕生します。それが、埼玉県内で4校目、川口市では初となる公立中高一貫校、川口市立高等学校附属中学校です。

教育目標は高校と同じく未来に活躍する人材を育むことを第一に、6年間をかけて、しなやかでたくましい生徒を育てていきます。

川口市の茂呂修平教育長は、川

口市立高附属でも高校の教育目標を継承することで、中高6年間をとおして同市の子どもたちを大切に育てていきたいとし、育てたい生徒像は、「高い志を持ち、自らの将来を開拓しようと夢と情熱を持てる生徒」、「グローバルな視野を持ち、幅広い教養と豊かな感性を身につける生徒」、「将来様々な分野で活躍できるリーダーを目指し、知的好奇心・探求心を持って学び続ける生徒」をあげています。

川口市立高附属で大切にされるのは、「学習者起点」の教育です。生徒を起点とした学びを軸に、学校と保護者、川口市が協力して生徒を伸ばし、これからの社会を担うリーダーを育成することをめざします。

中1・中2は、教員の目が届きやすいよう1クラス30名未満のクラスを編成し、きめ細やかに指導していきます。

なお、高校に進学した際は、高校からの入学生とは別クラス編成となります。

3つのPhaseで段階的に生徒を指導

川口市立高附属は、中1・中2を「Phase1　基礎・体験」、中3・高1を「Phase2　探究・実践」、高2・高3を「Phase3　発展・挑戦」と、6年間を2年ずつに分けて教育を展開します。

「Phase1　基礎・体験」では、まず学習や学校生活における基礎基本を身につけることが重視されます。

「Phase2　探究・実践」では、探究活動を進め、課題を解決するための力を養うとともに、リーダーシップや自ら判断し行動する力、最後までやり遂げる力を伸ばしていきます。

そして、「Phase3　発展・挑戦」で、それらの力をさらに発展させていくのです。

また、STEM教育（Science、Technology、Engineering、Mathematics）やリベラルアーツ教育が実施されるのも特色です。こうした授業をつうじて、生徒の自主性や創造性を培い、さまざまな分野で活躍できる力を育ん

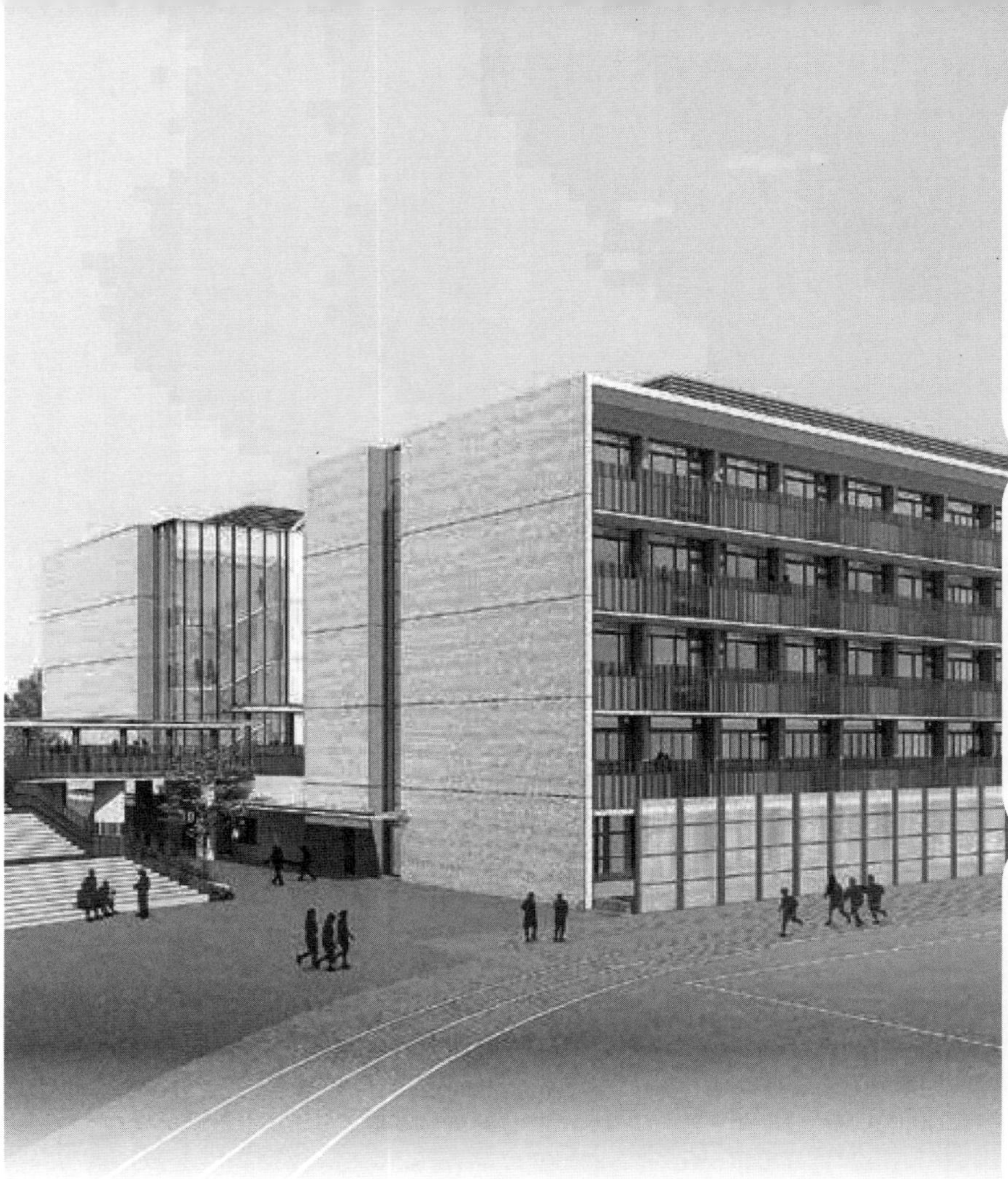

でいきます。

英語力を伸ばし 科学的な考え方も養う

独自の英語教育や科学に関する学びが用意されるのも川口市立高附属ならではです。

英語教育においては、日本人教員の授業に加え、ネイティブ講師による授業も実施されます。

さらに中3では、学校選択科目「Global Issues」が設置されます。これは、世界の国々が抱える課題や、行っている取り組みについて英語で学ぶものです。

また、こうした授業に加え、「校内イングリッシュキャンプ」やTGG（TOKYO GLOBAL GATEWAY）での楽しく英語を身につける「英語体験学習」といった英語を身近に感じられる行事、ＴＯＥＦＬや英検などの検定試験にも取り組みます。

これらのプログラムにより、英語力を向上させるだけでなく、英語の力を手段としたグローバルな視野も身につけられます。

科学に関する学びとしては、各学年で「サイエンスフィールドワーク」が行われます。

この学びでは、中1は地層観察、中2は気象学習、中3は天体観測に取り組みます。

大切にされるのは、生徒が実際に体験し、本物に触れるという実体験です。本物に触れることが、学びの理解を深めることにつながると川口市立高附属は考え、こうした取り組みをつうじて、科学的なものの見方、考え方を養っていきます。

このほか、各省庁や企業などと連携しながら、社会体験・企業訪問なども行われる予定です。

新たな施設も竣工 充実した教育環境

そして、教育プログラムのみならず、施設、設備も充実したものがそろいます。

ホームルーム教室には、可動式の大型ホワイトボードや電子黒板機能つきのプロジェクターを完備。校内のネットワーク環境も整っており、ひとり1台のＰＣを活用したＩＣＴ教育も進められています。

さらに、食堂や観察・実験などで使用する多目的教室などもあります。

運動施設も、バスケットコート3面分の広さがある屋内体育施設を持つアリーナ棟が２０２０年12月に、４００ｍトラックを備える人工芝のグラウンドが２０２１年８月に完成する予定です。

施設設備費は、中高合わせ約２００億円もが投じられているともいわれます。

高校とは施設を共有するだけでなく、文化祭や体育祭といった行事を合同で行うため、そこで高校生とのきずなも育まれていくことでしょう。

生徒の知的好奇心・探究心を刺激するプログラムを用意し、幅広い教養と豊かな感性を身につけた「未来を創る　しなやかでたくましい人材の育成」をめざす川口市立高附属。その教育に期待が寄せられます。

おもな学校行事（予定）

4月	入学式 宿泊オリエンテーション（校内）
5月	
6月	
7月	校内イングリッシュキャンプ （中1・中3）
8月	
9月	文化祭　体育祭
10月	
11月	強歩大会　サイエンスフィールドワーク（地層観察、中1）
12月	
1月	サイエンスフィールドワーク （天体観測、中3）
2月	課題研究発表会　英語体験学習 （TOKYO GLOBAL GATEWAY、中2）
3月	社会体験研修（中1） サイエンスフィールドワーク （気象学習、中2）　卒業式

入学者選考の概要

募集人員　80名（男女各40名）

通学地域　川口市内全域

出願期間　12月25日（金）　9：00～12：00（男子）
13：00～16：00（女子）
12月26日（土）　9：00～12：00（男子・女子）

選考日程　第１次選考　1月16日（土）
第２次選考　1月23日（土）

選考内容

・**適性検査Ⅰ　試験時間45分**

　文章、資料をもとに、課題を把握・整理し、論理的に物事を考え、多角的・多面的な方法で表現する力を評価する。

・**適性検査Ⅱ　試験時間45分**

　数理的な事象、自然事象の分析力、論理的な思考力を評価する。

・**適性検査Ⅲ　試験時間60分**

　文章や資料などを読み取り、指示にしたがって文章をまとめ、表現できる力を総合的に評価する。

・**集団面接　面接時間20分**

　入学への意欲や目的意識、自己PR、自分自身の将来目指す姿や希望などを受検生から聞き取り、教育方針等に適性があるかの判断資料とする。

結果発表　第１次選考　1月21日（木）
第２次選考　1月28日（木）

入学確約書提出日　2月８日（月）

生徒募集要項説明会

【対象者】川口市内在住の小学６年生の保護者

【日　程】10月18日（日）

【受　付】実施１カ月前よりホームページにて受付
https://kawaguchicity-jh.edumap.jp

【問い合わせ】048-483-5513
（川口市立高等学校中高一貫校開設準備部会）

川口市立高等学校附属中学校

募集区分
一般枠（川口市在住）

入学者選考方法
【第１次選考】適性検査Ⅰ（45分）、適性検査Ⅱ（45分）、調査書
【第２次選考】適性検査Ⅲ（60分）、集団面接（20分）
※検査時間は予定

あおい：わかりました。それにしても，３つの同じ形の四角すいを組み合わせたら立方体になるなんて不思議ですね。３つの四角すいで立方体になるということは，この立方体と，底面の形と高さが同じ四角すい１つ１つの体積は，立方体の体積の$\frac{1}{3}$になっているということですね。

先　生：いいことに気がつきましたね。実は三角すいや四角すいの体積は，底面積や高さが同じ三角柱や四角柱の体積の$\frac{1}{3}$になっています。つまり，「○○すい」の体積は，底面積×高さ×$\frac{1}{3}$で求めることができます。それでは次に，立方体と三角すいを使った問題を考えてみましょうか。

あおい：はい。どんな問題ですか。

先　生：一辺の長さが６cmの立方体から，図４のように，三角すいを切り取ります。次に，残った立体から，図５のように，もう１つ同じ形の三角すいを切り取ると図６のようになります。さらに，図６の立体からあと２つ同じ形の三角すいを切り取ると，図７のような，どの面も正三角形である立体が残り，切り取った三角すい４つを組み合わせると，図８のような正四角すいになります。

【図４】

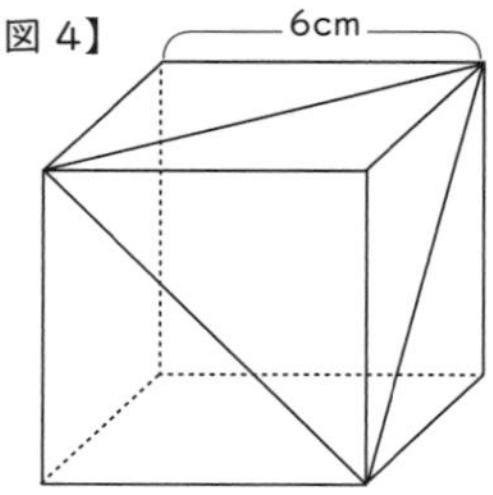

【図５】

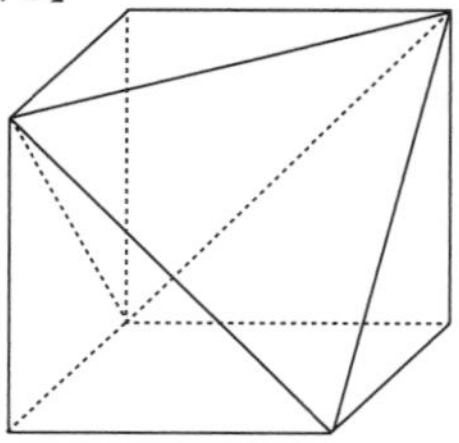

【図６】

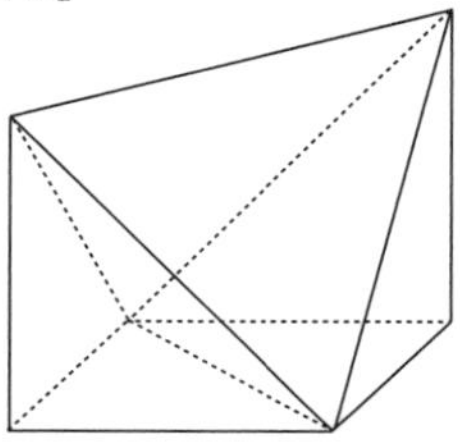

【図７】

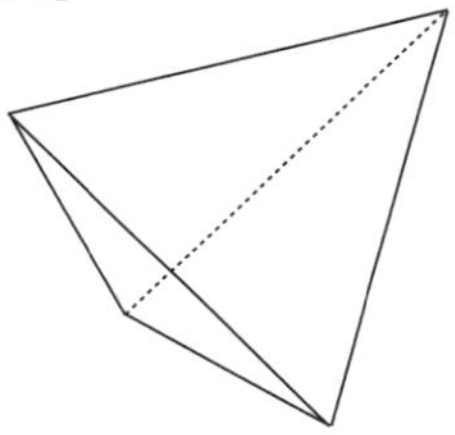

【図８】

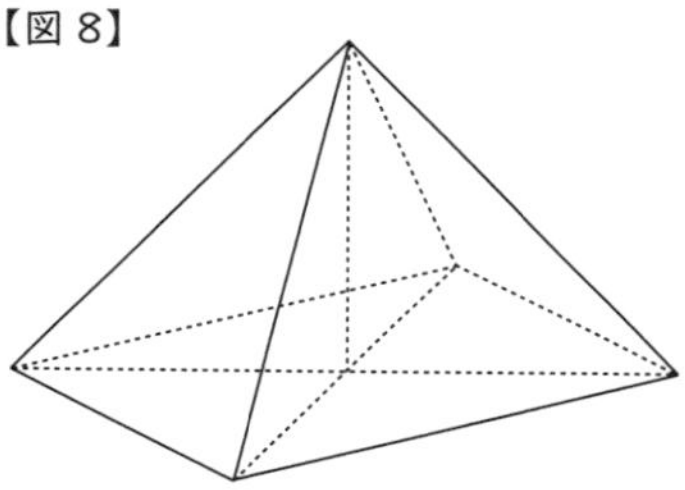

⑵　図７の立体と，図８の正四角すいの体積の比を，最も簡単な整数の比で表しなさい。

Point

課題や条件を読み取り理解する

立体の基本的な問題です。「□cmとする」の意味をきちんと読み取り、確実に得点したい問題です。

Point

推理力と考察力を駆使する

先生の説明を読み、推理して、具体的な分析にいかせるかどうか。論理的な思考力が試されます。

2021年度 川口市立高等学校附属中学校　適性検査Ⅱ（独自問題）サンプル問題より

| 1 | 次の問題に答えましょう。

先　生：今日は，立体の問題に取り組んでいきましょう。
　　ピラミッドのような形の立体を「四角すい」といい，図１のように，底面が正方形で側面（まわりの面）が４つの合同な二等辺三角形になっている立体を特に「正四角すい」といいます。そして，４つの三角形の頂点が集まる点アから，底面に垂直に引いた線の長さを，この正四角すいの高さといいます。
　　図２は，底面の正方形の一辺の長さと高さの比が２：１になっている正四角すいです。この立体の底面の正方形の各辺をそれぞれ二等分する点を通るように切り，４つの同じ形の立体に分けたときの様子を表しています。
　　次に，図２で切り分けた４つの立体のうち３つを組み合わせると，図３のような立方体をつくることができます。

【図１】

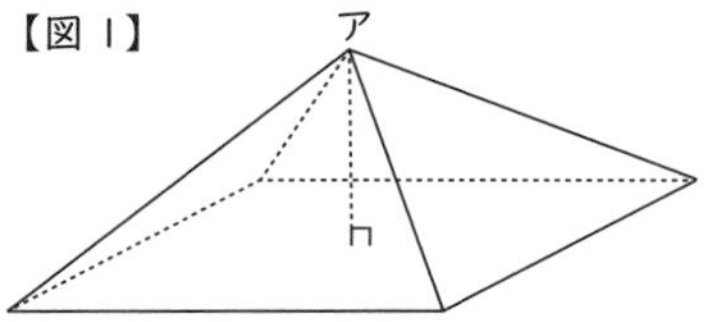

【図２】

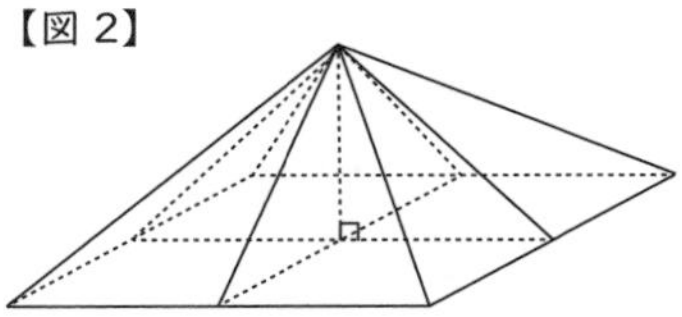

【図３】

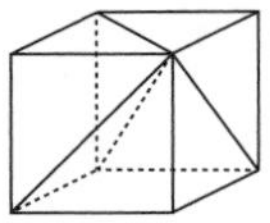

(1)　図２の正四角すいの体積が288cm^{3}のとき，図３の立方体の一辺の長さを求めようと思います。

①　この正四角すいの高さを□cmとして，図３の立方体の体積を，□を使った式で表しなさい。

②　図３の立方体の一辺の長さを求めなさい。また，その求め方も書きなさい。

先　生：図２で切り分けた４つの立体も，ピラミッド型とはちょっと違いますが，それぞれ「四角すい」といいます。
あおい：底面が四角形だから四角すいということですか。それなら，底面が三角形だったら「三角すい」というのですか。
先　生：その通りです。「〇〇すい」という立体は，底面の形で名前が決まります。

解説

川口市立高等学校附属中学校では、「第１次選考」と「第２次選考」の２段階で選考します。第１次選考は、適性検査Ⅰ（45分）と適性検査Ⅱ（45分）を実施、調査書も選考の対象とします。第２次選考は、第１次選考合格者に対して適性検査Ⅲ（60分）と集団面接（20分）、調査書も総合的に判断して選考します。定員は80人（男女各40人）です。

適性検査の内容ですが、すでに同校HPに適性検査ⅠとⅡのサンプル問題・模範解答が掲載されています。適性検査Ⅰのサンプル問題を見ると、会話文とグラフ、表データから読み取ったことについて、自らの考えを30～50字程度で記述する読解問題と、地図やデータを基にした社会科的な問題に加味して、算数の計算力も問われています。適性検査Ⅱのサンプル問題は、立体図形からの算数問題と、ピストンを題材とした理科の問題です。

第２次選考で問われる適性検査Ⅲは、サンプルは公表されていませんが、集団面接では入学への意欲や目的意識、めざしている将来の姿や希望を聴き取るものとされています。学校の教育方針に適性がある生徒かどうかを見極めるための面接とされていますので、学校のことを理解しておくことが大切です。

あとがき

首都圏には、この10数年、つぎつぎと公立の中高一貫校が誕生しました。現在、首都圏（東京、神奈川、千葉、埼玉）には、昨春開校のさいたま市立大宮国際中等教育学校を含め、22校の公立中高一貫校があります。そして来春には、川口市立高等学校附属中学校が誕生します。また、本書では詳しくはあつかっていませんが、茨城でも立てつづけにつくられています。

９年前、春の大学合格実績で、都立白鷗高等学校附属が初の中高一貫生ですばらしい実績をしめし、以降の大学合格実績でも、都立小石川、神奈川県立相模原、神奈川県立平塚、都立武蔵高等学校附属など、公立中高一貫校は期待どおりの実績をあげています。

いま、中学受験を迎えようとしている受験生と保護者のかたは、私立にしろ、公立にしろ、国立にしろ、これだけ学校の選択肢が増えた、その真っただなかにいるのですから、幸せなことだと言えるでしょう。

ただ、進路や条件が増えるということは、それはそれで悩ましいことでもあります。

お手元にお届けした『2021年度入試用　首都圏　公立中高一貫校ガイド』は、そんなみなさんのために、各学校のホンネ、学校の素顔を校長先生のインタビューをつうじて探りだすことに主眼をおきました。また、公立中高一貫校と併願することで、お子さまとの相性がマッチするであろう私立の中高一貫校もご紹介しています。

学校選択の基本はお子さまに最も合った学校を見つけることです。その学校がご家庭のポリシーとも合っていれば、こんなによいことはありません。

この本をステップボードとして、お子さまとマッチした学校を探しだせることを祈っております。

『合格アプローチ』編集部

営業部よりご案内

『合格アプローチ』は、首都圏有名書店にてお買い求めになることができます。

万が一、書店店頭に見あたらない場合には、書店にてご注文のうえ、お取り寄せいただくか、弊社営業部までご注文ください。

ホームページでも注文できます。

送料は弊社負担にてお送りいたします。代金は、同封いたします振込用紙で郵便局よりご納入ください。

ご投稿・ご注文・お問合せは

株式会社グローバル教育出版

【所在地】〒101-0047
東京都千代田区内神田2-5-2 信交会ビル3F

【電話番号】03-3253-5944《合格しよう》(代)

【FAX番号】03-3253-5945

URL：http://www.g-ap.com
e-mail:gokaku@g-ap.com
郵便振替　00140-8-36677

中学受験　合格アプローチ　2021年度入試用

首都圏　公立中高一貫校ガイド

2020年８月５日　初版第一刷発行　**定価 1000 円**（＋税）

●発行所／株式会社グローバル教育出版
〒101-0047 東京都千代田区内神田2-5-2 信交会ビル3F
電話 03-3253-5944(代)　FAX 03-3253-5945
http://www.g-ap.com　郵便振替00140-8-36677